珍藏本
纪念版

汉译世界学术名著丛书

美学的历史

〔意〕克罗齐 著

王天清 译

袁华清 校

2017年·北京

Benedetto Croce

ESTETICA

COME SCIENZA DELL'ESPRESSIONE

E LINGUISTICA GENERALE

TEORIA E STORIA

BARI

GIUS. LATERZA & FIGLI

TIPOGRAFI-EDITORI-LIBRAI

1958

根据意大利拉泰尔查出版社(巴里)1958年版翻译

汉译世界学术名著丛书
（120年纪念版·珍藏本）
出 版 说 明

2017年2月11日，商务印书馆迎来120岁的生日。120年前，商务印书馆前贤怀揣文化救国的理想，抱持“昌明教育，开启民智”的使命，立足本土，放眼寰宇，以出版为津梁，沟通中西，为中国、为世界提供最富智慧的思想文化成果。无论世事白云苍狗，潮流左右激荡，甚至战火硝烟弥漫，始终践行学术报国之志，无改初心。

迻译世界各国学术名著，即其一端。早在20世纪初年便出版《原富》《天演论》等影响至今的代表性著作，1950年代后更致力于外国哲学和社会科学经典的译介，及至1980年代，辑为“汉译世界学术名著丛书”，汇涓为流，蔚为大观。丛书自1981年开始出版，历时三十余年，迄今已推出七百种，是我国现代出版史上规模最大、最为重要的学术翻译工程。

丛书所选之书，立场观点不囿于一派，学科领域不限于一门，皆为文明开启以来，各时代、各国家、各民族的思想与文化精粹，代表着人类已经到达过的精神境界。丛书系统译介世界学术经典，引领时代思想，为本土原创学术的发展提供丰富的文化滋养，为推动中国现代学术和现代化进程做出了突出的贡献。

为纪念商务印书馆成立120周年，我们整体推出“汉译世界学术名著丛书”120年纪念版的珍藏本，寄望既利于文化积累，又便于研读查考，同时向长期支持丛书出版的译者、编者和读者致以敬意。

两甲子后的今天，商务印书馆又站在了一个新的历史时间节点上。我们不仅要铭记先辈的身影和足迹，更须让我们的步伐充满新的时代精神。这是商务人代代相传的事业，更是与国家和民族的命运始终紧密相连的事业。我们责无旁贷，必须做好我们这代人的传承与创造，让我们的努力和成果不仅凝聚成民族文化的记忆，还能成为后来人可以接续的事业。唯此，才能不负前贤，无愧来者。

商务印书馆编辑部

2017年10月

目 录

第一章　古希腊—罗马时代的美学观念

美学的历史概念　美学应被视为古代的科学还是近代的科学？它是于18世纪问世的还是于希腊—罗马时代就已形成的？这个问题曾多次成为论战的主题。显而易见，这不仅是事实问题，也是标准问题：用这种方式或那种方式解答它，首先取决于人们对这门科学所拥有的概念，其次取决于人们怎样使用作为衡量尺度和类比项的这个概念。*

我们的概念是：美学是表现（表象、幻想）活动的科学。所以，我们认为，只有当幻想、表象、表现的实质——当然，人们还可以用其他名词称呼这种精神态度，它是认识的而不是知性的，是个别认识而不是普遍认识的制造者——被确认时，美学才会出现。对我们来说，离开这样的概念，就必然发生偏差和酿成错误。

这些偏差可以在各种意义上发生，遵循意大利的一个大哲学家在类似情况下使用过的术语和分类法，[①]我们倾向于认为，这些偏差的发生或是源于缺漏或是源于过度。缺漏偏差就是否定审美和幻想的特殊活动，或者（这是一样的）以割裂精神的实在性来否

* 参看克罗齐：《美学原理》（朱光潜译，1958，作家出版社），第7章。

① 参看罗斯米尼：《关于理念起源的新论文》，第3和第4部分。

定这个活动的自主性。过度偏差就是以另一个在内心生活的经验中根本找不到的、一个神秘的和实际上不存在的活动来代替或把它强加给审美和幻想的特殊活动。缺漏偏差和过度偏差,正像从本书*原理部分可推知的那样,有各种形式。第一种,缺漏偏差,可能是以下几种:1)纯粹享乐主义的,因为它认为和承认艺术是感官快感的简单事实;2)享乐—严格主义的,因为它在以同样的方式看待艺术的同时,宣称艺术与人的最高生活是无法调和的;3)享乐—道德论的或教育的,它企图调和,既承认艺术是感性的东西,又宣称艺术可能不是有害的,甚至还能给道德教育以一些帮助,但艺术应永远屈从和听命于道德[①]。第二种,过度偏差(我们称之为神秘主义的),其形式不能先验地确定,因为它们属于在它们无穷的多样性和细微差别中的情感和幻想[②]。

古希腊—罗马时代的美学探求和错误方向 古希腊—罗马时代已经表现出偏差的所有基本形式:纯粹享乐主义的,道德论的或教育的,神秘主义的,以及在对艺术所做过的严格否定中最庄重、最著名的否定。它也朝着表现理论或纯粹想象理论的方向迈出了头几步,但仅仅是开始和尝试而已。所以,要在美学是古代的科学还是近代的科学这一论战中表态,我们就不能不站在那些断定美学是近代科学的人的一边了。

只需对古代理论草草地看一眼,就足以证明我们讲的东西是

* 本书的全名为《作为表现的科学和一般语言学的美学》,它分为《美学原理》和《美学的历史》两部分。——译者

① 克罗齐:《美学原理》,第 11 章。

② 同上书,第 7 章。

正确的。只能草草地看一眼，因为，如果要收集古代著作家们关于艺术的零散看法以进入特殊的细节之中，将意味着重做一件做过多次、有时是做得很好的工作。此外，那些观念、语句和理论，与古典世界的其他知识一样，早已成了共同的知识财富。所以，本章比这本书的任何其他章节都更宜于简单地谈谈，只指出它的一个概要。

美学问题在希腊的起源 在希腊，艺术、艺术的功能，只是在诡辩运动之后，作为苏格拉底辩证法的结果才成为哲学问题的。文学史家一般习惯于把希腊美学追源到最初对诗歌、绘画和造型作品的批评和思考上，追源到在诗歌竞赛时人们所做的评价上，追源到关于艺术家手法之研究和诗画的接近上，这些在西莫尼德(Simonide)和索福克勒斯(Sofcle)的言论中都出现过；或追源到那个介于“模拟”和“表象”意义之间、用于概括各种艺术并以一些方式来认识它们亲缘关系的词——“摹仿”(μίμησις)的出现上。另一些人则把希腊美学追源到最初的道德论的和自然主义的哲学家对寓言、想象力和诗人品行的论战上，或追源到用以保护荷马和其他诗人名誉的隐秘意义的解释上，即追源到——用现代语言来讲——隐喻意义的解释上；简言之，像柏拉图后来所说的那样，追源到哲学和诗歌之争上。[①] 但是，说实话，这些思考、研究和讨论中的任何一种都没有导致探讨艺术实质的、名副其实的哲学问题的产生。诡辩运动也未能给它的产生提供帮助。虽然，人们当时的注意力已转向内心的或心理的事实，但这些事实只是作为意见、

① 《理想国》，I. X(607)。

情感、快感、幻象、人为或任意的单纯情况而被理解。在没有真和假、善和恶的地方，不可能有美和丑的问题，也不可能有真和美、美和假的区别问题。当时，至多是非理性和理性的一般问题，而没有已被提出并得到确定的非理性和理性、材料和精神、单纯事实和价值之间的区别的艺术本质问题。因此，如果说诡辩阶段是苏格拉底的各种发现之前的必要阶段，那么，美学问题只能产生在苏格拉底之后。事实上，美学问题正是和柏拉图一起产生的，他是第一个、也是唯一的一个对艺术做过真正伟大否定的人，对此，在理念的历史中，是有文献可查的。

柏拉图的严厉否定 ——艺术，摹仿，是理性的还是非理性的事实呢？它属于人们心灵中哲学和德行所在的崇高部分呢，还是和感官快感、兽欲一起骚动于心灵中的卑俗部分呢？——柏拉图的这个发问[1]第一次提出了美学问题。诡辩论者高尔吉阿(Gorgia)以怀疑论者的敏锐，发现了悲剧表演是一种欺骗，这种欺骗(真怪！)却使欺骗者和被欺骗者感到荣耀，他们反倒以不会欺骗和不被欺骗为耻了。[2] 他认为这是一个司空见惯的事实。但作为哲学家的柏拉图却应解答：位于人们心灵中动物性部分的悲剧、摹仿的作品和其他卑劣的东西是否是欺骗呢？如果不是欺骗，那又是什么呢？——他作出的回答是人人皆知的。摹仿不执行理式即万物的真实，而是再现自然或人工制造的事物，它是这些事物的昏暗的影子，是减弱的减弱，是和真实隔着三层的东西。画出一个物

① 《理想国》，I. X，综合摘引。

② 普卢塔克：《论真正的诗》，第1章。

体的画家只不过是工匠制造出来的那个物体的摹仿者，而工匠则摹仿了神的理式。所以，艺术不属于心灵中崇高和理性的部分，而是属于感官感受部分；它不能强化而只能败坏人的头脑；因为它只服务于使人们骚动和混乱的感官快感。为此，摹仿、诗和诗人都应从他的理想国里驱逐出去。——柏拉图的词语比起那些离开知性认识之外而没有发现其他认识形式的人的词语更具有理论上的一致性。柏拉图确切地观察到：摹仿停留在自然事物和意象上，达不到概念，达不到逻辑的真实，对于后者，诗人和画家是根本无知的。但错误在于他相信从这里到知性的真实那里没有其他任何真实形式；离开或先于作为理式发现者的知性，只能是感官感受和情欲而非其他。所以，柏拉图的审美的精微意义并没有让艺术是渐弱的推理产生反响。他自己也宣称，如果有人向他为艺术辩解并把艺术置于心灵的各种高级形式之中，他会很高兴的。但是，由于没有任何人能在这一点上帮助他，由于艺术以它的貌似不真实反对他的伦理意识，而理性又同样迫使他取缔和驱逐艺术，他就只好绝对地听命于意识和理性了。[①]

美学的享乐主义和道德论　其他人却没有这样的顾忌。在后来的学派里，不管是各个方向的享乐主义者，还是修辞学者和世俗的人们，都视艺术为纯粹快感的东西，并不为此感到有义务去攻击和摒弃它。但是，这个极端相反的对立并不是为了得到一般意见的赞许，这个一般意见，如果对艺术是温和的，那么对理性和道德也一样是温和的。所以，被迫承认柏拉图那类责难力量的理性论

① 《理想国》，I. X。

者和道德论者就得提出一个防护的、模棱两可的办法来。——禁止感官感受和艺术，或悉听尊便。但毫无疑问地排除掉感官感受和快感是可能的吗？人的脆弱本性只能靠哲学和道德的强力食粮来滋养吗？如果不同时给孩童和俗民以一些消遣，能要求他们遵守真和善吗？人不总是像孩童和俗民一样，应以同样的劝导来对待吗？拉得过紧的弓不是易折断吗？这些为艺术辩解准备了土壤的意见表明：如果艺术就其本身来讲不是理性的，那它也能够服务于一理性目的。因此，人们开始对艺术的外在目的进行研究，以取代对艺术的实质或内在目的的研究。把艺术降低为简单的、愉快的幻象，感官的陶醉，就等于把产生这种幻象和陶醉及其他实践活动置于道德目的之下。这样，艺术就没有了自身的尊严，被迫采取反映他物的或可怜的身份。道德的和教育的理论是建立在享乐主义之上的。对纯粹的享乐主义者来讲，艺术家可比为宫妃，对道德论者来讲，艺术家可比为教育者。宫妃和教育者象征着古代对艺术非常普遍的两种理解，第二种理解是扎根于第一种理解之上的。

还在柏拉图以他的断然否定推动人类头脑去寻求这条出路之前，阿里斯托芬（Aristofane）的文学批评就已经充满了教育的观念，他在一著名的诗句中说："对孩童来讲是导师的人，对青年人来讲是诗人。"[1]其实，关于教育的思想在柏拉图本人那里（在他的对话里似乎对他在《理想国》里的严厉结论做了一些退让），在亚里士多德的确立了音乐教育作用的《政治学》和隐晦地谈到悲剧净化作

① 《拉纳》（Ranae），第 1055 行。

用的《诗学》里都可以找到痕迹；谈到悲剧净化作用，似乎不能完全排除亚里士多德是一个近代观念——艺术是一种解放的力量——的启发者。① 再晚，教育的理论也为斯多噶派所接受。为了攻击坚持认为诗只是为了快感而不具有任何教育意义的埃拉托色尼(Eratostene)，斯特拉波(Strabone)在他的地理著作的引言里，捍卫和发展了诗的教育理论。他支持古人的意见："诗是通过快感、习俗、热情和动作在生活中培育青年的最初哲学。"所以，他说，诗一直是教育的一部分；不是一个好的人，就不会是一个好的诗人。最初，城邦的立法者和创始人用寓言来规劝和恐吓，后来，这个对妇女、儿童以至于成年人的必要的规劝和恐吓作用就由诗人来完成了，他们用杜撰和虚言来安抚和管理众民。② ——"诗人说谎"是普卢塔克回想起的半句诗，但他还是在一本小册子里详尽地说明了诗人应怎样去给青年人读诗。③ 对他来说，诗也是哲学的准备；这个哲学不是人们觉得的那样的哲学，因为它以在宴会中烧置好的鱼肉而不是人们觉得的那样的鱼肉这种相同的方式使人得到快感；这个哲学被寓言变得甜蜜，就像种在蔓德拉草附近的葡萄可以生产出使人得到宁静睡眠的酒一样。不可能由密集的黑暗中来到阳光之下；只能先使眼睛适应适中的光线。哲学家为了规劝和教育，只能从真实的东西中抽出一些例证；为了同样的目的，诗人杜撰和编造寓言。④ ——在罗马文学中，卢克莱修(Lucrezio)把他

---

① 柏拉图：《法律篇》I. II；亚里士多德：《诗学》第 14 章；《政治学》，I. VIII。

② 斯特拉坡：《地理学》，I，第 2 章，§ 3-§ 9。

③ 参看 E・缪勒(E. Mü'ller)：《艺术理论史》，I，第 57-85 页。

④ 普卢塔克：《论真正的诗》，第 1-4 章，第 14 章。

的诗篇比为医生让孩子吃下的苦药，“开始时，这个装满苦药的杯子的边缘沾满了蜜汁和甜酒”；[①]贺拉斯（Orazio）在给庇梭尼父子的一些已经变成格言的诗句中——这显然可追溯到帕洛斯的尼奥波特勒墨斯（Neottolemo di Pario）那里——也提供了两种看法（艺术—宫妃和艺术—教育者），他说：“诗人既求娱乐又带来教益，他把教育混合在娱乐里，带来很多好处。”[②]由于这样的理解，诗人的职能和演说家的职能就互相混淆了，因为演说家也是实践的人，也追求实践的效果；所以曾出现过维吉尔（Virgilio）应被视为诗人还是应被视为演说家的争论。无论对诗人还是对演说家来讲，他们都有着娱乐、运动、教益（delectare，movere，docere）这三重目的。这三分法在任何情况下，都是很先验的，因为很清楚，在这里，娱乐只是手段，教益只是运动的简单部分：向善的运动，在其他的善中，也包括向教育之善的运动。所以，演说家和诗人（在以隐喻的有意义的纯真性记取他们任务的根本是娱乐时）都应借助形式的引诱力。

古代的神秘主义美学　神秘主义的美学视艺术为达到福祉并与绝对、至善及万物终极之根发生关系的一种特殊方式，它出现于古代的晚期和向中世纪行进的初期。其代表人物是新柏拉图学派的创始者普罗提诺（Plotino）。

奇怪地是，人们习惯于把柏拉图视为这个美学方向的创始人和首领，柏拉图因此获得了美学之父的美名。然而，他清楚而有力

① 《论物性》，Ⅰ，第935-947行（引文为拉丁文）。

② 《给庇梭尼父子的书简》，第333-334行（引文为拉丁文）。

地确定了理性，并且正因为理性才不能给艺术在心灵的其他高级形式中以地位，又怎么能承认一个与同一哲学相比，不是高于也是相等的最高精神呢？很显然，人们在《高尔吉阿篇》、《斐德若篇》、《会饮篇》和柏拉图的其他对话中读到的关于美的热情流露已经引起了这个误解。应该明确指出，柏拉图谈论的美与艺术即艺术美无关，从而这个误解是应该消除的。

关于美的研究　美这个词的科学意义和内容不能不引起希腊细心的研究者和高雅的辩论家的注意。事实上，我们找到的由色诺芬尼(Senofonte)保存下来的苏格拉底会话中的一篇就是谈论这个问题的。我们看看他的结论：美就是合适的、与目的相应的，或者说美就是人们喜爱的。[①] 柏拉图也研究了这类问题，并提出了解答或解答的暗示。有时，他谈到的美不仅存在于有形体的东西之中，也存在于法律、行为和科学之中；有时，他似乎又把美同真、善、神统一起来，有时，他又回到了苏格拉底的概念，把美同效用混同起来，使真正的美存在于纯粹的、没有任何痛感的快感之中；或把颜色和声音看成是自身美。[②] 离开了摹仿的或艺术的活动，不可能为美找到独立的主导地位，所以，浏览很多不同的概念，也只能说，在这些概念中，把美同善等同起来的思想占了上风。再也没有比《大希庇阿斯篇》(如果不是柏拉图的，也是柏拉图派的)把美的这种不可确定性表明得更清楚了。在这篇对话中，不是要找到什么东西是美的，而是要找到什么是美；也就是说什么东西不

① 《回忆苏格拉底》，Ⅲ，第 8 章；Ⅳ，第 6 章。

② 参看引用过的缪勒的著作，第 84-107 页。

仅使少女，同时也使马、使漂亮的竖琴和双耳的陶土汤罐美。希庇阿斯和苏格拉底依次提出了各种解答，但苏格拉底总是一一反驳了这些解答。——“使物品美的东西是为美化而使用的金子”。不对：金子只是用在合适的地方才能美化，比如说，对陶土汤罐来讲，一个木勺要比金勺合适得多。——“美就是任何人都不觉得丑的东西”。但是，美并不是觉得不觉得的问题，而是要确定什么是美，不管你觉得还是不觉得。——“合适使物品显得美”。但在这种情况下，合适（它使物品显得美，并不是物品本来就美）是一码事，美是另一码事。——“美是导向目的、即导向效用的”。但如果这样，那恶（丑）也可能成为美，因为效用也导向恶（丑）。——“美就是有益的东西，就是导向善的东西”。但在这种情况下，善不一定就是美，美也不一定是善；原因不是效果，效果也不是原因。——“美是使视觉和听觉产生快感的东西”。然而，这是不能令人信服的；原因有三个：第一，那些和耳眼不相关的学习、法律也是美的；第二，没有任何理由把美限制在那些感官上，而把吃、嗅、交欢的高度快感排斥在外；第三，如果美建立在视觉上，那就不可能建立在听觉上，如果建立在听觉上，那就不可能建立在视觉上。所以，构成美的东西不可能依靠这两个质中的任何质。——在对话中，这个反复多次的问题，什么是美，始终没有得到解决。[①]

以后的著作家对美也进行了研究，我们现在还有一些关于这个内容的专论题目，但这些专论已经遗失了。亚里士多德表明，美是多样的和不可确定的，在他关于美的零散解释中，在他把美定义

① 《大希庇阿斯篇》，综合摘引。

为既善又产生快感的东西时，[①]有时，他把美同善相混；有时，他又指出，善存在于动作中，而美存在于不动的物品中，并由此得出结论，要求人们进行数学的研究，以确定出特殊、秩序、对称和限度来；[②]有时，他又把美置于量度和秩序之中；[③]有时，他似乎又把美看成是根本不可确定的。[④] 古代也确定了美的东西之法则，如波利克莱图斯（Policleto）就规定了人体比例的规则。西塞罗（Cicerone）在谈到人体美的时候说："肢体的任何确切的表现都和悦目的颜色相关。"[⑤]所有这些断言，尽管不复是简单的经验观察或文字上的替换和说明，但总要遇到那个不可逾越的难题。

艺术的理论和美的理论之区别　不管怎样讲，在这些论断中的任何论断里，不仅没有把美的概念作为一个整体同艺术的概念等同起来，反而把艺术和美、摹仿和摹仿的快感的材料或痛感的材料明确地区分开了。亚里士多德在《诗学》里指出，现实生活中我们看到的感到痛苦的东西，比如最讨厌的动物和死尸的形象，在经过忠实的描述之后，我们却可以享受到快感。[⑥] 普卢塔克在表明艺术作品不是作为美而是作为类似被人喜欢时，扩展了这个说法。他断言：如果自然中丑的东西被美化了，那就违背了合适和逼真；他强调的原则是：美是一回事，美的摹仿是另一回事。人们喜欢表现恐怖事物的图画，如蒂莫马库斯（Timomaco）的《美狄亚杀子》、

① 《修辞学》，Ⅰ，第9章。

② 《形而上学》，Ⅻ，第3章。

③ 《诗学》，第7章。

④ 《分析后篇》，第Ⅴ篇，第1章，§20。

⑤ 《关于死、痛苦和德行的对话》，Ⅳ，§13（引文为拉丁文）。

⑥ 《诗学》，第Ⅳ章，3。

泰奥内(Teone)的《俄瑞斯特杀母》和帕拉修斯(Parrasio)的《奥德赛装疯》。* 如果在直接的现实中,人们不喜欢猪叫、机器的轰鸣、风的呼啸和大海的怒吼,那么人们却喜欢帕尔梅农(Parmenone)摹仿的极为相似的猪叫和泰奥多罗斯(Teodoro)摹仿的和机器噪音一样的声音。[①] 只要古人想到在艺术和美之间建立联系,那么借助有别于绝对美的相对美,这两个概念的次要的和部分的连接就可以完成了。但是在文学评论中使用的词(καλόν)和在文学创作中使用的词(pulchrum)**似乎并没有超出词语使用的范围,就像普卢塔克关于美的摹仿,还有在修辞学家的术语里,有时也把修辞的高雅和修饰称为修辞的美一样。

普罗提诺把两者相混 只是普罗提诺才把这两个不同的领域连接起来(这是应该强调的),美和艺术是建立在唯一的一个概念之上的,但不是通过在艺术的同义概念中柏拉图的美的概念的模棱两可的解答,而是通过在混合中吸收了区别,在所谓美中吸收了摹仿的艺术。这是一个全新的理解,美和艺术二者都被融合在情欲和心灵的混合提高之中了。

普罗提诺发现,美主要存在于可视的东西里,但就文词和音乐来讲,也可以通过听觉来接受;美也可以存在于超感觉的东西里,

* 蒂莫马库斯,公元前1世纪的希腊画家;美狄亚是科林斯国王之女,曾帮助伊阿宋取得金羊毛,后伊阿宋抛弃了她,她忿而杀死了她与伊阿宋生的孩子。泰奥内,公元前4世纪下半叶希腊画家;俄瑞斯特是迈锡尼加米尼之子,为父报仇,杀死其母及他母亲的情人。帕拉修斯,公元前4世纪希腊画家;奥德赛,荷马史诗中的英雄。关于这三幅画的故事详见希腊神话。——译者

① 《论真正的诗》,第3章。

** 第一个希腊文单词和第二个拉丁文单词都是"美"。——译者

如事业、风度、动作、习惯、科学和道德。是什么使超感觉和感觉到的东西同样美呢？他回答说，美不是物体各部分之间和全体的对称，也不像上面我们引用的、当时非常流行的西塞罗所说的悦目的颜色；因为美里边既有丑的部分的比例，又有简单的和没有任何比例的美的东西，所以，一个是对称，一个是美。[①] 美是我们同样的本性所能接收的东西，反之，丑是我们同样的本性所不能接收的东西；以我们的心灵感受到的美的事物是理式的姻亲，理式既创造出美的事物，又创造出这种亲属关系。美是理式赋予形式的东西；丑就是没有被理式赋予形式的东西，也就是说，丑有着形式的能力，但没有被理式赋予形式或完全受理式统辖的那个东西。一个美的形体之所以美，是因为它和神契合为一。美是神、理式的放射。材料不因其自身是美的，只有被理式照耀时才美。光和火就最像理式，最像人体中的心灵，是它把美照耀到可视的东西之上。但为了感受美，灵魂应得到净化，使灵魂中固有的理式得到加强。依照神的格言，如果不是净化，那节制、刚毅、慎重又是什么呢？这样，除了感官感觉的美之外，人的心灵中又有了另一只眼睛，它可以观照和善——真福的最高条件——相应的美。[②] 艺术进入了那个凝神观照才是美，因为任何人造就的东西之美产生于人的心灵。把两个石块拿来比较：一个粗糙，没有经过加工；另一个制成人或神的形象，比如是典雅女神、文艺女神或一个从很多模特中经过艺术加工的人的形象。那么，被表现为石块的美不存在于石块之中，而只

① 《九章集》，第1本书，Ⅵ，第1章。

② 同上书，第1本书，Ⅵ，第2-9章。

存在于对它进行加工的形式之中;所以,当形式完全被印在心灵里时,人工的东西比任何自然的东西都美。由此看来,他(柏拉图)错了,他蔑视艺术,因为它是自然的摹仿者;但真实首先就是同样的自然摹仿了理式,再者,艺术并不简单地局限于摹仿那些眼睛可以看到的东西,而是要回归到从同一自然中产生的理性或理式之中。所以,艺术不属于自然,而是要补充自然中所缺少的美。菲底阿斯(Fidia)表现宙斯,不是他看到了他,而是以凡人的眼睛要看到他时他应显现的样子来表他。[①] 自然美的事物只是存在于心灵——任何自然美的唯一源泉——中的原型。[②]

科学的方向。亚里士多德 普罗提诺和新柏拉图主义的这个论述是神秘主义美学的第一次真正论述,它注定要在近代,特别是在19世纪上半叶流行。——但真正的美学,表现的科学的探求可追溯到(还不包括柏拉图的一些光辉的、但是偶然的研究,如诗人应编造寓言,而不是推理[③])亚里士多德那里,虽然这些探求根本不取决于他关于美的很少和无力的思辨。亚里士多德不同意柏拉图的责难,他感到(正像柏拉图所预感的那样)那个结论不可能是完全正确的,问题的一些方面肯定被忽视了。亚里士多德在寻求答案时,比他的伟大的前人有着更有利的条件,因为他已经超越了柏拉图的理式说,那个理念的或抽象的独立体的障碍;理式对亚里士多德来讲,只是简单的概念,现实才以更活跃生动的方式给他提供表象,现实不是理式的减弱,而是材料和形式的综合。所以,在

① 《九章集》,第5本书,Ⅷ,第1章。

② 同上书,第5本书,Ⅷ,第2-3章。

③ 《斐德若篇》,第4章。

他的一般哲学的学说中，认出摹仿的合理性和赋予摹仿以合适的地位是容易的。事实上，摹仿是人类的天性，是静观和认识的活动，这对亚里士多德来说一般是很清楚的，尽管他有时似乎忘记这一点（如有时他把摹仿同小孩学习最初的知识混为一谈[①]）；虽然他的体系承认实践的科学和精神创造性的活动（这些活动有别于实践的活动，因为它们把材料客体置于自身之后），可是，艺术的摹仿活动和诗作为认识活动的固定不变的想法却干扰着他。如果诗是认识的活动，那么，诗以什么特点有别于科学的认识和历史的认识呢？这是亚里士多德在《诗学》的开头部分提出的关于艺术本性问题的方式，也是能提出这个问题的真正和唯一方式。就连我们这些现代人也会问，怎样把诗同历史、科学区别开呢？这个有着科学的理想性和历史确切性及个别性的艺术形式到底是什么呢？亚里士多德回答说，诗有别于历史，因为历史只描述已经发生过的事情，而诗描述可能要发生的事情。诗有别于科学，因为，虽然它注视着普遍性而不像历史那样注视着特殊性，但不是以与科学同样的方式，而是用某些哲学家指出的宁此勿彼的方式来注视着普遍性。所以，要点是严格确定什么是可能，什么是宁此勿彼，什么是历史的特殊。但是，当亚里士多德刚要企图确定这些词的意义时，便陷入了矛盾和谬误之中；那个诗的一定的普遍性，即可能性，似乎和科学的普遍性或历史的真实性，和逼真性或必然性等同起来了，而历史的特殊性并未被很好地说明，否则，就是把它简化成了

---

① 《诗学》，第4章，§2。

“亚尔西巴德(Alcibiade)所做或所遭遇的事”。[①] 总而言之,亚里士多德已经很好地走上了发现诗的真正的纯粹的幻想之路,但走到中途便疑虑不安地停了下来。然而,他在一定的研究和在对摹仿进行三段推论时却又坚持了摹仿的真实性,所以,他承认“这个就是那个”、摹本与原本一致。[②] 有时(这更糟)他失掉了由他得到的真理的幼芽,忘记了诗由于内容才有着可然性,他不仅承认诗能描写不可能的甚至是荒谬的东西,因为它们都是可信的,不损害艺术的目的;而且还要选择那些逼真(合情合理)的不可能性而排除那些不可信的可能性。[③] 既然艺术和不可能的甚至是荒谬的东西有关,那它就有可能是没有理性的东西,是和柏拉图的理论相一致的东西,是表象的摹仿;虚幻的感官感受流连于此,即流连于快感的东西上。亚里士多德没能得出结论,因为在这一部分,他也不可能得到一个明确和断然的结论;但这正是他在那些他得到的或至少是不能排除的结论中的一个结论。这表明他没有完成他的没有声张的使命,尽管在柏拉图之后,他以令人赞赏的智慧重新考察了艺术问题,但他并未真正成功地排除掉柏拉图的结论,以他牢固确立的一个结论来代替。

亚里士多德之后的摹仿概念和幻想概念。菲洛斯特拉图斯 一般地讲,亚里士多德从事的研究领域在古代是被忽视的:他的诗学似乎并未得到普及和产生直接的影响。古代的心理学认为,想象力或幻想是感性和知性的中介功能,它总是感性印象的保存者、

① 《诗学》,第 9 章,§1-§4。

② 同上书,第 4 章,§4-§5。

③ 《诗学》,第 24-25 章。

再现者和感性概念的中介者；而从没有被视为独立的、创造性的活动。那个功能被视为与艺术功能有关是很少见的，成果也是甚微的。一些美学史家对老菲洛斯特拉图斯(Filostrato)的《亚波琉斯传》中的一些章节赋予了独特的重要性，在这些章节中，他们发现了对摹仿的校正和在科学领域内的对幻想创造性的概念的首次肯定。老菲洛斯特拉图斯在这些章节中说，非底阿斯和普拉西泰莱(Prassitele)为了把神在他们的作品中表现出来，没有必要升上天空去看一下神的样子，像摹仿的理论所说的那样。幻想不需要任何具体的模特，它有能力使具体的模特表现出它们应表现出的那个东西来：幻想*比简单的摹仿要高明得多，它不仅像摹仿一样，能赋予那些看到的东西以形式，而且还能赋予那些看不到的东西以形式；所以，它能依靠现存事物的样子想象出那些看不到的东西，并通过这样的方式创造出宙斯和智慧女神。[①] 但是，在菲洛斯特拉图斯的这些章节中所谈论的想象和亚里士多德的摹仿并没有什么不同，这个摹仿，正像我们所知，不仅包括现实的东西，更主要包括那些可能的东西。苏格拉底不是早就指出(在由色诺芬尼保存下来的和画家帕拉修斯的对话里)，画家创造时要收集为形成他所画物的形象来说必不可少的形体吗？[②] 宙克什斯(Zeusi)的轶事——他为画他的《海伦后》，据说集中了克罗通城邦的五个美女身上最优美的部分，——类似的轶事在古代不是很普遍吗？在菲洛斯特拉图斯之前的几个世纪，西塞罗不就雄辩地表明，像菲底阿

* 实即创造性的想象。——译者

① 《亚波琉斯传》，Ⅵ，第10章。

② 《回忆苏格拉底》，Ⅲ，第10章。

斯雕刻宙斯一样，艺术家无需抄袭任何现实的东西，而要注视在他心灵中的“任何美的光辉形式”，并根据它来指挥艺术和画家之手吗？[①] 也不能讲菲洛斯特拉图斯给普罗提诺开辟了道路，对普罗提诺来说，高级的或知性的幻想或超感觉的美的眼睛，不是空洞摹仿的新的指定，而是神秘的直觉。

摹仿概念的不可确定性在这些作家那儿达到了顶峰，他们或采用亚里士多德的话，“任何艺术都是自然的摹仿”[②]或像画家埃屋蓬波(Eupompo)责备拙劣的摹仿者时所说的一样，“自然是被摹仿的，不是被抄袭的。”[③]这样，他们就把任何一个以自然为对象的创造的一般意义赋予了摹仿。当人们想摆脱这个不确定性的时候，如果不把摹仿的活动视为自然对象的双度的创造性实践，那是不可能做到的。这样的错误产生于绘画和造型艺术的内部，菲洛斯特拉图斯和幻想的支持者们可能要反驳这样的错误。

关于语言的思辨　由诡辩论者开创的关于语言的思辨和艺术本性之研究有着紧密的内在联系。诡辩论者认为，语言是神奇的东西，它能借助声音表明颜色或听不到的东西，所以讲话的问题在他们那里被提了出来。[④] 当时，已经讨论过语言是自然的还是约定俗成的问题。由于“自然”有时是指思维的必要；由于“约定俗成”是指我们把语言看成是纯粹的自然事实、心理的机械论或感觉论；在词汇的这种意义上讲，语言最好是被说成“自然”而不是“约

---

① 《为布鲁东的演说》，第2章。

② 见塞涅卡：《书信集》，65(引文为拉丁文)。

③ 普林尼：《自然史》，XXXV，第1章。

④ 高尔吉阿：《论色诺芬尼》，《色诺芬尼和高尔吉阿》，第5-6章。

定俗成”。但这样的区分则又带来另一个问题，如果语言符合对象的真实或逻辑的真实，符合诸事物的实在关系，那末，在这种情况下，和逻辑的真实相比，把语言视为约定俗成的、人为的而不是自然的似乎更靠近真理。这是两种不同的问题，它们一直在混乱和含混不清地争论着，它们的根基在于柏拉图的、没有解释清楚的、似乎动摇于各种解释之间的《克拉底鲁篇》里。后来，柏拉图肯定言词是思维的符号，但这并没有解决任何问题，因为需要解答的是，应以什么样的方式来理解符号，是“自然”还是“约定俗成”。亚里士多德把言词看成是诗一样的摹仿；[①]他指出了一个重要的事实：除了表示真和假（逻辑）的叙述句之外，还有既不表示真也不表示假（逻辑）的语句，比如心意和抱负，它们是心灵的所属，不是逻辑的而是诗和修辞的表达。[②] 在另一部著作中，他反对布里索内(Brisone)的论断（布里索内说，一个淫秽的东西总是淫秽的，不管用什么词来指定它），他说，淫秽的东西是能被表现出来的，用一些言词可以把它们赤裸裸地置于人的眼前，用另外一些言词却可以给它们罩上一层面纱。[③] 所有这些论断本应导致语言功能和真正的逻辑功能的区别，导致把语言功能同艺术功能及诗的功能结合起来；但他在这方面的努力也未能持续下去。亚里士多德的《逻辑学》有注重文词和形式主义的特点，这个后来不断加强的特点阻碍了这两种认识形式的特质的发现。伊壁鸠鲁(Epicuro)认为，不同民族表明同一事物的名词之不同，不只源于那个民族的约定俗成

① 《修辞学》，Ⅲ，第1章。

② 《论扮演》，第4章。

③ 《修辞学》，Ⅲ，第2章。

和人为作用，而且源于那个民族与其他民族的不同本性和那些事物在那些民族中的每个民族那里产生的印象。① 尽管斯多噶派把语言和思维而不是和幻想结合在一起，然而他们似乎感到了语言的非逻辑本性，并把希腊人的 λεχτόγ 一词和拉丁人的“effatum”或“dicibile”* 一词所指明的一个确然的东西置于思维和声音之间。他们是否要以这个不清楚的概念把语言的表现同抽象的概念区分开(这接近近代的一些学说)、而并非一般地把意义同声音区分开呢?② 人们还不能真正肯定他们企图要说明的东西。

从古代著作家那里找不到真理的任何其他幼芽。尽管有着分散的探求，可是一个哲学的语法像哲学的诗学那样，在古代是无法取得成果的。

① 见《分析后篇》，X，§75。

* 这几个词的意思为“被说出的”和“能被说出的”。——译者

② 见斯泰因哈尔:《语言学史》，卷I，第 288-290、293、296-297 页。

第二章　中世纪和文艺复兴时期的美学观念

中世纪。神秘主义:关于美的观念　在中世纪,几乎所有的古代美学的方向由于传统一直在继续着,或由于自发的起因,它们又重新出现了。由于5世纪伪迪奥尼季·阿雷奥巴季塔(Pseudo Dionigi Areopagita)的名著(《天国等级》、《宗教等级》和《神的名字》);由于乔万尼·斯科托·埃里乌杰那(Giovanni Scoto Eriugena)对此的翻译和西班牙犹太人阿维塞布龙(Avicebron)的传播,新柏拉图学派的神秘主义一直在流行着。基督教的上帝代替了至善和理式,上帝就是智慧、仁爱和最高的美,就是位于造物主静观阶梯之上的自然美的诸事物的源泉。虽说这些思辨总是疏远和远离了艺术的研究,可普罗提诺却要把艺术的研究同这些思辨结合起来。关于美,人们只是一般地重复古代著作家们的仓促论断。奥古斯丁(Agostino)认为,一般地讲,美就是整一(任何美的表现都是整一),形体美是"各部分完美的比例再加上悦目的颜色";在他写的《论美与适合》——此书已失传——一书中,正像从书的题目可以看到的那样,又出现了自身美和"适合于任何事物的"相对美的古代的区分;在别的著作中,他提醒说:"如果自身美完全印在这个物象的东西上,并和这个物象的东西相合,这个物象

才是美的。"[①]和奥古斯丁一样，托马斯·阿奎那(Tommaso d' Aquino)认为，美必备三个条件：完整或完美、适当的比例和鲜明。在亚里士多德的基础上，他把美同善区别开来，认为美是单凭静观就使人感到愉快的东西；他还暗示一些摹仿得很好的东西也是美的，采用了三位一体中第二位是美的摹仿说(因为它是圣父的确实形象[②])。如果想找到艺术的享乐主义理解的暗示，只要留心一下，便会在吟游诗人和说唱艺人的言论那里发现它们。在向中世纪行进的初期，由于宗教或神学和人的科学[*]，美学的严格主义、艺术的全面否定，在德尔图良(Tertulliano)和教会的神父那里都出现过；在离开中世纪的时候，在经院哲学家的一些粗俗的精神中，如在切科·达斯科利(Cecco d'Ascoli)——他宣称反对但丁时说："我不理会无用的东西，我研究的是真，寓言总使我生厌"——和更晚些时候的守旧的萨沃纳罗拉(Savonarona)那里也出现过。但是，道德论的或教育的麻醉性的艺术理论压倒了任何其他的理论；它已经麻醉了古代的疑问和美学研究，并使当时的文化相对地沉沦。可是，这个理论越是和中世纪的道德和宗教观念相一致，就越应不仅为基督教启发的新艺术进行解释，而且还应为残存下来的古典的和异教的艺术作品进行解释。

中世纪的艺术教育理论　挽救古典和异教的艺术作品的方法

① 《忏悔录》，Ⅳ，第13章；《论三位一体》，Ⅵ，第10章；《通信集》，3、18；《论文明化的神》，XⅫ，第19章(收在《全集》中，马乌里尼版，巴黎，1679-1690，Ⅰ、Ⅱ、Ⅷ)。

② 《神学大全》，Ⅰ，第39个问题第8节；Ⅱ，第27个问题第1节(米涅版，卷Ⅰ第794-795页；卷Ⅱ第219页)。

* 指世俗的新柏拉图主义。——译者

是重新出现的寓言的解释，它的奇特的建树是 6 世纪时富尔詹齐奥（Fulgenzio）的《论维吉尔的淡泊》（*De continentia virgiliana*）一书。这本书使维吉尔同中世纪亲近起来并为他的声誉打开了道路，使他成了“知道一切的异教智者”。索尔兹伯里的约翰（Giovanni di Salisbury）谈到这位罗马诗人时说：“他通过寓言的形象来表示哲学的所有真理。”[①]当时，解释的程式固定在四种意义上：字面的、寓言的、道德的和秘奥的；后来，但丁把这四种意义用到俗语诗中。把中世纪著作家们以各种声调重复的艺术理论——它们包括了道德和信仰的真理，迫使心灵去体会基督教之善——收集起来是很容易的；从泰奥多尔福（Teodulfo）的著名诗句（“诗人言词虽空泛，但在虚饰的外表下却隐蕴着真理”）到我们的伟人但丁、薄伽丘的学说和言论都是如此。——但丁认为：“诗不是别的，只是按照音乐的道理去安排的修辞虚构。”[②]诗人在用“修辞格的外表或修辞色彩”来写诗时，头脑里应有一个“推理”；如果诗人“被追问出，他不知道揭去言词的外表以使这些言词具有真诚的意图时”，那对他可不是一件光彩的事情。[③] 但读者往往停留在诗的外表上，而这个外表对俗民百姓来说就已经足够了。因为他根本不能深入到诗的隐秘意义里去。诗将对不理解它的“理性”的俗民百姓说，正像但丁在一首诗的结尾时说的一样，“你们至少应想到我是美的”，如果你们不能从我这里获得教益，至少可以把我当作愉快的东西来享用。如果不借助对《筵席》的解释，“诗的言词的任何色彩都能使

① 见孔帕雷蒂（Comparetti）：《中世纪的维古尔》，I，综合摘引（引文为拉丁文）。

② 《论俗语》，Ⅱ，第 4 章（引文为拉丁文）。

③ 《新生》，第 25 章。

理性之光更加明显”，[①]那么，很多人将“更多地注意到它的美，却很少注意到它的善”。诗是取悦人的科学，“是[西班牙诗人桑蒂纳拉(Santinella)侯爵说]被很美的遮盖物盖住和纱障着的有益东西的虚构，这些有益的东西是用清晰和有韵节的发音写出来的，在一定意义上讲，是由韵律和格调组成的”。[②]

所以，断言中世纪毫无例外地把艺术同哲学或神学等同起来是不确切的。当时已经把艺术同哲学或神学区别开来，像但丁就用“修辞虚构”、“修辞格”和“修辞色彩”，桑蒂纳拉就用“虚构”和“美丽的遮盖物”来指艺术和诗。令人愉快的虚构已被实践的观点所辩解，几乎就像婚姻使性的结合和爱合法化并得到保证一样。但这仍没有排除、反而又和一种理论上的认识——完善的状态是独身主义，也就是说，纯科学是远离艺术的——搅到一起了。

经院哲学和美学的交错 但是，批判和科学的传统并没有找到真正的代表人物。只是到1256年以后，有一位叫哈尔曼(Harman)的德国人对阿维罗伊(Averroe)的诠释和中级解说*所做的拉丁文的翻译**中，亚里士多德的诗学才刚刚被人所知，或者说被歪曲了。中世纪关于语言的研究，能提出的可能是较好的一本书就是《论俗语》了；在这本书里，言词一直被视为符号(感性的

① 《筵席》，I。

② 《献给葡萄牙统帅的文学史草稿》，1445-1449(收在《全集》中，阿玛多·德·罗斯·里奥版，1852)，3(引文为西班牙文)。

* 指阿维罗伊的《亚里士多德解说》一书。此书分为高级解说、中级解说和分析等几部分，是11至12世纪时研究亚里士多德的专著。——译者

** 亚里士多德著作的翻译，最初是由阿拉伯文转译成拉丁文的，尔后才由希腊文直接译出。——译者

符号和理性的符号：感性的，是因为它代表了一个声音；理性的，是因为它代表了对有理性意义的真理的偏爱）[①]。既然语言表现、审美功能的研究在几个世纪的唯名主义和唯实主义的争论中有可能找到借口和口实，那么，这个争论就不能不涉及灵与肉、思维与语言的关系。邓斯·司各脱写了一本专著，《论有含义的方式或（可能是出版者加上的）思辨的文法》。[②] 阿伯拉尔（Abelardo）把感觉命名为混乱的认识，想象力命名为感觉的保守功能；知性使那个在前一阶段是直觉的东西成为可推理的东西，总之，认识的完善在于可推理的直觉认识。邓斯·司各脱也同样强调直觉认识、个体的和极其特殊属类的感觉和作为混乱的、不明晰的、明晰的认识的一系列命名：[③]这类词汇在近代美学之初还会再次出现并含蕴着众多的后果。

文艺复兴："非洛葛拉发"和对美的哲学及经验的研究　可以这样说，中世纪文学艺术的学说和看法，除少数例外，对文化史比对科学史更有价值。应重复一下对文艺复兴的研究，虽然文艺复兴并未超过古代观念的范围。文艺复兴时期，文化发达了，参与文化的人成倍地增加了；原来的源泉被研究了；古人的著作被翻译和注释了；关于诗、艺术、语法、修辞、对话和关于美的众多专论被写了出来并被印刷了；比率增大了，世界更开阔了；但在美学科学中基本的、占统治地位的新观念并未出现。神秘主义的传统被对柏

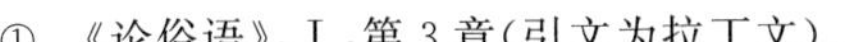

① 《论俗语》，Ⅰ，第 3 章（引文为拉丁文）。

② 由 M. 费尔南德校刊，1902 年再版，瓜拉西。

③ 参看文德尔班（Windelband）：《哲学史》，第 251、270 页；德·伍弗特（De Wuft）：《中世纪的哲学》，1900，第 317-320 页。

拉图的重新崇拜所更新和加强了。15世纪的马尔西利奥·菲奇诺(Maesilio Ficino)、皮科(Pico di Milandola)、卡塔尼(Cattani)、阿尔贝蒂(Leone Battista Alberti)和16世纪的本博(pietro Bemno)、埃奎科拉(Mario Equicoia)、卡斯蒂廖内(Castiglione)、诺比莱(Nobile)、贝图西(Betusi)及其他作家写了很多论美和论爱的作品。在这类作品中最著名的、反映了中世纪和古典思潮交叉的是西班牙人莱奥内(Leone)用意大利文写成的《爱的对话》(1535),后来,这本书被译成当时所有文明的语言。① 此书分三部分,它论证了爱的本质、爱的普遍性和爱的起源。它表明,任何美的事物都是善的,但并不是任何善的事物都是美的;美就是优雅,它使灵魂娱乐的同时,使灵魂向爱运动;低级的美的认识导向高级的、心灵的美的认识。书写成之后,作者把这些和类似的断言称为"菲洛葛拉发"(Filografia)。埃奎科拉的书是很奇怪的,因为它包括了在他之前的那些人关于这个内容所写的历史知识。② 同样的理解可被彼特拉克(Petrarca)之类的人写成十四行诗,也可被不顾诗词格律的人写成各种喜剧、文章和歪诗文。一些新毕达哥拉斯派的数学家证明过美就是确切的比例:达·芬奇的朋友卢卡·帕奇奥洛(Lugs Paciolo)在《神圣的比例》(1509)一书中表明了黄金分割的审美法则。③ 与新毕达哥拉斯派并列,也有不少人在人体美,特别是女性美方面继承了波利科莱图斯的法则,如菲伦佐拉(Filenzola)、弗朗科(Franco Niccola)、卢伊吉尼(Frderico

① 莱奥内医生:《爱的对话》,罗马,1535。

② 《爱的本质》,威尼斯,1509。

③ 《神圣的比例》,威尼斯,1509。

Luigini）和多尔切（Dolce）。在绘画方面，一般的经验法则也被确定下来了，米开朗琪罗在一定的数学关系的研究中，指出了赋予形体运动感和优雅的方法。[①] 其他人则研究了颜色的象征和意义，如莫拉托（Fulvio Pellegrino Morato）。柏拉图派一般把美置于形体的质当中。阿维罗伊主义者尼福（Agostino Nifo），在他奉献给塔里亚科佐（Tagliacozzo）的公主乔万娜·达拉戈娜（Giovanna d'Aragona）的《论美和爱》一书里，[②]在很多的闲扯和无穷尽的观察中，以对她极其美丽的形体的描绘表明了美在自然。塔索（Torquato Tasso）在《明屠尔诺》（Minturno）[③]一书中仿效了柏拉图的《大希庇阿斯篇》中美的不可确定性，也并不是没有广泛地采用柏拉图的思辨的。康帕内拉（Campanella）的《诗学》中有一章是很重要的，在其中，美被视为善的标志（符号），丑被视为恶的标志（符号）；善主要是由强、智、爱三者组成的。虽然康帕内拉还和柏拉图的理式说连在一起，但由他提出的符号或象征的概念却代表了一个进步。对于美，他发现，物质的东西和外在的事实对它们自身来讲，既不美也不丑："曼德里卡尔多[*]说，他的摩尔人朋友们身上的伤口是美的，因为这些巨大的伤口表明了刺伤者罗兰的伟大力量；圣奥古斯丁把在圣文琴佐（San Vicenzo）身上的剥皮和肢解痕迹也称为美，因为这表明了他的忍耐力；相反，它们也是丑的，因

① 见洛马佐（G. P. Lomazzo）：《论绘画、雕刻和建筑艺术》，米兰，1581，卷1，第22-23页。

② 《论美和爱》，罗马，1529。

③ 《明屠尔诺或美之真谛》（收在《对话集》，第Ⅲ卷），夸斯蒂版。

* 曼德里卡尔多，阿里奥斯托（Ariosto）所著《疯狂的罗兰》中的一个人物。——译者

为这是暴君达蒂亚诺(Datiano)和刽子手残暴的标志(符号)。维吉尔说战死是美的,因为这是心灵强有力的标志(符号)。对一情人来讲,他所爱女人的狗也是美的。对医生来讲,甚至当尿和大便表明身体健康时,它们也是美的。任何东西都同时是美和丑的”。[①] 在这些观察中,没有冷冰冰的神秘的颂扬,而只是一些分析的开端和对那些范畴理想主义特点的重新认识。

艺术的教育理论和亚里士多德的诗学 没有什么比下述事实更能表明文艺复兴时期并没有超过古代美学观念的界限了:尽管对亚里士多德的诗学有新的认识和对它进行了长期的研究,艺术的教育理论不仅持续下来并取得了胜利,而且还被移置到亚里士多德的所有著作之中;在它里边,当时的注释者们对我们现在已经很难找到的艺术教育理论进行了很肯定的解释。当然,有一些人,如罗贝尔泰利(Robertelli)和卡斯泰尔韦特罗(Castelvetro)却坚持纯粹享乐主义的解释,把艺术的目的视为单纯的娱乐。卡斯泰尔韦特罗说:“诗的发明就是为了娱乐和消遣的,这娱乐和消遣的对象是没有教养的俗民百姓。”[②]另外的一些人,我们将在下面谈到,他们不承认娱乐和教育的目的。但大多数人,如塞尼(Segni)、玛季(Maggi)、韦托里(Vettori)却坚持诗的教育寓于娱乐。[③] 1651年,斯卡利杰罗(Scagligero)宣称:摹仿是“一个中间目的,它通过

① 《哲学的理性》,第Ⅳ部分;《诗学》(巴黎,1638),第Ⅶ节。

② 罗贝尔泰利:《亚里士多德的著作及其诗学的解释》,佛罗伦萨,1548;卡斯泰尔韦特罗:《被俗化和被解说的亚里士多德的诗学》,1570,第1部分,第Ⅲ小部分,第29-30页。

③ 塞尼:《传统的修辞学和诗学》,佛罗伦萨,1549;玛季:《亚里士多德著作……的解释》,1550;韦托里:《诊释及其他》,佛罗伦萨,1560。

娱乐来达到教育这个最终目的”。他自认为在这方面他与亚里士多德是完全一致的，他说：“诗人以动作培育人的感情，他通过摹仿和选择善的行为来教育人蔑视和远离恶的行为。”[①]1575 年皮科洛米尼(Piccolomini)指出：“不能以任何方式相信许多古代和近代的卓越诗人已经对这个崇高的功能进行过深刻的研究和钻研，如果他们没有认识和估价到用那个功能来有益于人生的话；”如果“他们没有想到以他们的典范、以他们的摹仿能向我们展示作为最高道德和最高罪恶的形象和肖像的话，那么我们就不可能获得教育、训导和益处”。[②] 优美诗句中经过调和的真——它说服最不相信的人并使他们确信(塔索)[③]——和从卢克莱修那里抽出的有关比喻也是康帕内拉重复的概念。康帕内拉认为：诗是“形象化的修辞学，是魔幻的修辞学。它以令人感到娱乐的方式是供出很多典范来促使人趋善离恶，因为一般人不愿意、不能够也不知道听从真和善的安排”。[④] 这样，我们就又回到了诗和修辞学的平行上。塞尼认为(1548)，它们的区别只是诗达到了更高的程度：“借助诗被表象出的摹仿，那些经过筛选的、伟大的字眼，那些比喻、形象，总之，那些所有形象化的词语在诗中比在修辞学中更易发现，还不说诗的数量和它谈论的材料所具有的伟大和娱乐了，这些都使诗更美、更令人惊奇。”[⑤]塔索尼(Tassoni)在重复了一般的意见之后写道

① 《诗学》，1561，卷Ⅰ；卷Ⅲ，3(引文为拉丁文)。

② 《诗学著作的连释》，威尼斯，1575，《序言》。

③ 《耶路撒冷的解放》，第 3 卷。

④ 《诗学》第 1 章第 1 节(引文为拉丁文)。

⑤ 《传统的诗学》，前言。

(1620):"历史、诗和修辞这三门高贵的艺术都在政治学之下并从属于政治学;历史关系到王侯士绅的教育,诗关系到一般人的教育,而修辞学则关系到律师和谋士的教育。"①

遵照这些概念,人们常常把悲剧净化的目的归之于向观众表明命运的无常,通过范例的恐吓、强调正义的胜利或依赖忍受的习惯使观众在厄运的打击下做到无动于衷。被古代权威强化和支持的教育理论与文艺复兴时期的意大利诗学在法国、西班牙、英国都是颇为流行的。事实上,路易十四时代的法国作家们已浸透在这样的理论之中。拉梅纳尔迪(La Menardi)说(1640):"这门科学(诗)喜欢把教育的重要性同语言的甜美结合在一起。"莱博苏(Le Bossu)指出(1675):"诗的首要任务是教育,"②正像荷马为王公和俗民创造的两个军事、政治训导的教科书,《伊利亚特》和《奥德赛》一样。

文艺复兴时期的诗学 所以,文艺复兴时期的诗学几乎一致地被称为是这种教育理论的别称是有道理的;但以此要说的是,它并不是15或16世纪首先产生的,而是在那时它占有主导地位并被一般地接收下来。甚至可以看出,正像有人敏锐指出的那样③,认为文艺复兴时期并没有把教育类的诗同诗的总类真正区分开来的说法是有道理的。但是,这在文艺复兴时期也并非真正如此,因为古代的心灵的作品在何时何地都是不间断的;在这种意义上讲,再次提出文艺复兴时期的诗学及其重要性将是正确的。它的重要

① 《杂感录》,Ⅹ,第18章。

② 拉梅纳尔迪:《诗学》,巴黎,1640;莱博苏:《论史诗》,巴黎,1675。

③ 鲍林斯基(Borinski):《文艺复兴时期的诗学》,第26页。

个词是由托马修斯(Thomasius)于1687年首先引入的；[①]在英国，这个词变成了 good taste；在意大利，耶稣会士卡米洛·埃托里(Camillo Ettori)把这个词用到他的著作《修辞著作中好的鉴赏力》[②]的书名中，他在此书的前言中指出："好的鉴赏力这个词实际上是指谁能从不好的食品中把那些美味的食品选择出来，今天，好多人都把这个词挂在嘴边，都想把它在文学中的用法归功于己。"正像我们指出的那样，好的鉴赏一词于1708年在穆拉托里的著作中又重新出现过。[③] 特雷维萨诺对这个词也进行了哲学的探讨。萨尔韦尼(Salvini)在对穆拉托里的《论完美的诗》的注释中也研究了这个词——它在那本书里占了不少篇幅。[④] 甚至有人给一些学会也命名为"好的鉴赏力"，如1718年在帕勒莫建立的学会。[⑤] 当时，很多学者都在讨论这个词，他们借助回想起的古典著作家作品中的一些章节，把这个新概念同西塞罗的"不被理性和艺术陪伴的一种隐秘的敏感"和昆体良(Quintilliano)的"艺术的审辨是敏感的，就像味觉和嗅觉是敏感的一样"扯在一起。[⑥] 更为特殊的是，蒙特福孔·德·维拉尔斯(Montfaucon de Villars)还写了《论口味的精微性》一书。[⑦] 埃托里竭力要赋予精微性这个词比他同代

① 大纲:《论法国人的摹仿》，莱比锡，1687。

② "这部著作中的一些研究表明了在修辞学中真正好的鉴赏力在什么东西上得到了表现"，博洛尼亚，1696。

③ 《在科学和艺术中的好的鉴赏之上的一些反思》，1708(威尼斯1766)。

④ 穆拉托里:《论完美的诗》，摩德纳，1706，卷Ⅱ，第5章。

⑤ 马佐凯里(Mazzuchelli):《意大利作家》，第Ⅱ部，第Ⅳ部分，第2389页。

⑥ 西塞罗:《论演说术》，卷Ⅲ，第50章；昆体良:《演说术原理》，卷Ⅵ，第5章。

⑦ 《论精微性》，巴黎，1671。

人所探讨的要好的定义(他的同代人的定义是:巧智的最细微发现,巧智的提炼,美的精华等等)。[①] 奥尔西在他为反驳布乌尔一书所写的《考察》一书中也把精微性当作研究的对象。

想象或幻想 在17世纪的意大利,想象或幻想的用法也达到了顶峰。你们在谈论逼真和历史的真实时——帕拉韦奇诺(Sforza Pallavicino)主教于1644年说——,在谈论诗的真和假时,说的是些什么呢?“诗和历史的假、真及逼真毫无关系,只是和既不提供假也不提供真的最初的直觉有关”。这样,幻想就占据了一些亚里士多德注释者的既不真也不假的逼真的位置。关于这个概念,帕拉韦奇诺同意他不认识的或他没有想起的皮科洛米尼,反对他肯定回想起的卡斯泰尔韦特罗的意见。帕拉韦奇诺指出,看戏的人都很清楚,舞台上发生的事是不真实的:他不相信它们,尽管他从中能得到娱乐。因为,“如果诗的意图是让人相信诗所说的那些是真的,那么诗的内在目的将是自然的法则和神的法则共罚的谎言;因为谎言就是说假并让它以真出现。那么,一个如此腐败的艺术能够被好的共和国所容吗?能被赞扬、被神圣的作家写出来吗?”Ut pictura poesis:诗如画,也就是说,诗如“极尽心的摹仿”;对画的颂扬在于对所画物的线条、颜色、动作甚至于内在情欲的摹拟,画不要求“把那些假的东西视为真的”。诗寓言的唯一目的就是“以想象或者说以富丽的、新奇的、可赞赏的、光辉的直觉来美化我们的知性。诗由于对人类有益处而为人类所接受;所以,人类要以高于任何职业的光荣来酬劳诗人,要以比保护任何其他科学更精心地保护诗人的作

① 《好的鉴赏力》,第39章,第367页。

品，以使其免遭几百年以来遇到的凌辱，并以神祇的意见来加冕诗人的名字。所以，你们可以看到，世界赋予了最初的美的直觉以什么样的重要性，虽然他们既非科学的引进者，又非真理的表现者”。[①]

这些观念尽管被一位红衣主教所支持，但六十年后，穆拉托里仍认为它们似乎太大胆了，仍不敢给诗人们“解开缰绳”，减轻他们对逼真的义务。尽管如此，在穆拉托里的诗学中仍有一大部分是用来谈论幻想，即“低级的直觉”的，这低级的直觉不是要找出事物是否真假，而是限于去理解它们，满足于“表象”真。他把认识真的任务留给了“高级的直觉”，即知性[②]。幻想甚至也触及到了格拉维纳(Gravina)的严肃的心灵，他强调了诗中的幻想；在谈到幻想时，他美化了他一贯乏味的风格，称幻想为“有益健康的巫医”，“并非疯想的迷狂”[③]。在他们之前，埃托里就认为，好的修辞学者应“非常熟悉那些受人情感支配的事物”，应“遇到想象力的天才，感官感受的能力”；为此目的，要使用属类而不是种类(因为后者是更为广泛的存在，不易感受)，个体而不是属类，实践效果而不是原因，甚少而不是少。[④]

在西班牙，从1578年始，胡阿尔特(Huart)就已经断言，修辞不是知性或推理的作品，而是想象力的作品。[⑤] 在英国，培根(1605)

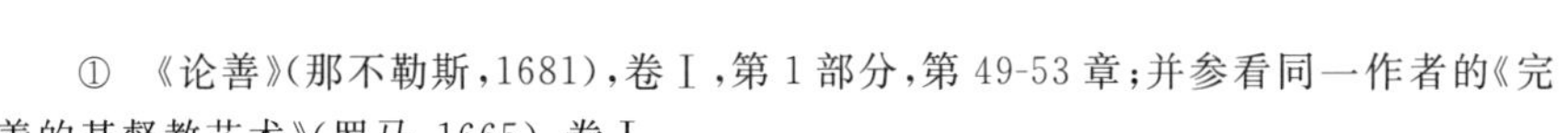

① 《论善》(那不勒斯，1681)，卷Ⅰ，第1部分，第49-53章；并参看同一作者的《完善的基督教艺术》(罗马，1665)，卷Ⅰ。

② 《论完美的诗》，卷1，第14-21章。

③ 《诗的理性》(收在《意大利散文》里，德·斯泰发诺版，那不勒斯，1839，卷1，第7章)。

④ 《好的鉴赏》，第10页。

⑤ 见《论人类学习科学的巧智》[C.卡米里(C. Camilli)译本，威尼斯，1586，第9-12章]。

把科学归于理性,把历史归于记忆,把诗归于想象或幻想;[①]霍布斯(Hobbes)也研究了幻想的起源;[②]艾迪生(Addison)在《旁观者》上花费了几期专门分析了"想象的快感"。[③] 在德国,稍晚一些时候,幻想的重要性也被感到了,他的支持者是博德默尔(Bodmer)、布赖廷格(Breitinger)和其他瑞士学派的作家们,他们受的是意大利人穆拉托里、格拉维那、卡莱皮奥(Calepio)和一些英国人的影响,反过来,克勒普斯托克(Klopstok)和德国的新评论学派又是博德默尔、布赖廷格和瑞士学派的追随者。[④]

情感 同一时期,在那些用"情感来审辨"和那些用"原则来审辨"的人之间的对立变得更加明显了。[⑤] 情感理论的代表人物是《关于诗画的批判性思考》一书的作者,法国人杜博斯(Du Bos)。他指出,艺术是"外界事物在我们心中所起的印象,它把任何反思的加工置于一旁"。所以,他嘲笑反对想象力的哲学家;针对马勒伯朗士(Malebranche)雄辩的言词,他说:"谈到滥用想象力是针对我们的想象力而言的"。他也同样否定艺术创造中的任何理性,他断言,艺术不在于教育,而在于风格;他不尊重逼真,宣称他没有能力确定逼真和惊奇的界线,让他们,那些天生是诗人的人来完成这两个相反概念的奇迹般的结合吧。总而言之,对杜博斯来讲,除了被他称为"第六感官"的情感之外,对艺术的评价不存在任何其他

① 《论科学的价值和发展》,卷Ⅱ,第2章。

② 《论人》(收在《哲学全集》里,莫利茨版),卷Ⅲ,第2章。

③ 《旁观者》,第411-412期(《全集》,伦敦,1721,卷Ⅲ,第486-519页)。

④ 《论画家》,1721-1723;《想象力的影响及运用》,1727;参看博德默尔和布赖廷格的其他作品。

⑤ 帕斯卡尔(Pascal):《关于修辞和风格的思想》,§15(引文为法文)。

标准。和第六感官相对立的概念、争论都是没有意义的，因为在这方面，公众的评判总要战胜那些职业的文学家和艺术家的评判；大多数形而上学家的所有细微的研究尽管是正确的，也不能降低诗的作品所享受到的声誉，去掉它们事实上所具有的吸引力。所以，在意大利人面前贬低阿里奥斯托和塔索，正像在法国人面前贬低《熙德》一样，都将是徒劳的：别人的推理总不能让我们相信与我们的感受完全相反的东西。① 其他的一些法国作家也遵循着这些观念，如卡尔托·德·拉维拉特(Cartaut de la Villate)也认为，“一个讨人喜欢的伟大作家的才智就是把反思转变成情感”；特吕布莱特(Trublet)说：“有一个确实的原则，即诗是情感的表现。”②英国作家在文学理论中强调情感也并不太晚。

这些词汇统一的倾向 在当时的著作中，想象经常用来指巧智，巧智指鉴赏，鉴赏指情感，而情感又是指最初的直觉、想象的。③ 正像我们指出的那样，鉴赏一会儿是审辨的，一会儿又是创造性的。这些词汇的融和、同一、互相从属在表面上是不同的，实际上都是围绕着同一事实或同一概念的。

给这些词汇下定义时的困惑和矛盾 在企图研究这个正在形成近代美学的朦胧区域的少数评论家里，有一位德国评论家把格拉西安视为鉴赏概念之父，并把这个概念看成是“最重要的、有待

① 《关于诗和画的批判性思考》，1719(第7版，巴黎1770)，综合摘引，特别摘引第1、23、26、28、33、34等部分。

② C. de.拉维拉特：《关于鉴赏的历史和哲学的论述》，海牙，1737；特吕布莱特：《论文学的各种题材和道德》，阿姆斯特丹，1755(引文为法文)。

③ 参看已引用的杜博斯的著作，第33部分。

现代人发现的美学定理”。[1] 但这并不是说,作为艺术功能的鉴赏在这种情况下将是一个科学的原则,而不是一个特殊的定理。不把格拉西安已弄清的关系和鉴赏的认识坚持下去,那只能是重复当时和各种空洞印象相符合的鉴赏、巧智、想象、情感和类似的词汇,而不是科学地掌握的新概念;当时至多不过是疑问而不是概念;是对应征服领域的预感,还不是事实上已经征服和抓着的领域。其实,那些使用这些新词汇的人,刚刚企图很好地确定他们的思想时,就又陷入了那些他们理性上牢牢掌握的旧观念中去了。对他们来讲,这些新词汇只是影子,还不是形体,当他们去拥抱它们的时候,得到的只是交叉在胸前的双臂。

巧智和知性 我们已经知道,在一定方式上,巧智有别于知性。但泰绍罗及贝莱格里尼(Pellegrini)和其他专论作家却总是要找出一个知性的真实来作为巧智的根据。特莱维萨诺给巧智下的定义是:“心灵的内在德性,为验证和遵循他提出的概念而发明的手段;在把我们创造的事物整之有序时,在清晰地表现这些事物时,在以狡猾和机巧的手法把那些分散的东西联系在一起时,在追寻不太清楚的诸事物的类比时,巧智是显而易见的。”但归根结底,“巧智的行为”,“不应没有那些知性行为的陪伴”。[2] 穆拉托里则更为天真,他把巧智视为“那个德性的积极力量,以它知性可以接收、连接、找到诸事物的相互关系和理性”。[3] 在这种情况下,已经从知性那里分离出的巧智,就又变成了同一知性的一部分和显现。通过一条稍许不

① 鲍林斯基:《论 B. 格拉西安》,第 39 页。

② 已引用过的特莱维萨诺的著作,第 82、84 页。

③ 《论完美的诗》,卷Ⅱ,第 1 章(引用过的版本,卷 1,第 299 页)。

同的路线，蒲伯(Alessandro Pope)也得出同样的结论。他劝告不要放纵巧智，就像不要放纵奔跑的马一样。他还发现，“巧智和审辨力经常争吵，尽管它们应互相帮助，就像丈夫和妻子一样”。[①]

鉴赏和知性的审辨　从一个有着(正像康德后来所发现的那样)和理性主义原理相反价值的比喻(几乎就像一种食品是否被喜欢的所有推论的决定者总是和只是味觉一样，几乎可以说，对艺术的不可撤销的仲裁者就是艺术的鉴赏力[②])那里产生的鉴赏概念或这个词也遭遇到了同样的变故。可是在确定那个和理性主义相反的概念时，人们却把它追溯到知性和理性，甚至把那个不确然的味觉的比较理解为反思的提前[在下一个世纪，伏尔泰(Voltaire)写道：“就像味觉是反思的提前一样”[③]]。达西埃尔(Dacier)夫人谈到鉴赏时(1684)时说：“这是一种和谐，一种巧智和理性的约定；”[④]这位文雅的交谈的作者还说：“一个清醒的理性，这个理性和心灵同属一个智慧，总能让人在相互对立和类似的东西中做出选择。”[⑤]据布乌尔援引的一位作家认为，鉴赏是“刻在心灵中的一种自然的情感，它独立于任何能被征服的科学”，几乎是“直接理性的一种冲动”。[⑥] 虽然布乌尔用一个比喻批评地解释了一个比喻，可他仍然认为，鉴赏是和“审辨”而不是和“巧智”有着较密切的关系。[⑦] 对于意

① 蒲伯：《论批评》，1709(收在《诗集》里，伦敦，1827)，第81-82行。

② 《判断力批判》(基尔曼版)，§33。

③ 《论鉴赏》(引文为法文)。

④ 引自舒尔茨(Sulzer)：《美的艺术的一般理论》，卷Ⅱ，第377页(引文为法文)。

⑤ 同上。

⑥ 《好的思维方式》，第4篇对话。

⑦ 同上。

大利的埃托里来讲，似乎可以把鉴赏更普遍地称为“被艺术制约的审辨力”[①]。巴鲁法尔迪（Baruffaldi）认为（1710），鉴赏是“由理论转化成实践的辨别力”。[②] 德·科鲁沙（De Crousaz）指出（1715）：“好的鉴赏力首先通过情感来估价理性——当理性自己给自己以时间来进行考察并以正确的想法来作出审辨之后——将会赞同的东西”。[③] 在他之前不久，特莱维萨诺认为：“鉴赏就是那个总是享受到完全符合那些理性所赞同的一种情感，”它和神的帮助一起有助于人类并使人类认识到由于原罪而不能完全和肯定她认识到的真和善。德国的克尼格（König）认为（1727）：“鉴赏是由健康的心灵和敏锐的审辨力产生的使人确实地感到真善美的一种知性的能力；”博特默尔认为（1736）——他和他的朋友，意大利人卡莱皮奥就此内容用书信进行了长期的讨论——“它是锤炼过的、敏锐的、渗透到每件事情中的反思，知性能把真从假，完善从不完善中区别开来”。卡莱皮奥、博特默尔都反对简单的“情感”，他们提出了“鉴赏”和“好的鉴赏”之间的区别。[④] 遵循相同的理性主义的道路，穆拉托里谈到了一个“好的鉴赏”，甚至还谈到了“博学”；其他人则探讨了“哲学的好的鉴赏”。

“我说不出的什么” 最好也提及一下那些含混不清的、把鉴赏归于“我说不出的什么”（*je ne sais quoi*，*nescio quid*）的人，在

① 已引用过的埃托里的著作，第2-4章。

② 《批判性的考察》（收于奥尔西的《考察》卷Ⅱ），第8章，第23页。

③ 《论美》（阿姆斯特丹，1724），卷1，第170页（引文为法文）。

④ 克尼格：《诗和修辞艺术的良好鉴赏力之研究》，莱比锡，1727；卡莱皮奥、博特默尔：《关于诗的鉴赏之本质的通信》，苏黎世，1736；对二者均可参看已引用过的舒尔茨的著作，卷Ⅱ，第380页。

前面的术语中再加上这个术语；但这个术语只能让人感到问题的存在，可并没有解决任何问题。布乌尔对它进行了大量的研究，他说："意大利人总是把任何事情都看成是神秘的，并在任何场合中总是说，我说不出的什么，在诗人的作品中看不出比这更一般的东西了。"为了证明这点，他从塔索和其他人那里摘出了很多例证。[①]萨尔韦尼的解释是："这个好的鉴赏是我们时代产生的一个名词，它似乎飘忽不定，没有固定和确实的位置，只能回到我说不出的什么，回到命运和巧智的验证上。"[②]费霍奥（Fijóo）神父在论述《鉴赏和理性》及《我说不出的什么》时讲得（1733）非常精彩："不仅在大自然的很多创造品中，人们发现除根据理性理解的完美之外，还有很多其他的神秘的完美的种类，它们增进鉴赏，同时又折磨着理性，情感使人了解得很清楚，但从理性上又解释不清楚，因而要表明它们的时候找不到词语和概念来确切地表明他的思想；因此，人们常说，我说不出的什么使人高兴，使人爱，使人着迷，也就是说找不到对这个自然的神秘更为清楚的揭示。"[③]孟德斯鸠（Montesquieu）议长说："在人和事物中，有一种肉眼看不到的秀美，一种天然的优雅，人们没法把它确定，只好把它叫作'我说不出的什么'。我觉得这似乎主要是由惊奇的心理所致。"[④]有些蔑视"我说不出的什么"这个遁词的人认为（并不是毫无道理的），这是一种无知的不明确承

---

① 《阿里斯蒂和欧杰内的对话》，1671（巴黎，1734）．第Ⅴ篇对话："我说不出的什么，"（引文为法文）；参看格拉西安：《预言录》，第 127 条；《英雄》，第 13 章。

② 对穆拉托里《论完美的诗》的注释。

③ 费霍奥：《戏剧批评》，第Ⅵ部分，第 11-12 页（引文为法文）。

④ 《论对自然的一些东西和对艺术的鉴赏》，死后发表的片段（引文为法文）。

认。但如果不陷入鉴赏和知性审辨的混乱之中，就不会从那个无知中解脱出来。

幻想和感觉论。幻想的校正 如果在给巧智下定义时，一般容易陷入理性论中，那么，在给幻想（想象）和情感下定义时又很容易陷入感觉论的断言里。帕拉韦奇诺用很大气力坚持想象或幻想创造性的非理性。他写道："对美的追求者来讲，为验证他的认识，人们推论不出他认识的东西事实上是否如他在心灵中想象的东西；也推论不出他是否通过类似的观念或活跃的直觉努力以审辨的行为来估价它的存在。但美的鉴赏作为美，不是由这样审辨的行为产生出来的，而是由视觉和活跃的直觉产生出来的，它能够停留在我们心中，消除掉信仰的欺骗。"正像我们在半睡半醒之中，尽管知道自己在做梦，可还是高高兴兴地沉溺在甜蜜的梦中。对帕拉韦奇诺来说，幻想不会迷途，因为他把幻想完全同既无力成为真也无力成为假的感觉类同起来。如果幻想的认识产生快感，那不是因为它有着一个特殊的真（幻想之真），而是因为它创造出那些"尽管是假的，但从中却得到鉴赏趣味的东西"：画家画出的不是肖像，而是意象，不管忠实或不忠实，只要能引起欣赏趣味就行；诗提供"富丽的、新奇的、可赞赏的、光辉的"直觉。[①] 如果我们不自欺的话，在他的思想深处，可以找到马里诺式的感觉论："令人惊奇是诗人的目的……，谁不知道这样，最好是去当马夫。"[②]他自己也极为赞同他多次听到的"萨沃纳的品达（Pindaro di Savona）和加布

① 《论善》中已引用过的章节。

② 马里诺：十四行诗《姆尔托莱德》（*Murtoleide*）中的一首。

里埃莱·基亚布雷拉(Gabriele Chiabrera)的意见,即"诗人的义务是使人弯眉而惊"。[①] 但是,在稍晚时他写的《论风格》中,他几乎又痛悔了自己最初的较好观念,回到了教育理论之中:"在这本书和那本书里,尽管我对诗进行了较卑微的哲学推理,把诗只视为在不完善的想象和取决于想象的直觉中我们心灵能够品尝到娱乐的仆人,但在这种情况下,我只不过是松动一下把诗和逼真拴在一起的绳子;在这里,我要表明的是诗的另一种功能,它更超凡,更卓有成效,但它仍以更紧密的陪衬形式隶属于逼真;它的职能是在审辨的崇高练习中照亮我们的头脑,向哲学提供甜蜜的乳汁,成为哲学的哺育者。"[②]耶稣会士埃托里尽管教诲人们要使用幻想,让修辞学家向"优伶"学习,可他还劝告,为了提供知性的真实,幻想应局限为简单的"翻译者"的功能,而不能占主要地位;否则,那将不是具有"理性的人,而是作为动物在半睡半醒中的想象"来读诗和听诗。[③]

幻想作为单纯的感性概念,在穆拉托里那里表达得较为清楚。他认为,幻想的功能是对自己而言的,它沉浸在梦幻般的昏言和迷狂之中,所以,在它之旁要放置理性来作为"一个有权威的朋友",以便用理性在形象的选择和混乱中对幻想绳之以则。[④] 尽管他的思想不太情愿被幻想的研究所吸引,尽管他同时又不想承认和贬

① 《论善》,卷1,第1部分,第8章。

② 《论风格》(罗马,1666),第30章。

③ 《好的鉴赏》,第12-13页。

④ 《论完美的诗》,卷1,第18章,第232-233页。

低它，可他还是在《论人类幻想的力量》中考察了幻想。[①] 在这本书里，他把幻想描述为材料的、根本有别于头脑和心灵功能的那个功能，并否定幻想的认识力量。尽管他早就发现诗在目的上有别于科学，因为科学寻求“认识真理”，而诗却“表象真理”；[②]但他还是坚持认为诗是从属于道德哲学的“娱乐的艺术”，是道德哲学三个使女和仆人中的一个。[③] 与此相差无几，格拉维纳认为，诗是以新奇和惊奇的娱乐在民众的头脑里引入的“真理和普遍的知识”。[④]

在意大利之外，别的国家亦是如此。培根虽把诗归于幻想，但仍认为诗是历史和科学的媒介，诗中的史诗就最像历史，诗中的教育诗就最像科学。在其他地方，他称诗为“梦幻”，也就是说，他认为诗“不产生科学”，是“理性的游戏而不是科学”；他认为，音乐、绘画、雕刻都是娱乐的艺术。[⑤] ——艾迪生把想象的快感和可见物那里产生的快感或从可见物那里抽出的观念所产生的快感等同起来，这个快感不像感官快感那么强烈，也不像智慧的快感那样精确细腻；同时，他还把查证摹仿和被摹仿、副本和原本之类似的快感置于同一组别。[⑥]

情感和感觉论 杜博斯和“情感”的支持者的感觉论是很清楚的。艺术首先是消遣，它的快感在于使心灵毫不劳累的专注，和专

① 威尼斯，1745。

② 《论完美的诗》，卷 1，第 6 章。

③ 同上书，卷 1，第 4 章，第 42 页。

④ 《诗的理性》，卷 1，第 7 章。

⑤ 《论科学的价值和发展》，卷Ⅱ，第 13 章；卷Ⅲ，第 1 章；卷Ⅳ，第 2 章；卷Ⅴ，第 1 章。

⑥ 《旁观者》集，第 1 章，特别是第 487、503 页。

注角斗、比武产生的快感类似。

由于这些原因，尽管我们发现了这些词汇和这些理解在美学历史的早期中是重要的；尽管承认在美学问题的辩论中它们起着酵母的作用和承认文艺复兴接续了古代思想家的终止点；但我们仍不能说，在这些词汇和对这些词汇的理解中已望见了美学科学的真正问世。由这些词汇和这些词汇产生出的辩论，审美事实正在以越来越高的和直接的声音要求自身的理论的说明；但审美事实仍还不能通过这些词汇、也不可能通过其他道路来获得理论上的解答。①

① 《旁观者》集，第 2 章。

第四章　笛卡尔主义、莱布尼茨学派中的美学观念和鲍姆嘉通的《埃斯特惕卡》

笛卡尔主义和幻想　笛卡尔哲学既没有考察也没有包容这些昏暗的术语：巧智、鉴赏、情感和“我说不出的什么”。这位法国哲学家厌恶想象，他认为这源于动物性精神的骚动；尽管他不完全谴责诗，但只有当诗被理性的功能即把人从逻辑狂乱（folle du logis）的任性中挽救出来的功能所制约时，他才承认诗。说到底，他不过是宽容诗，他只准备不拒绝“一个哲学家在良心不受冒犯的前提下可以允许的东西”。[①] 布瓦洛（Boileau），正像人们正确指出的那样，是笛卡尔唯理主义的美学家，他服从于严格的理性（是理性把我们拴在它的规则上……[②]），是寓言化的支持者。马勒伯朗士是反对想象的，由于偶然，我们对他的看法已有所暗示。总而言之，笛卡尔主义在法国传播的数学精神已排除了严肃研究诗和艺术的可能性。来到法国的意大利人安东尼奥·孔蒂（Antonio Conti），法国文学论战的见证者，对法国评论家拉莫特（La Mott）、丰特内

---

① 给巴尔扎克和伊丽莎白公主的信（引文为法文）。

② 《论诗艺》，1669-1674（引文为法文）。

勒(Fontenelle)和他们的追随者做了这样的评述:“他们不是根据感觉的品质来判断诗和修辞,而是把笛卡尔的精神和方法引入到文学里来了。由于这个原因,他们把哲学的进步同艺术的进步混淆起来;特拉松(Terrasson)修士才说,现代人是比古人更伟大和更雄辩的诗人。”[①]对于这个引入到艺术和情感事物中的数学精神,在法国直至百科全书时代仍在论战着[这个论战在意大利也产生了回响,人们可以看到,巴蒂内里(Battinelli)就对数学精神持有异议]:杜博斯一发表他的大胆的著作,[*]波尔多参议员吉安·贾科莫·贝尔(Gian Giacomo Bel)就写了一篇论文(1726)来攻击使情感成为艺术评价者的企图。[②]

科鲁沙和安德烈　总之,笛卡尔主义不可能有一个关于幻想的美学。笛卡尔主义的折衷主义者科鲁沙在《论美》中,不是把美置于快感和无法讨论的情感之中,而是置于人们赞同的导向观念的事物中。他列举了五种这样的观念:变化,统一,整齐,秩序和比例。科鲁沙说:“被统一所调和的变化、整齐、秩序和比例,肯定不是无足轻重的东西,因为它们不取决于任意。”他认为,这些观念是建立在自然和真理之上的美的实在的特征。后来,他在科学(几何、代数、天文、物理、历史)的单一美、德行、辩术和宗教里也遇到了美的这种定性,发现了上面所确定下来的特征也存在于所有这

---

① 给马费伊侯爵的信,约1720,收在《散文和诗》里,卷Ⅱ,第70页,威尼斯,1756(引文为法文)。

* 指《关于诗画的批判性思考》。——译者

② 已引用过的舒尔茨的著作,卷1,第50页。

些情况之中。[1] 另一个笛卡尔主义者，耶稣会士安德烈(André)提出了不同于任何人或神创建的本原美、不取于人的看法的自然美和在一定意义上讲的人为的和人工创建的美。第一种美，是整齐、秩序、比例和对称(在这方面，安德烈依附的是柏拉图，后来他接受了圣奥古斯丁的定义)；第二种美，是以产生颜色的光线为主要尺度的(一个好的笛卡尔主义者是不会不利用牛顿光学的这部分的)；第三种美，是时尚和习俗，但它绝不应侵犯本原美。这三种美的形式中的任何一种又被分为两部分，即感官感受的或形体的美，心智的或心灵的美。[2]

英国人：洛克、夏夫兹博里、哈奇生和苏格兰学派 英国的洛克(Locke)和法国的笛卡尔一样，也是一个理性主义者。洛克只承认(1690)感官之上的反思，不承认任何其他的精神形式。此外，他还从当时的文学中吸取了巧智和判断力的区别。他认为，巧智以产生快感的多样性来撮合观念，只要这些观念有些类似或关系时，它就能在变成或打动想象时把这些观念形成一些美的图景；判断力或理性则见于以真理来寻求这些观念的差别。“被这个图景的美丽和想象的生动活泼所满足的巧智不会超出它的界线。事实上，在用真理的严格规则和健全的理性去衡量这类机智的思想时，那对它就会是一种唐突；所以，人们可以看到被称为巧智的东西存在于那些与真理不相合的东西之中”。[3] 在英国，还有一些哲学家发展了抽象的和超验的美学，尽管比笛卡尔主义的美学更带有感

① 《论美》，这本书用科学和艺术的实例说明了什么是美(引文为法文)。

② 《论美》，巴黎，1741。

③ 《人类理解论》(法文译本把它收在《全集》里，巴黎，1654)，卷Ⅱ，第11章，§2。

觉论的色彩。夏夫兹博里(Shaftesbury)把鉴赏力提高到美的感官的地位:它是秩序和比例的感官,这个感官以它的“先天的感觉”或“表象”理性的追忆,和先天的道德感是一致的。形体、心灵、上帝是美的三个程度。[①] 哈奇生(Hutcheson),夏夫兹博里的追随者,使夏夫兹博里的内在感官大众化了(1723)。这个内在感官作为一些东西插在感性和理性之间,旨在认识那个寓变化中的一致、杂多中的调和、它们本原同一性中的真善美。哈奇生把艺术即摹仿的快感和副本与原本相符的快感也归于这个感官:相对美应有别于绝对美。[②] 这样的观念在18世纪的英国作家那里,如在雷德(Reid)——苏格兰学派的首领——和亚当·斯密(Adamo Smith)那里就占有主要地位。

莱布尼茨:微知觉和混乱的认识 莱布尼茨(Lebniz)以根本不同的哲学家的活力更广泛地为所有那些笛卡尔理性主义所厌恶地从它那里避开的心理事实打开了大门。想象、鉴赏、巧智等在他的被连续性法则(自然不会飞跃)——从最低存在到上帝的万物的等级都不停顿地走向这个法则——所制约的现实概念中找到了它们得以安身的位置。现在所说的审美事实与笛卡尔的能够是明晰但不明确的混乱认识是等同的:这类术语,如我们所知,源于经院哲学,大概特别受了邓斯·司各脱学说的启发,也正是如此,他的著作在17世纪才流行起来并再版。*

莱布尼茨在《论认识、真理和观念》一书里,在把认识分为朦胧

① 《论人、习俗、意见、时代的特征》,1709-1711(巴希莱阿,1790,第3卷)。

② 《论美和德行两种观念的根源》,伦敦,1723(法文译本,阿姆斯特丹,1749)。

* 参见本书第2章,《经院哲学和美学的交错》节。——译者

的和明晰的认识、明晰的认识又分为混乱的和明确的认识、明确的认识又分为相应的和不相应的认识之后，他指出，画家和其他艺术家对于艺术作品中什么好，什么不好，尽管能很清楚地意识到，却往往不能为他们的审美判断找出理由来；如果有人问他们，他们就会回答说，他们不喜欢的那个艺术作品缺少一点我说不出的什么。[①] 总而言之，他们有着明晰的然而混乱和不明确的认识，幻想的认识，即我们所说的非理性的认识。在艺术的事实中，理性是被排除在外的。这些是不能下定义的东西："只有通过样例才能让人明白，而且必须说明，一直到把内容搞清之后，它们仍都是我说不出的什么。"[②]但这些混乱的感觉和情感"有着超出人们想象的巨大效力：正是这些混乱的感觉形成了我说不出的什么的东西，形成了鉴赏和这些感觉品格的形象"。[③] 从这里看得很清楚，莱布尼茨在讨论它们时，转述了上一章我们谈过的审美讨论；事实上，在一定程度上，他也正是想到了布乌尔的著作。[④]

莱布尼茨的知性论 可以认为，莱布尼茨对审美事实采用"明晰"（*claritas*）这个词和否定"明确"（*distinctio*）这个词，可能已经认识到了审美事实的真正特点：它既非感性的同时又非理性的。他认为，它不是感性的，似乎它有着"明晰"性，这个"明晰"性有别于娱乐和感性的激动；它不是理性的，因为它又缺乏"明确"性。但"连续性的法则"又不准许他得出这样的解释。在这里，朦胧性和

① 《哲学全集》（埃德曼编），第 78 页。

② 《人类理智新论》，卷Ⅱ，第 22 章（引文为法文）。

③ 同上书，前言（引文为法文）。

④ 同上书，卷Ⅱ，第 11 章。

明晰性都是唯一的认识形式，是明确性或理性认识的量的程度；朦胧性和明晰性都倾向于这个明确性或理性的认识，这个认识是在更高的程度上达到的。事实上，莱布尼茨也承认，艺术家以混乱的、明晰但不明确的感觉进行判断时，并不排除这些感觉能够被理性认识来改正和证实。幻想混乱而明晰认识到的同一事物也能被理性明晰和明确地认识到。这就是说，一件艺术作品通过思维来确定它时是能够被完善的。在莱布尼茨采用的术语中，感觉和幻想被介绍为朦胧的和混乱的，就含有轻见的意味和省略了真正唯一的认识形式。需要同样地来理解莱布尼茨关于音乐的定义，他说音乐“就像不知计算的人的朦胧的数学练习”（*exercitium aritmeticae occultum nesicientia senumerare animi*）。在别处，他又说道：“历史的主要目的，同样是诗的主要目的，应该是通过一些样例来培育慎德和德行，然后用一种方式说明罪恶，使得人们对它产生反感并诱导或使人们避开它。”[①]言而言之，归于审美事实的明晰性，已不是一个特殊的区分，而是理性“明确性”的部分提前。当然，把它置于这个程度上已是一个重要的进步了。但是，说到底，莱布尼茨的学说比起构成一些新词汇和经验的区分——这些我们已经研究过了——并把思索力停留在独特表明审美事实的人的学说来，没有根本性的不同。

关于语言的思辨 这个不可战胜的理性主义，在当时活跃的关于语言的思辨中也被遵循着。当文艺复兴时期和16世纪的评论家们企图使语法超出经验和教学之上，并给这些纯经验和教学

① 《神正论》，第Ⅲ部分，§148（引文为法文）。

用的语法以一确定体系的时候，他们都陷入了逻辑论之中。对逻辑论来讲，语法的形式被解释为填充、非主导性、比喻和省略。斯卡利杰罗(Giulio Gesare Scaligero)是这样(1540)，比所有人都深刻的桑切斯(Francesco Sanchez)——又叫布罗森塞(Brosense)——也是这样。桑切斯在他的《智慧》一书(1587)中认为，名词是理性强加给事物的；作为纯粹欢欣和痛苦的感叹词应从话语成分中排除出去；他不承认变性名词和不规则名词，并通过话语构成的四种修辞格精心制定了句法和确定了这样的原理："以一个词替换另一个词是很必要的，"也就是说，以省略、略称和以缺乏典型的逻辑形式来解释语法的多样性。[①] 希奥皮奥(Gaspare Sciopio)也遵循着同样的路线，他(总是猛烈地)反对旧的语法，大肆宣扬桑切斯的几乎没人知道的、只剩下一篇专论的语法并发表了一本题名为《哲学语法》的著作(1628)。[②] 在17世纪的评论家里，值得提一下帕里约尼奥(Jacopo Perijionio)，他是桑切斯著作的一篇评论的作者(1687)。在真正的哲学家中，培根谈到了哲学的语法和不同语言的优点和不足。[③] 1660年，兰斯洛特(C. Lancelot)和阿尔诺(Arnaud)写出了《波尔—罗亚尔的一般和理性的语法》一书，它是笛卡尔主义在语法形式中的严格应用，充满了语言人造性的偏见。洛克和莱布尼茨对语言也进行了思辨；[④]后者作为语言史研究的推动者，功绩是很大的，但他们之中的任何一人都未能提出一个全

① 桑切斯：《智慧或关于拉丁语起源的评论》，参见卷1，第1、2、9章和卷Ⅳ。

② 希奥皮奥：《哲学语法》，米兰，1628(威尼斯，1728)。

③ 《论科学的价值和发展》，卷Ⅵ，第1章。

④ 洛克：《人类理解论》；莱布尼茨：《人类理智新论》，卷Ⅲ。

新的概念。莱布尼茨整个一生都酝酿着一个普遍语言的，一个具有“普遍特征的艺术”的想法，从它们的结合中，他希望产生一个巨大的科学进步。在他之前，这样的思想也在别人的头脑里闪现过，如维尔金斯（Wilkins），这样的思想尽管完全是荒谬的，可仍被我们时代的一些人所宠爱。

J.C.沃尔夫　为了改变莱布尼茨的审美观念，必须改变他的体系的根基，即改变他所依靠的笛卡尔主义。但是，他的门徒们没有做到这点，在他们身上，反而看到了对理性主义的强调。沃尔夫（Wolff）赋予他老师的研究以经院哲学形式的同时，把理解为“器官”或工具的认识学学说作为他的体系的第一部分，其次是自然的权力，伦理学和政治学，它们一起构成了实践的活动；其他的或是神学和形而上学，或是灵物学和物理学（心理学和现象自然学）。尽管沃尔夫区别了被充足理由统辖的，与那个纯然观念联想和混乱的幻想有别的创造性的想象，[①]但被视为新的认识价值的一个幻想的科学在他的系统的科学里并没有位置。低级的认识就其本身来说，属于灵物学，它没有能力具有它自身的“器官”，至多是已形成的器官的一部分，而“器官”却能通过逻辑的认识改正或克服低级的认识；同样，伦理学是相对于“低级的意念功能”（facultas appetitiva inferior）起源的。如同在法国，布瓦洛的诗学符合笛卡尔的哲学一样，在德国，高特雪特（Gottsched）的理性主义的诗学[②]也符合沃尔夫的笛卡尔—莱布尼茨的理论。

① 《经验的心理学》（法兰克福-莱比锡，1738），§138-§172。

② 高特雪特：《批判的诗学》，莱比锡，1729。

低级认识器官的要求 当然，人们以一些方式可以窥见，就是在低级的官能里，完善和不完善、价值和没有价值的区别也在起着作用。人们多次引证莱布尼茨主义者比尔芬格(Bülfinger)在一本书(1725)中说过的一段话："我想，会有一些人，关于感觉、想象、思索、抽象的官能会回忆起那个伟大的、今天不再被听从的亚里士多德关于知性所确定的东西；这些人会以艺术的形式再次带来并导致实现这个官能，正像亚里士多德在他的《工具论》里所确定下来的逻辑的或表明秩序的官能一样。"[①]但是，联系上下文来读这段话，就会很快发现，这个被寻求的"器官"只是一系列强化记忆、培育思索力等等的秘方，是一种技巧，还不是美学。在意大利，特雷维萨诺已经表明过(1708)类似的观念，断言通过理性教育感性是可能的；他承认一个情感的艺术，"和风俗相比，它提供慎德，和知识相比，它提供好的鉴赏力"。[②] 还须指出，比尔芬格在他的那个时代被视为诗的贬低者，以至于有人为支持"诗不会减弱明确理解事物的官能"[③]而针对他写了一篇论文。博特默尔和布赖廷格提出要以"数学的确实性来推论修辞学的所有方面"(1727)，后者还勾画出了一个研究逼真和比喻的想象的逻辑学(1740)；但是，要实现他的目的，就应该设想出他在哲学方面很难成就的一个东西来，这个东西大大有别于17世纪意大利的修辞学者关于这个内容所写的那些专门论述。

① 《关于上帝的哲学解说》，"世界和人的灵魂"，1725(蒂宾根，1763)，§268(引文为拉丁文)。

② 《关于鉴赏的反思》，前言，第75页。

③ 鲍林斯基：《文艺复兴时期的诗学》，第38页注。

鲍姆嘉通和《埃斯特惕卡》 这些讨论和探求培育了柏林的年轻的鲍姆嘉通(Baumgarten),他在学习和讲授诗和拉丁修辞学的同时,从沃尔夫哲学的研究中,抓住了实质性问题并思考了变修辞学家的规则为严格学说和哲学体系的方法。1735 年 9 月,他二十一岁时,以博士论文的形式发表了题为《关于完美诗的哲学默想录》的小册子[①],在书中,首次出现了作为一门特殊科学的名词,"美学"这个词。[②] 对于他年轻时的发现,他总是引以为荣的。后来,他受聘于奥德河畔法兰克福大学并在那里任教到 1742 年。1749 年后又在那里再次教授美学的课程(他通过学园,提出了培育低级认识功能的一些建议[③])。1750 年,他的一个内容丰富的专论的第一卷付印了,《埃斯特惕卡》("Aesthetica")这个词印到了该书的扉页上。[④] 1758 年,他发表了较短的第二部分;后来他因病去世,未能全部完成他的著作

美学,作为感性认识的科学 对鲍姆嘉通来讲,美学是什么呢?美学的对象就是古人总是很精心地从那个理性(υοητά)的事实中区分开来的感性事实 αἰσθητά[⑤];美学是"感性认识的科学,自由艺术的理论,低级认识论,以美的方式去思维的艺术,理性类比的艺术"。[⑥] 修辞学和诗学只构成了两门特殊的、独立的学科,美

① 马德堡的哈勒,1735(克罗齐校刊后再版于那不勒斯,1900)。

② 《默想录》,§116。

③ 《美学》,卷 1,前言(引文为拉丁文)。

④ 《美学》,哲学教授鲍姆嘉通著,由 C. 科莱于赞助,1750;第 2 部分,1758。

⑤ 《默想录》,§116。

⑥ 《美学》,§1(引文为拉丁文)。

学把文学种类的区分和其他细致的确定留给了这两门学科;[①]因为美学创造的规则是为所有艺术的,它几乎对所有艺术中的任何一种都犹如航行的北斗;[②]须要把这些规则从事实的普遍性中抽出来,而不是以不完善的归纳法和经验的方法从少数情况中抽出来。[③] 也不应把美学和只提供先行假定的心理学相混:美学作为独立的一门科学,提供给感性认识以规则[④]和探求凭"感性认识的完善"——美;作为它的反面,不完善,就是丑。[⑤] 应当从感性认识的美中把对象和物质的美排除出去,美这个词由于使用的原因,常常是很混乱的,事实上,丑的事物,单就它们本身来讲,可以用美的方式去想;美的事物也可以用丑的方式去想。[⑥] 诗的表象是那些混乱和幻想的表象:明确性即理性不是诗的。确定性(具体性)越强,就越是诗;个别事物,极端具体的事物(*Omnimode determinata*)是最高的诗的事物;意象和幻影是诗的意象和幻影,所有这些都要传达给感官。感性或幻想表象的判断力是鉴赏力或"感性的审辨力"[⑦]。——简言之,这些就是鲍姆嘉通在《默想录》里表明过的真理,在《埃斯特惕卡》里,他表明得更明确和精炼了。

对鲍姆嘉通的批判 德国的评论家几乎一致地认为:[⑧]由于

① 《默想录》,§116。

② 《美学》,§71。

③ 同上书,§53。

④ 《默想录》,§115。

⑤ 《美学》,§14。

⑥ 同上书,§18。

⑦ 《默想录》,§92。

⑧ 李特尔:《哲学史》法译本,卷Ⅲ,第365页;齐默尔曼:《美学史》,第168页,J.施米特:《莱布尼茨和鲍姆嘉通》,第35-38页。

赋予美学以感性认识科学的地位，鲍姆嘉通发展了归纳逻辑学的一个属类。但这样的责备是应洗刷掉的：在这方面，他比起他的批评家们更是哲学家，他认为一个归纳逻辑学总是理性的，因为它导致抽象的形成。“混乱的认识”和诗的事实、艺术的事实即鉴赏力成就的事实之间的关系是在他以前的莱布尼茨发现的，但莱布尼茨、沃尔夫和这个学派的其他人从没有想到过“混乱的认识”和“微小的感觉”能被理解为归纳逻辑。——作为补偿，这些评论家又把不属于鲍姆嘉通或至少不像他们所说的那样程度的功绩归于了鲍姆嘉通。据他们看来，鲍姆嘉通可能完成了一场革命，把莱布尼茨的那个程度和量的区分变成了一个特殊的区分，[①]用把那个完善(perfectio)归于感性认识的办法，使得一些混乱的东西变成了不再是否定而是肯定的东西；[②]他用这种方式粉碎了莱布尼茨单子的一致性(不可分割性)并给连续性法则撕开了一个裂口，从而建立起美学来。这是巨人的步伐，这使得鲍姆嘉通取得了这门新科学之父——不是义父而是亲父——的称号。

但是，为了当之无愧地接受这个称号，鲍姆嘉通还应解决和莱布尼茨及所有理性主义者纠缠在一起的矛盾。只提出一个“完善”是不够的，因为它还是那个被莱布尼茨归于混乱认识的“明晰”，实际上它仍缺少明晰，还是朦胧的，也就是说是不完善的。必须支持那个完善，反对连续性的法则，使它远离任何理性的混杂物；否则，将再次进入那个没有出路的既是假又不是假的逼真，那个既是理

① 但泽尔(Dazer)：《高特雪特》，第 218 页；迈耶：《莱布尼茨和鲍姆嘉通》，第 35-38 页。

② 已引用的施密特的书，第 44 页。

性又不是理性的巧智,那个既是理性判断又不是理性判断的鉴赏,那个既是感性的和物质的又不是感性的和物质的情感的迷宫里。尽管有了一个名称,尽管更强地坚持诗的感性特点和非莱布尼茨主义,美学作为一门科学,仍未诞生。

鲍姆嘉通的知性论 现在很清楚,鲍姆嘉通并未排除任何已指明的障碍。一个细心的和毫无成见的研究才能得出这样的结论。在他的《默想录》里,他就没有明确地区分幻想和理性,连续性法则导致他承认一个强弱的阶梯。他认为,在诸认识中,朦胧的认识比混乱的认识较少诗的认识,明确的认识不是诗的认识,但种类的那些认识(即明确和理性的认识)也是诗的认识,虽然诗的认识越高,种类的认识就越低;复合的观念比简单的观念更是诗的认识;那些有着众多理解的观念就是“周延广阔的明晰性”(extensive clariores)的观念。[1] 在《埃斯特惕卡》里,鲍姆嘉通在更着重地确定他的思想时,明显地暴露了他的思想的不足之处。如果在概论部分他能够认为审美的真实对他来说就是个别事物的认识,那么这个表象将被进一步的解释所消除。作为优秀的客观主义者,他承认那个主观的真理即广义或审美—逻辑的真理在心灵中符合形而上学的真理。[2] 这样真理的完满性已不只是那个种类或属类,而是个别事物的完满性。种类是真实的,属类更真实,个别事物则最为真实。[3] 形式逻辑的真理是损害物质的巨大完善而得到的,

① 《默想录》,§19,§20,§23。

② 《美学》,§424。

③ 《美学》,§441。

"事实上，如果不是损害，那抽象是什么呢？"[①]这是由于，在这里，逻辑的真理有别于审美的真理：形而上学的和客观的真理一会儿出现在理性那里，它是狭义的逻辑的真实；一会儿又出现在理性的类比物和低级的认识功能那里，它是审美的真实；[②]小的真实，代替逻辑的真实，由于"坏的形而上学家"(*Malum metaphslcum*)的缘故，并不总是能被人获得。[③] 同样，道德的真理以一种方式出现于滑稽诗人那里，以另一种方式出现于伦理学的哲学家那里；日月蚀以一种方式被天文学家所描述，以另一种方式被牧羊人讲给他的同伴和女友。[④] 普遍性的真理也能够被低级的官能所接受，至少是部分地被接受。[⑤] 我们设想，两个哲学家，一个教条主义者和一个怀疑论者在辩论；一个美学家在听。如果双方的论点都有道理，以至于美学家看不出什么地方是真，什么地方是假，那么，那个表象就是审美的真；如果双方有一方战胜对手，即是说，对手犯了明显的错误，那么，那个已被辩论清楚的错误就是审美的假。[⑥] 所以，真正审美的真实(这是决定性的词)既不完全真也不完全假，而是逼真(合情合理)。"凡是我们在其中看不出什么虚假性，但同时对它也没有确定把握的事实就是逼真的，所以，从审美见到的真应称为可然性的，它是这样一种程度的真实：一方面虽未达到完全确

① 《美学》，§560(引文为拉丁文)。
② 同上书，§424。
③ 同上书，§557。
④ 同上书，§425，§429。
⑤ 同上书，§443。
⑥ 同上书，§448。

定，另一方面也不含有明显的虚假性”。[①] 接着，他更为特别地强调说：“关于这些事情，观者和听者，当他们观和听时，在心灵中都有着预感，也就是说，这些事情一般或总是要发生的，它们是建立在每个人的意见之上的，因而是建立在可然性之上的，它们有着全部的虚假性（逻辑的和广义的），又有着全部的真实性（逻辑的和非常具体的）：所有这些都是美学家应遵守的亚里士多德和西塞罗的表面显现（εixós）和可然性（逼真）的那个概念”。[②] 这个可然性包括对理性和感性都是真实和确然的东西，也包括那个对感性而不是对理性是确然的东西和逻辑上与审美上是可能的东西，也包括逻辑上不可能而审美上可能的东西，甚至包括审美上不可能而又完全可能或可能性没有述及的东西。[③] 于是，我们就又回到了不可能和荒谬，即亚里士多德的 ἀδύνατου[不可能]和 ἄτοπον[荒谬]的承认上。

读完这些对鲍姆嘉通的真正思想的智慧具有十分重要性的章节之后，如果反过来再读他的作品的概论部分，就可以发现诗的功能的常见和错误的观念。谁要是反驳他说不应该考虑到混乱和低级的认识，因为“混乱是谬误之母”，因为“低级的官能，肉体应被战胜而不是强化和受到更多的锻炼”，他就回答说，混乱是找到真理的条件；自然不会从朦胧中跳到明确；从暗夜到中午的强光要经过晨曦；对低级官能需要的是管理而不是暴政。[④] 总之，这仍是莱布

① 《美学》，§483（引文为拉丁文）。

② 同上书，§484（引文为拉丁文）。

③ 同上书，§485，§486。

④ 同上书，§7，§12（引文为拉丁文）。

尼茨、特雷维萨诺和比尔芬格的看法。鲍姆嘉通不断怀疑别人指责他探讨一个哲学家不值得探求的东西。“你(他对自己说)，理论哲学家和道德哲学的教授，竟敢把谎言和真与假的混杂物当作高尚的作品来赞扬吗?”[1]如果说他成功地注意到了一些东西，那只是注意到了不能被压抑的和非道德化的感觉论。笛卡尔主义的和沃尔夫主义的感性认识的完善表明了和简单的愉快及我们机能的完善情感相混同的一些倾向；[2]但鲍姆嘉通并未陷入这个混乱里。1745年，一位叫奎斯托尔普(Quistorp)的人在反对他的学说时说，如果诗是感性认识的完善，那诗对人就是有害的。[3] 鲍姆嘉通不屑一顾地写道：他真没有时间来回答这类批评者的意见，他们把“感性认识的完善”同一个“完全感性”(即每个感性)认识的完善混同起来。

新的名称和旧的内容　在鲍姆嘉通的美学里，除了标题和最初的定义之外，其余的都是陈旧的和一般的东西。关于他的科学原理，我们看到他转述了亚里士多德和西塞罗；就另一方面说，他借助回想起的斯多噶派芝诺的真理——“有两种认识方法，一种是永恒的和广泛的，它被称为修辞学；一种是简洁的和揭露矛盾的，它被称为辩证法”。——明显地把他的美学同古代的修辞学等同起来，把修辞领域同审美领域等同起来，把辩证法的领域同逻辑领域等同起来。[4] 在《默想录》里，他依靠的是斯卡利杰罗和福修斯(Vossio)。[5]

① 《美学》，§478(引文为拉丁文)。

② 参见沃尔夫：《经验的心理学》，§51，关于笛卡尔的话请参见本书§542-§550。

③ 奎斯托尔普的话收在《新书文库》，1745，第5库：《论诗对其爱好者是有害的》；鲍姆嘉通：《形而上学》，第2版，1748，前言；参看但泽尔：《高特雪特》，第215、221页。

④ 《美学》，§122(引文为拉丁文)。

⑤ 《默想录》，§9。

更近的一些作家，除了哲学家(莱布尼茨、沃尔夫、比尔芬格)之外，他还提到了高特雪特、阿尔诺[①]、韦伦费尔斯(Werenfels)和布赖廷格[②]；通过他们，关于鉴赏和幻想的讨论才为他所知，虽然他不了解艾迪生、杜博斯和意大利的一些人(当时，在德国，他们是被人研究的)，但他和他们的类似之处是很明显的。对于他的前驱者，鲍姆嘉通感到的不是对立，而是一致。他没有革命者的任何意识，如果有时他确实完成了一些革命者的举动，也并不是有着这样的意识；归根结底，他的情况只是如此。鲍姆嘉通的作品仍是要求解答的美学问题的呼唤：这种呼唤越强，他就越得提出一个体系的名言来。他正式宣称的新科学是完全经院秩序的显现；这个尚未出世的婴儿在他手里受到的是一个时机尚未成熟的洗礼，便得到了"美学"这个名称，而这个名称便流传下来。但是，这个新名称并没有真正的新内容；这个哲学的盔甲还缺少一个强壮的身体来支撑它。卓越的鲍姆嘉通，充满热情和信念的人，在他的经院哲学的拉丁语中是如此的纯朴和灵活，在美学史中是一个可爱和值得回顾的形象，但美学仍是一门正在形成的科学，而不是已经形成的科学；美学还尚待建立，而并非已经建立起来了。

① 《默想录》，§111，§113。

② 《美学》，§11。

第五章　詹巴蒂斯塔·维柯

维柯，美学科学的发现者　一个把类似概念放到一边，以一种新方法理解幻想，洞察诗和艺术的真正本性，并在这种意义上讲发现了美学科学的革命者，是意大利人詹巴蒂斯塔·维柯（Giambattista Vico）。

在鲍姆嘉通的第一本小册子*于德国发表的十年前，维柯在那不勒斯就出版了他的《新科学》第一版。这部著作，在论诗的本性上，发展了他1721年在《论法的永恒性》中提出过的思想，这些思想是他“二十五年不断冷静沉思的结果”。[①] 1730年，在由两本专著（《论诗的智慧》和《论真正荷马的发现》）组成的《新科学》第二版中，维柯又进一步阐述了这些思想。

在他遇到的一切机会中，在书的绪言中，书信往来中，婚诗和挽诗中，甚至在他作为书评家所做的评述中，他都不倦地重复这些思想，并把它们灌输到当代人们的错误的意向中去。

这些思想到底是什么呢？它们正是（可以说）由柏拉图提出、

---

* 指《默想录》。——译者

① 《新科学》，第1版，第3卷，第5章［《全集》，G. 费拉里（G. Ferrari）编，1852-1854，米兰，第二版］。

亚里士多德企图解决但未能解决而文艺复兴之后各种徒劳也未能解决的问题:诗是理性的还是非理性的,是精神的还是丑陋的东西呢?如果是理性的,其真正品质是什么,用什么方法才能把它同科学和历史区分开呢?

我们已经知道,柏拉图把诗归诸人类精神中的卑微部分。维柯则提高了它的地位:他把诗当作人类历史中的一些过程,由于人类的历史是理念的历史,它的过程不是众多事件的罗列,而是精神的一些形式;他把诗当作精神理念历史的一个阶段,意识的一种形式。诗的产生先于知性,后于感觉;由于对此的混乱,柏拉图不承认诗应有的地位,并主张把它从他的"理想国"里驱赶出去。"人类首先进行的是没有感知的感觉,其次才以不安和激动的灵魂来感知,最终才以纯粹的头脑来自省。这才是评价诗的真正原则。诗形成于情欲和感觉,有别于形成于理性自省的哲学;所以哲学越提高到普遍,就越接近于真;而诗越掌握特殊,就越实"。[①] 诗虽是幻想的阶段,却提供真实的价值。

诗和哲学、幻想和知性 幻想阶段是独立自主于知性阶段的,知性阶段不仅不能使其完善,反而只能毁掉幻想的阶段。"形而上学的研究和诗的研究是截然相反的:因为前者清洗思想的幼稚先见,而后者却沉浸其中而倒置;前者坚持对感觉的评判,后者却以感觉为其原则;前者使幻想软弱,后者却使幻想强壮;前者强调不要使肉体成为精神,而后者却只是强调由肉体到精神的欢欣;所以,前者的思想整个是抽象的,而后者,当幻想越强壮时,则越美。

① 《新科学》,第2版,《要素》8。

总而言之,形而上学研究学者们所认识的各种情欲之上的万物之真……,诗却引导俗人以不安的情感据实而行,可以肯定,没有不安的情感,俗人是不会行动的。所以,在过去的所有时代里,在我们所了解的一切语言中,从未产生过二者兼备的出类拔萃者,既是伟大的形而上学的哲学家,又是伟大的诗人,特别是像诗歌之父和巨匠荷马那样的诗人。"[①]"诗人是人类的感觉,哲学家是人类的知性"[②]。"幻想越强,推理越差"。[③]

当然,"自省可以放到诗句中,但不因此就变成了诗","抽象的评判属于哲学家,因为它们包括了普遍性,超越情欲之上的自省属于假的、无情的诗人"。[④]"通过自省来歌颂妇女的美丽和德行的诗人……是哲学家,他们用爱情诗句推理"。[⑤]一些是哲学家的理念,另一些是诗人的理念。诗人的理念和画家的理念是相同的,他们的区别只是"语言和颜色"。[⑥]伟大的诗人不是产生在反省时代,而是产生在幻想时代,即在被称为野蛮时代就产生了的:荷马产生于古代的野蛮时期,但丁产生于中世纪"意大利野蛮时期的回返"。[⑦]那些想在希腊诗歌之父那里找到哲学智慧的人,他们就本末倒置了;因为诗人的世纪先于哲学家的世纪,所有幼稚的民族都是最高的诗人。诗句由于"自然的必要性"先于散文体句子的产

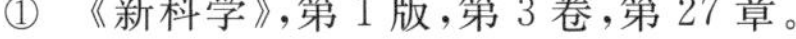

① 《新科学》,第1版,第3卷,第27章。

② 同上书,第2版,第2卷,引言。

③ 同上书,《要素》36。

④ 同上书,第2版,《英雄的评判》。

⑤ 1725年12月25日给德·安杰里斯的信。

⑥ 同上。

⑦ 《新科学》,第2版,第3卷;给德·安杰里斯的信;《对但丁的评价》。

生，不只是“喜欲的任意而为”，而是寓言和幻想的普遍性先于理性即哲学的普遍性而被人理解。[①]

维柯以此评价并纠正了柏拉图在《理想国》里的评论。柏拉图否定荷马的智慧，否定任何类型的智慧，否定吕库古(Licurghi)、卡隆达(Caronda)、索伦(Soloni)的法学智慧；否定泰勒斯(Taleti)、安那查西斯和毕达哥拉斯的哲学智慧；否定军队将帅的韬略。[②] 荷马(他说)如果应有智慧的话，那只能是诗的智慧。从猛兽和野蛮的东西那里得出的荷马的比较和想象是奇妙无双的，但“如此成功的天才肯定不是被任何哲学驯化、文明化了的天才”。[③]

如果有人于反省时代作诗，就得回返到幼稚时代，“复元思想于根”；不是以知性来自省，而是受幻想的驱动，重新回到特殊之中。如果一个诗人接触到哲理，并不是他“由于驱散幻想而得到真理”，而只是“面对它们就像在广场和剧场看到它们一样”。[④] 毫无疑问，苏格拉底以后出现的新剧充满着哲理、知性的普遍和“人类习俗的知性对象”，但剧作者，作为诗人，由于他把逻辑转换成了幻想，所以，能把那些理念用肖像显示出来。[⑤]

诗和史 艺术和科学、幻想和知性在这里的区别是很深刻的：两种类型的活动，经过多次重申的对比之后，是不可能混淆的，但诗和历史的区别并不是极为清楚的。维柯虽然没有援引亚里士多

① 《新科学》，第2版第2卷，《诗的逻辑》。

② 《理想国》，X。

③ 《新科学》第2版第3卷，开始部分。

④ 给德·安杰里斯的信。

⑤ 《新科学》第2版第3卷，综合摘引。

德著作中的一些章节，可还是含蓄地解释了为什么对亚里士多德来说，诗比历史更富有哲学意味，为什么他反驳了亚里士多德的历史属于一般而诗才属于普遍性的错误。诗和历史相比，不是因为诗是概念的沉思，而是因为它像科学一样，是理念的。

"完整的理念"应是诗的最好的寓言，"因为诗人从理念上给没有生命的万物以生命，这是这门艺术的大师说的。诗的理念和画家的理念一样，是完全的幻想，而不是摹仿，像肖像画家。诗人和画家都借助造物主的肖像，被称为神妙的人"。① 维柯反对那些责难诗人的人，据他们讲，诗人只提供假。他说："最好的诗是更靠近理念的真，即更靠近上帝的永恒真理的真；所以，史学家的真理与它是没法比较的。史学家的真理惯常只提供给诗人以任性、必然、机遇等等，但塔索想象出的郭弗雷多*却应是所有时代、所有民族的统领。所有诗中的人物都是这样的人，尽管他们的性别、年龄、气质、习惯、民族、国家、能力、条件和机遇是如此不同。其他的只是由政治家、经济家、道德哲学家推论出的被诗人表现为肖像的人类灵魂的永恒特质"。② 维柯还提出了诗人在史学家之前的难题，他抓住并部分赞同卡斯泰尔韦特罗的考证：如果诗是可能的设想，它就应先于历史，是仿造的现实；他用把诗同历史等同起来的办法解决了这个难题。诗是原始的历史，是真实叙述的寓言。荷马是第一个史学家，或更高，是"希腊人叙述、歌唱他们历史时的英雄典

① 《新科学》第 1 版第 3 卷第 4 章。

* 塔索的长诗《耶路撒冷的解放》中的主人公。——译者

② 1729 年 1 月 12 日给埃斯泰班的信；参看《新科学》第 2 版，《要素》53。

型”[1]。诗和史，究其源是一样的，或者确切地说，是不可分的。“但为什么不能产生出一些假的理念呢？这是因为假存在于理念的畸形混合物之中，这样，它就不能因袭；任何传说的东西，在其起源之初，都有着真实的基础”。[2] 从这里产生了关于神话的一个新思想：神话不是任意的或经过权衡的创造，而是在原始人的精神中被摹仿出的关于真理的自然幻想。诗提供幻想的映像，科学或哲学提供心智之真，意识提供事物之实。

诗和语言 对维柯来讲，语言和诗在本质上是一样的。他批驳了散文句子产生于先而诗句语言产生于后的“那个语法学家的共同错误”，找到了“在诗中已被发现的那些起源”，即“语言和文字的起源”。[3] 为了得到这个发现，就需要“一个令人不快的、折磨人的、庄重的辛苦劳动，这个劳苦的程度越强，这个发现就越能揭示我们的本性，以便进入到霍布斯、格劳修斯(Grozio)、普芬多尔夫(Pufendorfio)的没有任何话语、但正是从他们那里产生了文明民族语言的原始人的本性之中”。[4] 收获的结果和付出的劳动是相等的，所以，他能够由此发现语言产生于约定俗成或如他所说的“是任意表明”的错误。他说：“由于语言的天然起源，它们本身就应有着它们天然的意义，这在拉丁语的俗语中是常见的……，几乎拉丁语的所有词汇都是由自然的来源、自然的特质和易感觉到的

① 《新科学》第2版第3卷。
② 同上书，第1版第3卷第6章。
③ 同上书，第2版，《关于诗歌话语起源的附编》。
④ 同上书，第1版第3卷第23章。

影响而形成的。一般地讲，所有民族语言里的主体都是比喻。”[①]他还批驳了语言学家的“散文作家的语言是真正的语言，诗人的语言不是真正语言”[②]的另一个错误。对维柯来讲，属于暗喻的诗的借喻，“产生于所有民族的本性，而不是在诗上有特殊才能之人的任意而为”；[③]借助“相似、想象、比较”的语言，是由于“需要确定事物特质的语汇的类和属的贫乏”和“作为整个民族共同本性的结果而造成的”。[④] 最初的语言就是那些“和要表达的思想有天然联系的、无声的、身体的动作”[⑤]。他还进一步研究了象征语，包括古埃及的象形文字、徽章、骑士的象征性图案、纹章和贵族纹印等等这些被他称为“中世纪的象形语言”。[⑥] 在中世纪的野蛮时期，“无声的语言……非基督教的最初民族的语言应回返到意大利人之中，这些语言的创造者，在找到有节语言之前，就用它们来表明自己的一些思想——这些思想在当时是经常感觉到的，它们和无声的动作有着天然的联系——和一些他们要说明的事物。这些无声的身体的动作，被转换成有声的语言，它们应是诗的话语就是很清楚的了”。[⑦] 所以，语言分为三个种类和阶段：无声的天意语言、表明业绩的英雄语言和讲话的语言。他希望有一个普遍的语言学，“一个各民族思想之声的字典”。

---

① 《新科学》，第 2 版第 2 卷，《关于语言起源的附编》。

② 同上书，《关于句子的附编》，§4。

③ 同上书，第 1 版第 3 卷第 22 章。

④ 同上书，第 2 版第 3 卷，《哲学的验证》。

⑤ 同上书，第 1 版第 3 卷第 22 章。

⑥ 同上书，第 27、33 章。

⑦ 给德·安杰里斯的信。

归纳逻辑和形式逻辑 谁有关于幻想、语言和诗的这样的思想，谁就不能满足于形式逻辑和经院哲学的逻辑、亚里士多德的逻辑和拘泥于文字的逻辑。人类的头脑（维柯说）“由所感而使用知性得到感觉之上的东西，在拉丁文里称为心智”。[①] 在论逻辑史的一个草稿中，他说道，“出现了亚里士多德和芝诺。亚里士多德是教授三段论法的，他的方法与其说在特殊中解释普遍，不如说他为了得到普遍而糅合特殊；芝诺用他的多段论法给现代清谈家提供了只能减弱而不能砥砺头脑的方法；他们都不能给人类的利益以任何东西。维鲁拉姆[*]，伟大的哲学家和政治家，在他的具有重大实验哲学成果的、被英国人所追随的《论工具》[**]中，正确地提出、推荐并解释了归纳法”。[②] 至此，他批判了一直被看作而特别是当时被看作一门最完整的科学——数学。

维柯反对所有以前的诗学理论 维柯不仅是事实上的革命者，而且作为革命者，他对此有着充分的意识。他知道反对在他之前的所有的诗的理论。他的关于诗的新原则（他说）“不只是和柏拉图、亚里士多德直至我们的卡斯泰尔韦特罗的不同，而是截然相反”。这些新原则是想象的原则，由此，我们找到了作为所有民族包括犹太民族最初的语言——诗[③]。他以这些原则（在别的著作中他也这样坚持）“推翻了首先由柏拉图提出、尔后又由亚里士多

① 《新科学》第2版第2卷引言。

* 指培根，因培根曾取得维鲁拉姆城男爵的封号。——译者

** 指《新工具论》。——译者

② 《新科学》，第2版，第2卷，《最新的附编》，§ Ⅵ。

③ 同上书，第2版，第2卷，引言。

德直至我们的帕特里齐、斯卡利杰罗、卡斯泰尔韦特罗提出的所有的诗的起源之说，确定了卓越的诗是由于人类推理的缺乏而产生的说法。它对来源其后的艺术，诗的哲理和批判的哲理乃至这些哲理本身，都不是等同的，而是更高的东西……”。[①] 在自传中，维柯夸耀他早已发现了那些“希腊人、拉丁人和其他民族关于诗的一直相信的原则之上的神话的原则”。[②]

那些陈旧的、“被柏拉图抛出、被亚里士多德肯定的”原则都是武断和偏见，它们把具有诗的理性的作家[他援引了他们之中的雅各布·马佐尼(Jacopo Mazzoni)的名字]引入歧途。甚至像帕特里齐这样庄重的哲学家和其他一些哲学家“关于歌和诗起源的一些说法都是毫无意义的”，都是他“不好意思提及的”。[③] 但看到他以《新科学》的原则评价贺拉斯的《论诗艺》并极力从他那里挖掘出一个值得称赞的意义是很奇怪的。[④]

可能，对于同代人的著作，他了解穆拉托里的那些，他提到了他和另一个与他有直接交往的格拉维纳的名字；但可以肯定，如果他读过《论完美的诗》和《幻想的力量》，他就不能满足于那里对幻想能力的论述，对这个能力，维柯赋予了极大的力量和非常的重要性。或许，反之，他可能从格拉维纳那里得到了启发(如果不直接从法国作家那里，如莱博苏)，在他那里他遇到了那个关于一个具有深密智慧的荷马是不合现实的想法，这个想法是如此猛烈和无

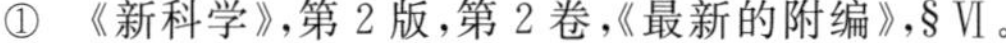

① 《新科学》，第2版，第2卷，《最新的附编》，§Ⅵ。

② 《自传》(《全集》，已引用的版本，卷4，第365页)。

③ 《新科学》，第1版，第3卷，第3章。

④ 《贺拉斯论诗艺的注解》(《全集》，已引用的版本，卷6，第52-79页)。

休止的争斗着。他对笛卡尔主义所做的大量责难之一，是它没有任何关于诗和幻想的才智。他说他的时代，“是被分析的方法，被一个公开宣称窒息源于身体的灵魂的所有官能特别是窒息今天那个被痛斥为万恶之源的假想官能弄得思想纤弱的时代”；是“冻僵美妙诗篇所有宽容雅度的智慧时代”；这样的智慧时代完全阻碍了人的智能。①

维柯关于以前的语法学家和语言学家的评论 那个包括语言的理论也是同样的。“它们产生的方法，或语言的本性，需要我们冷静地加以沉思。我们既不能以错误的方法从柏拉图的《克拉底鲁篇》那里来欢欣地明了语言产生的方法和它的本性（他暗示他在第一本书《论古代意大利人民的智慧》中遵循的学说），也不能满足于后来的沃尔夫冈·拉齐乌斯（Wolfango Lazio）、斯卡利杰罗、桑切斯和其他一些人对此的见解。为此，乔万尼·克莱里科（Giovanni Clerico）在推论我们提到的类似问题时说：“在包裹着众多的不确切性和疑难的所有哲学里，没有任何东西。”②在其他地方，文艺复兴时期的语法学家未能逃过批判。他说，语法给讲话准确以准绳，逻辑给讲话之真以规则，因为，“由于自然的顺序，讲话之真先于讲话准确，所以，被以后所有优秀的语法学家所追随的斯卡利杰里竭力用逻辑的原则对拉丁语的原因予以推理，但他的计划失败了，因为他依附了一个特殊哲学家的逻辑学原理，即亚里士多德的逻辑学原理；由于他的原理太普泛化，所以不能解释几乎

① 给德·安杰里斯的信。

② 《新科学》，第1版，第3卷，第22章，《对克莱里科的评论》，收在《全集》第4卷，第382页。

是无穷的一般。而这些一般，由于本性，产生于任何想对语言进行推理的人之前；所以，桑切斯在他的《智慧》一书中，极力解释了拉丁语的无数特殊，并以这样不足称道的成绩来挽救亚里士多德逻辑学的普遍原理，他牵强附会地、令人生厌地几乎是在无数讲拉丁语的摹本中得到了一些结果；相信这些拉丁语能弥补拉丁语在使用时秀美和高雅的不足"。[①] 词类部分和不被他们赞同的文章结构法部分完全是另一个起源，他们虚构出："重新找到语言的人，应该首先进入亚里士多德的学校。"[②]由于发现阿尔那乌德的逻辑是在"亚里士多德基础上"加工而成的，同样的评价也肯定同样会扩展到波尔—罗亚尔的逻辑—语法的指导原则之中。[③]

17 世纪作家对维柯的影响　维柯可能对 17 世纪的修辞学家有很大的好感，在他们那里，我们似乎可以预感到美学科学。即使对他来说，天才（他指幻想和记忆）也是"所有发明之父"。他称关于诗的评价为感觉的评价，它和"鉴赏"、"好的鉴赏"的词义等同，但他并没有取其此意。毫无疑问，他了解具有敏锐洞察力和良好观念的专论作者，因为他在他的一个供学校讲学用的枯燥的修辞学手稿中，援引了保罗·贝尼（Paolo Beni）、佩莱格利尼、帕拉韦奇诺、奥尔西侯爵的名字。[④] 他推崇帕拉韦奇诺的专著《论风格》，但也不是不知道同一作者的另一部著作《论善》。[⑤] 可能在他的头

① 《关于安东尼奥·达阿龙内语法的评价》（《全集》卷 6，第 149-150 页）。

② 《新科学》，第 2 版，第 2 卷，《关于语言起源的附编》。

③ 《自传》，第 1 章，第 343 页。

④ 《辩术的创立和未发表过的手稿》，那不勒斯，1865。第 90 页以后：《论判断，以概念讲好语言的平民》。

⑤ 给劳伦扎纳大公的信，1732.3.1；参看给穆齐奥·加埃塔的信。

脑里并不是没有留下那个天才闪现的影响，这个在耶稣会士身上出现的天才闪现认为，诗始于人类最初情感的骚动。他没有提到泰绍罗，但不能怀疑他不知道他，在《新科学》的论述里，除了关于诗、纹章、“贵族纹印”、“军队帜徽”、“徽章”，还提到了泰绍罗在《亚里士多德的望远镜》里称为“聪慧”[①]的那些东西。“聪慧”对泰绍罗来讲，和任何其他精神的和比喻的说法是相同的，而幻想的行为对维柯来说，它不仅可以用词还可以用线条、颜色、“无声的语言”来展现。他也了解莱布尼茨的一些思想，这个伟大的德国人和牛顿，被他称为他那个时代的“两个一等的天才”。[②] 对在德国由莱布尼茨学派形成美学的尝试，他也略有所知；但可以肯定，他的诗学的逻辑之发现独立并早于比尔芬格的低级官能的器官论，早于鲍姆嘉通的“低级认识论”，早于布赖廷格的“幻想的逻辑学”。事实上，维柯一方面和反对形式主义及经院的拘泥于文字的文艺复兴的广泛反对动相联系——这个始于恢复经验和感觉[泰勒斯(Talesio)、康帕内拉、伽利略、培根]的广泛反动在个人和社会生活中应导致恢复幻想的价值——，另一方面，他又先于浪漫主义。

《新科学》中的美学　在他的全部思想中，在他的《新科学》的体系中，维柯的诗的新理论并没有被看成是至关重要的。这位那不勒斯的哲学家继续被一般地视为历史哲学的创立者。如果对这门科学，他尝试对具体的历史进行推理和对所有时代、事件进行观念地归纳的话，那么，维柯就将提出一个问题，在这个问题上，他所

① 参见本书第 3 章。

② 《新科学》，第 2 版，第 1 卷，《论方法》。

花的气力就像后来他在所有其他问题上所花的气力一样，都将可能是白费的。事实上，他的历史哲学、他的理念的历史、他的“关于各民族共同本性的新科学”并不包括具体的、一般的在时间中行进的历史；它不是历史的而是理念的科学、精神哲学。当然，维柯在上述真正的历史学中也有很多发现，这些发现已被现代评论加以主要肯定（如关于希腊史诗的发展，关于古代和中世纪封建社会的起源和本质等），可以说，毫无疑义，他在这方面也是很突出的。但他的著作的这部分有别于那个基本的、真正的哲学部分。至此，如果哲学部分是表明精神理念阶段的一个学说，或如他所说，是“对我们头脑的变革”——维柯第一个肯定了这些阶段和变革——，那么，他就广泛地发展了不只是逻辑、伦理和经济阶段（尽管在它们之中，他也投进了很多思想之光），而主要是发展了幻想和诗的阶段。第二版《新科学》的大部分都是谈论具有创造性的幻想的。那些关于语言、神话、文字和符号象征论的所有理论都是从“诗的新原则”里产生出来的。所有他的“关于文明、国家、法律、诗歌、历史，一句话，所有人类学的体系”都是以他置身其中的那个发现为基础的。作者认为《新科学》第二版是献给诗的智慧，“在那里，他得到了一个与培根的发现截然不同的发现”，“它构成了著作的主体”，但该书的第一版和第三版也几乎主要是论证幻想的产物的。所以，可以说，维柯的真正的新科学就是美学，至少是给予了美学精神的哲学以特殊发展的精神哲学。

维柯的错误　在他思想里的众多光点中，甚至可以说在他思想的强光中，仍有一些不清楚的地方和暗角。具体历史和精神哲学的混淆使维柯的历史阶段与实际的历史不符，有时几乎是关于

精神哲学的寓言和神话。维柯在一般的文明史、诗的历史、语言史和其他东西的历史中找到了精神哲学那些阶段的多样性(一般有三个)。“最初的人,人类的童年,首先创造了艺术的世界,随后是长期的哲学家的时代,作为其后果,又产生了民族(人)的老年,创造了科学。至此,人类臻至成熟”。[1] 历史地一般地讲,这个人类发展的草图有其真理性,但只是近似的真理。由于他对历史同对哲学同样混淆,他否定最初人类的任何知性逻辑,把他们的物理、天地形质、星象、地势学,乃至伦理、经济和政治都理解为诗学。这样,人类具体的历史阶段都成了诗的阶段。这样的阶段是根本不存在的,也是不可理解的。伦理、政治、物理,由于它们的不完善性,总是必然要有知性行为的。在一个文明的历史时代,诗理念在先是不可能成为事实的。

维柯多次陷入的另一个与此相同的错误是他认为:“诗的主要目的是教育无知的俗民去有德地行动”,以及“找到适合民众意向的过分骚动的寓言”[2]。由于他关于诗中的非本质性的知性技巧和抽象的清楚解释,由于他认为诗不借助任何外界支持而立于自身之上,由于他认为幻想理论的特殊性,这样的命题不能理解为是诗的教育理论和诗的外在目的的回返,实质上早已超过了它;而且,毫无疑问,关于他的整个是诗的文明时代的历史假设之结果,在这样的时代里,教育、科学和道德几乎都是由诗人提供的。这样做的另外的结果必然是:被他理解的幻想的普遍性有时好像几乎

---

① 《新科学》第2版第1卷,《最新的附编》§5。

② 《新科学》第1版第3卷第3章;《新科学》第2版第2卷《论诗的形而上学》和第2版第3卷开始部分。

是不完整的普遍性（如他后来所称的先验的或摹仿的概念）。尽管从另一方面来说，个体性在它们之中是如此特殊，它们的非哲学本性是如此鲜明，它们的纯粹幻想形式的意义还是占优先地位的。最后，还要注意，维柯的基本词汇不是以同样的意义来使用的，“感觉”、“记忆”、“幻想”、“天才”，它们相同的和不同的语意并没有被鲜明地区别开来。“感觉”有时是精神之外的，有时又是精神的第一阶段；诗人有时是“幻想”的工具，有时又是人类的“感觉”。他所说的“幻想”有时指“膨胀的记忆”。由于他的本源和最初思想的不确切性，他的思想是难以掌握的。

尚待完成的进步　继续对维柯进行分析，就能更准确地确定由他确认的真理、由他提出的不同和他的慧眼辨认，最终把美学从陈旧的修辞学和诗学的残留物中、从作者一些粗糙的概略法中净化出来。在维柯发现了美学的自主性之后——这个发现归于维柯的天才——，把人类头脑的变革从历史事件中区别开来，把美学从荷马文明中区别开来，这个领域的工作，这个发展还是要继续完成的。

第六章　18世纪次要的美学学说

维柯的幸运　这个进步对当时并未产生影响。《新科学》中有关美学理论的章节比起这部令人惊奇的著作的其余部分是不大为人所知和缺乏影响的。但并不是说，在当时和紧跟在他以后的几代作家——我们将在下文对他们进行探讨——那里找不到维柯美学观念的痕迹；而是说这些痕迹是以外在的、材料的因而是以不能发展的方式而存在的。在意大利之外，《新科学》(1726年，在莱比锡的《大事录》里，维柯的一位同胞善意地指出："《新科学》更多是涉及艺术之巧而不怎么是涉及哲学之真的。"他得到的消息是"这本书与其说是欢迎地，不如说是厌恶地被意大利人所接受"①)，正像人们所知，曾被赫尔德(Herder)、歌德和其他少数人提及。②《新科学》中关于诗，即关于荷马问题，曾被沃尔夫(F. A. Wolf)抽其一些精华作为论据，对此，在沃尔夫的《荷马概论》发表(1795)之后，切萨罗蒂(Cesarotti)曾指出过。③ 但无论是当时还是以后，

① 维科：《全集》，已引用的版本，卷4第305页。

② 赫尔德：《书信集》，1793-1797，第59封信；歌德：《意大利游记》，1787年3月5日。

③ 沃尔夫给切萨罗蒂的信，1802年6月5日，收在切萨罗蒂的《全集》里，卷38，第108-112页，参见《全集》第43-44页；《全集》，卷37，第284，324页。关于沃尔夫和维柯的关系，参见克罗齐《维柯年表》第51，56-58页，《附编》第12-14页。

人们都没有怀疑一般诗学的重要性，关于荷马的猜测，对于一般诗学来讲只是简单的附加说明和例证。沃尔夫只相信（1807）在一个特殊问题上，他遇到了一个天才的先导者，但并未窥见这个天才的先导者的智慧高度要比他这位纯粹的语言学家超出许多。

意大利的作家们：A. 孔蒂　不依靠没有形成真正学派的维柯的著作，但需补充说明，也没有依靠新的力量和其他途径，（意大利 18 世纪的美学）思想也能提高到那位孤独的那不勒斯的哲学家达到过的领域。——意大利威尼托人孔蒂为建立诗和艺术的哲学理论，进行了卓越的努力；关于幻想、心灵的力量、诗的摹仿和类似的材料，留下了很多应构成内容广泛的美和艺术专著的手稿。起初，孔蒂认为他的观念与杜博斯的观念是一致的。他说：诗人"应把所有的东西都置于意象之中"；鉴赏力和情感一样是不能下定义的，有着没有鉴赏力的人就像还有着瞎子和聋子一样；他还和文学中的笛卡尔主义进行过论战，可后来又放弃了他的介于感觉论和情感主义之间的理论。[①] 在研究诗的本性时，他对卡斯泰尔韦特罗、帕特里齐、格拉维纳是不满意的。他指出："对亚里士多德的诗学研究得很仔细的卡斯泰尔韦特罗如果能用两章或三章的篇幅来哲学地解释摹仿观念的话，那将一下子解决由他提出的、但并未很好解决的关于诗的理论的很多问题。帕特里齐在他的《诗学》和他与塔索的论战中也未能很好地确定摹仿的哲学观念，虽说帕特里齐关于诗的历史收集了很多极其有用的东西，但去掉诗的历史中的

① 给费朗泰的信（1719）和给马费伊侯爵的信，见《散文和诗》卷 2，1756，第 85-104 页，108-109 页。

柏拉图学说却是毫无意义的，因为在一定程度上讲，如果柏拉图的学说没有附加上的诡辩，那它可能完全是另一回事。格拉维纳在他的《诗的理性》中引证了摹仿的哲学观念——我说不出的什么，但他却过分热心地要从这个观念中推论出抒情诗、戏剧诗和史诗的规则来，并用希腊、拉丁和意大利卓越诗人的样例来解释它们，以至于没有想到恰如其分地发展一下由他提出的有生命力的观念。”[①]孔蒂熟谙欧洲当代的哲学文学，并非不知道哈奇生的理论，但他却断然否定了它：因为他发现“把官能杂多化是无益的”。心灵只有一个，只是为了经院哲学家的方便，才被分成三种官能：感官、幻想和知性；“感官研究眼前的对象，幻想研究转化为记忆的远的对象；但感官和幻想的对象永远是个别的，而思考、知性和心灵则并非如此，它们能从个别事物的比较中得出普遍性”。所以在给美的感官引入一个新的感官之前，哈奇生本应“标出这三种认识能力的界线，并表明由美引起的快感不会从这三种能力的三种快感或从唯一的知性快感——如果对心灵的活动进行很好的分析，它们会导向知性快感的——那里产生出来。”这位苏格兰作家的欺骗性源于他把快感同诸认识官能割裂开来，把第一种快感禁锢在一个特别的、虚无的美的感官到。[②] 相反，在叙述关于诗的普遍性的亚里士多德学说的批判者的各种意见的历史时，孔蒂却非常推崇弗拉卡斯特罗的《瑙格吕斯或论诗艺》的对话[③]。有时，他似乎靠近得到诗的真正普遍性，因为他认为普遍性就是特征。为此，我

① 《散文和诗》，卷 1，1739，前言。

② 同上书，卷 2，第 171-177 页。

③ 参见本书第 2 章。

们可以说最丑的东西也可能是美的："巴尔扎克在所有的旅行中，从未看到过一位美丽的老妇人；但在诗和画的意义上讲，当被画出的老妇人的面形能显示出岁月侵蚀的时候，老妇人是最美的。"但是，孔蒂很快就把特征同沃尔夫的完善等同起来。他说："特征同本体没有什么不同，本体同经院哲学所说的超验的真——它是所有艺术和科学的对象——也没有什么不同。当诗的对象用幻想的意象使知性神游和推动意志时，我们就已经把这样和那样的官能输送到理念和主型的世界中去了，对这个理念和主型的世界，马勒伯朗士于圣奥古斯丁之后，在《真理的探索》中也作了详尽论证"。[①] 这样，就连弗拉卡斯特罗的普遍性也重新变成了科学的普遍性："一些具体事物，由于它们无穷尽的可确定性，我们是不能明晰和明确认识它们的，除非认识它们的一些共同属性；换句话讲，如果我们不掌握普遍性，就不会有科学。所以，说诗以科学或以普遍性为对象，这都是一致的。在亚里士多德之后，纳瓦杰罗(Navagero)也是这样认为的。"[②]"维柯先生(孔蒂和维柯通过几封信)的幻想的普遍性"并没有给孔蒂打开新的视野。孔蒂指出：维柯先生对此"谈论得很多"，并要求"最粗野的人也有着幻想的普遍性，这不是为了娱乐和他人的功利，而是由于自然教给他们解释他们情感的必然性和要求他们用诗的语言给完全是诗的神学、物理学及道德伦理学提供要素"；但是，孔蒂却因为当时不能研究"这个批判问题"表示了歉意，而只是强调了他"以很多方式都能显示这些幻想

① 《散文和诗》，卷 2，第 242-246 页。

② 同上书，卷 2，第 249 页。

的普遍性就是诗的材料和对象，因为它们包括了科学和被熟思的事物本身”。[①] 可是这和“维柯先生”企图肯定的东西正好相反。——既然如此，孔蒂就得反躬自问，既然诗的普遍性和科学的普遍性是一样的，那么为什么诗的对象不是真而是逼真呢？他的回答就又回到了鲍姆嘉通和世俗的观点中去了。“当科学被特殊地描述时，我们就从真走向了逼真”。摹仿就是提供真的印象，但这只是取它的一些时刻来完成的，正是在这个过程中才存在着逼真。如果用诗的方法描述彩虹，那就应抛掉牛顿光学学说的大部分；同样，对诗的描写来说，“也没有数学论证的很多情况”，其他的东西才形成逼真或那个能唤起“留在博学之士头脑里的普遍观念”的特殊。伟大的艺术在于“选择特殊的幻象，这特殊的幻象本身就包括普遍性学说的大部分，它被置于样例中，就能描绘教育，以至于不用寻找便能得到它，在别人发生过的事情中认出自己遭遇的事情来”[②]。所以，对诗来讲，光是摹仿是不够的，还需要寓言。“在古代诗歌中，有一件事被读到，就有一件事被意会”，荷马史诗就是这样不可少的典范。但孔蒂还发现，在诗里有些东西是不能归于教育和寓言的，这就需要至少部分地为柏拉图的责难进行辩护。[③] 孔蒂承认有别于被动感受的幻想的一个属类，“它被马勒伯朗士称为主动的想象，被柏拉图称为空无的艺术，它包括通过巧智、知性审辨、诗人的好的鉴赏力而理解到的所有东西，目的是为了在合适的时间和场所使用或不使用艺术的规则和变规，为了纠

① 《散文和诗》，卷 2，第 252-253 页。

② 同上书，卷 2，第 233-234 页。

③ 同上书，卷 1，前言。

正幻想的过分离奇”。[①] 关于文学的好的鉴赏力，孔蒂同意特雷维萨诺的说法，他认为它“在于使心灵的认识功能、记忆、幻想、知性之间协调起来，也就是说，把它们限制在它们的界线和方式上，以免一个官能压倒另一个官能”。[②]

夸德里奥和扎诺蒂　孔蒂以他的思想的孜孜不倦的劳作和对更完善的追求，力争把当时欧洲的美学思辨提高到最高程度(当然，孤独的维柯算是例外)，提高到与德国的鲍姆嘉通同样高的水平。现在我们很快地考察一下其他的意大利作家。夸德里奥(Quadrio)，第一部世界文学大百科全书的编撰者，他给诗下的定义是：“用形象显现给民众的人事和神事的科学，用和音乐节拍联系在一起的言语写成的科学。”[③]扎诺蒂(Francesco Maria Zanotti)说(1768)：“诗是为娱乐而写出诗句的艺术。”[④]这些定义是有价值的，第一个是百科全书的中世纪编撰者说的，第二个是中世纪的韵律艺术和吟游诗的编辑者说的。切萨罗蒂围绕着美学问题也进行了认真的研究。

M. 切萨罗蒂　切萨罗蒂的思索专注民间的和原始的诗：他翻译并详细诠释了莪相*民歌；收集了古代西班牙的诗甚至墨西哥和拉脱维亚古代民歌；研究了希伯来的诗。但他一生中的大部分时间都用在了荷马史诗上，考察了已提出过的和当时正在提出的

① 《散文和诗》，卷2，第127页。

② 同上书，卷1，第43页。

③ 夸德里奥：《论每首诗的历史和理性》，博洛尼亚，1739，卷1第1部分第1章。

④ 扎诺蒂：《论诗的艺术，五个推论》，博洛尼亚，1768。

* 莪相(Ossian)，是3世纪时苏格兰和爱尔兰民间传说中的云游歌手所唱的民歌。——译者

关于荷马诗篇的起源、写作等评价问题，是最早探讨维柯的荷马理论的人之一。此外，他还研究了诗的起源、悲剧的娱乐、鉴赏力、美、修辞和风格。[①] 可以说，他研究了当时艺术构成的所有问题。从切萨罗蒂对拉莫特所做的评论中可以看出维柯对他的影响，他说："他掌握了逻辑，但并不知道诗的逻辑同一般逻辑十分不同；他掌握了精神，但只承认精神，并不清楚地了解具有良知的散文和诗有多大距离；具有使人产生欢欣的真正荷马总比那个以冷静和虚伪的德行重新改造过的荷马更受人欢迎。"[②]切萨罗蒂勾画出了(1762)一部理论一历史的巨著，在这部巨著的第一部分，他要"假定还不存在着诗和诗的艺术，那么，人们就要探求，一个开明的推理者通过什么道路能够发现艺术存在的可能性，并如何通过艺术本身使其臻于完善。这样，每个人都将从自己手中看到诗的诞生和成长，并将以内心的情感来保证其原理的真实"。[③] 尽管切萨罗蒂在意大利、在他的时代是很卓越的，以他的"哲学的纯正火把照亮了诗和修辞的最隐蔽的东西"，[④]但这位文学家，这位业余的和缺乏连贯思想的哲学家，并没有找到对诗的深刻和特有的解答。1797年，他给诗下了一次定义："诗是以绘画的言词、以充满活力与和谐的方式表象和完善自然的艺术。"[⑤]

① 关于《莪相》：参看《全集》第2-5卷；关于荷马：参见《全集》第6-10卷；《论悲剧的娱乐》，《全集》第24卷第117-167页；《论美》，《全集》第30卷第13-70页；《鉴赏力的哲学》，《全集》第1卷；关于《修辞》：参见《教程》；《全集》第31卷。

② 《全集》第40卷第49页。

③ 同上书，第55页。

④ 科尔尼亚尼给切萨罗蒂的信，1790年11月21日；附在《全集》第37卷第146页。

⑤ 《论私人和公立学校的教育》，见《全集》第29卷第1-116页。

贝蒂内里和帕加诺　当时的哲学论使基于以往论文作者的观念的精神变得不可忍受。阿尔泰加(Arteaga)赞扬切萨罗蒂著作中“那个精微的触觉,那个不偏不倚的评论,那个不是从斯佩罗尼(Speroni)、卡斯泰尔韦特罗、卡萨(Casa)和本博的细弱溪流中,而是从孟德斯鸠、休谟(Humo)、伏尔泰、达兰贝尔(d'Alembert)、舒尔茨和其他具有相同气质的作家那里取之不尽的深沉源泉中抽出的理性精神”。[①] 帕拉迪西(Paradisi)在写给正在写作《论迷狂》一书的贝蒂内里的信中,希望“迷狂的形而上学的历史将给我们补偿所有那些应该烧掉的诗学”,它将使“卡斯泰尔韦特罗、《明图尔诺》及那个粗俗的夸德里奥的著作变成废纸”。[②] 但是,贝蒂内里的书只包括诗人心理学和“诗的迷狂”的强烈而雄辩的经验主义的定义。他区别了诗的迷狂的六种高级程度:灵见、快迅、新奇、神妙、激情和传达。帕加诺也没有从经验论中解脱出来,在他的两篇论文——《论鉴赏力和美的艺术》与《论诗的起源和本质》中,很奇怪地把维柯的一些观念同感觉论结合起来。对他来讲,幻想—理论的形式和感官的娱乐几乎变成了艺术的两个历史阶段。“在它们的摇篮里,美的艺术比美更能提供自然的直接的真正摹仿。它们的最初步伐乃是走向表现而不是走向美的……。在最古老的诗中,甚至在野蛮人的小曲中,都显露出感人的强烈性来,在那里,情欲是自然地被表现出来的,就连在词的发音里也可感到事物的表现”。但是,“完善的时代在于自然的真正的、确切的摹仿与文雅的

① 1764年3月30日的信,附在《全集》第35卷,第202页。

② 贝蒂内里:《论美的艺术的迷狂》,1769,见《全集》第3卷,第11-12页。

美、一致与和谐一起出现”，当“鉴赏力变得高雅时，社会才能达到它的高雅的文化”；美的艺术“刚刚居于哲学时代之前，即居于社会的文雅的完善之前”；可是，一些艺术形式，如悲剧，却必然地居哲学之后，因为它直接用于“风俗的净化”[①]，哲学需要它的帮助。

鲍姆嘉通的追随者：G. F. 迈尔　在德国，也不能说鲍姆嘉通的著作被紧跟他以后的那些人加以深化或改造了。在奥德河畔法兰克福大学听过鲍姆嘉通课程的迈尔（Giorgio Federico Meier），是鲍姆嘉通忠实而热忱的门徒。从 1746 年始，他就破门而出，保卫《默想录》，反驳那位他老师不屑回答的叫作奎斯托尔普的人的批判。[②] 1748 年，在《埃斯特惕卡》还未发表之前，他就发表了《所有美的科学之原理》的第一部，[③]接着于 1749 年和 1750 年又发表了第二部、第三部。这部著作是鲍姆嘉通学说的完整体现，根据他的老师的方法，他把此书分为三大部分：美的思维的创造（heuristica）、审美的方法（Methodica）和思维的美的意义（semiotica）。他的著作的第一大部分包括两卷半，分为三部分：凭感性认识到的美（审美的丰富性、尺度、生动、确定、感性的生命力和美的巧智），感性的功能（思索、抽象、感觉、想象、敏锐、聪慧、记忆、诗的冲动、鉴赏力、预知、推测的功能、解意、低级的意念功能）和美的思维的不同属类（概念、判断和审美的三段论法）。除了这

① 帕加诺：《论政治》，那不勒斯，1783-1785，卷 1，附《论诗的起源和本质》；卷 2，附《论鉴赏力和美的艺术》。

② 参见本书第 4 章。

③ 《所有美的科学之原理》，哈勒，1748-1750。

部多次再版的著作外，1757年，他还写了一本概论[①]；迈尔还在其他著作中，特别是在《论所有美的艺术和文学的基本原理》[②]中，论述过美学。——有谁比迈尔更钟情于这个最近才受到洗礼的科学呢？他捍卫它，反对否定这门科学的可能性和有用性的人们，也反对尽管承认这些事物可又不无道理地指出这些所谓的美学实质上比起诗学和修辞学的一般专论只提供稍许多一点东西的人们。对上述指责，他承认它们的部分正确性，他说，仅仅一位作家要掌握各种艺术中特殊性的全部是不可能的；对于其他缺点，他辩解说，人们不可能从年轻的科学——美学中，期望那个在经过几世纪培育起来的科学中所能表现出的完善。有时他又声明，他不想回答"一些美学的敌人，他们不能或不愿意发现这门科学真正的品质和目的，他们先在他们的头脑里制造出一个怪僻和可怜的意象，然后再攻击它，也就是说，他们攻击的正是他们自己"；有时，他又以哲学的忍让发现，美学和其他科学一样有着共同的命运，"起初，在它们刚刚被宣布的时候，总是要遇到咒骂和蔑视者，这源于知识的缺乏和偏见；后来，它们也会遇到智者的，通过这些智者的共同努力，才使它们达到适合的完善。"[③]

迈尔的混乱　迈尔执教的哈勒大学吸引了很多这门新科学的学习者和好奇者。但如迈尔不断宣称的那样，这门新科学的"开山鼻祖"或"发明者"（Haupturheber，Erfinder）是"鲍姆嘉通教授先生"；可同时他又提醒说，他的"原理"不是鲍姆嘉通"讲座"的简单

① 《概论》，哈勒，1758。

② 《论所有美的艺术和文学的基本原理》，哈勒，1757。

③ 《原理》，卷2，第2版（1768）的前言，《基本原理》，特别参见§1、§2、§34。

翻译。[1] 虽然迈尔具有能干的普及者的才能,他的作品有着通俗性、明确性和雄辩的丰富多彩,甚至有着论战的敏锐;可是从另一方面讲,当那些和最初的美学家论战的人嘲讽地谈到"法兰克福的鲍姆嘉通教授和他的猴子(Affe),哈勒的迈尔教授"[2]时,不能说他们是毫无道理的。鲍姆嘉通美学的所有缺点在迈尔的作品中重新以更明显的方式出现了;低级认识功能的界限,艺术和诗被确定下来的领域,以一种奇怪的方式被固定下来了。人们将会看到他是如何区分混乱(审美的)和明确的(逻辑的),是如何提出当美被明确地思维时,美会消失这一命题的。他举了一个例子:"一个显示着青春的玫瑰色的美女的面颊,当我们用肉眼看时,是很美的。但如果我们用放大镜看时,美到哪里去了呢?人们很难相信,看到的只是一个令人作呕的表面:起伏不平,布满沟峰,毛孔里充满赃物,这里和那里长满了细毛,就连那个联结两颗心的引起爱的吸引的部位(嘴)也是如此。"[3]"审美的假"就是低级的功能还不能把它作为真来认识的东西;犹如不能认识物体是由原子组成的一样。[4]一般性的概念由于只能在这个功能上被理解,所以才有着审美的丰富性,因为它们包含着无穷的结果和特殊的情况。[5] 那些不能被明确思维和以明确思维的方式能被思维的东西,那些可能损害哲学家庄重性的东西也是审美的对象:接吻对诗人来讲是很好的

① 前引书,卷1前言,并参见§5。
② 1774年给高特雪特一封信的片段,见但泽尔:《高特雪特》,第215页。
③ 《原理》,§23。
④ 同上书,§92。
⑤ 同上书,§49。

对象;但一个哲学家对此能说些什么呢?他能用数学的方法表明它吗?[①] 此外,迈尔还把观察、实验的所有理论也塞到了美学之中,这些理论对他来说似乎也属于美学,因为在那里也是诸感官在起着作用;[②]他还把另一个和意念功能有关的功能也归于美学,因为,(他说)"对审美的工作,不仅需要美的巧思,还需要一个崇高的心灵"。[③] 当他指出有逻辑的形式就必有审美的形式并指出我们最初的概念是感性的,逻辑才使这些概念成为明确的时候;[④]当他把寓言指责为"美的思维的最低级形式中的一种"[⑤]的时候,偶尔也接近真理。但从另一方面讲,迈尔认为,明确性和逻辑的定义虽不能从美的巧思中寻求,但它们对诗却有着巨大的有用性;甚至作为美的思维的调解者是必不可少的,几乎是诗形体的骨架;只是要以严格性和对那些哲学概念所采取的确实性来避免判断审美的一般性的概念(notiones aesthetical universales)。可是诸单独概念就像没有穿在一起的珠宝,为了把它们连在一起,就需要判断和审美的三段论法的帮助;判断和审美的三段论法的理论就是逻辑学提出的同样的理论,是去掉美的巧思和去掉哲学更为特殊的巧思的理论。[⑥] 在1757年的《论所有美的艺术和文学的基本原理》中,迈尔在攻击摹仿的原理(这对他似乎太普泛化了,因为科学和道德也是自然的摹仿;太狭窄了,因为艺术不仅摹仿自然的事物,还摹仿所

① 《原理》,§55。
② 同上书,§355-§370。
③ 同上书,§529-§640。
④ 同上书,§5。
⑤ 同上书,§413。
⑥ 同上书,§541-§570。

有的事物，只是排除那些不道德的）的同时，再次强调了审美的原理就在于“感性认识的较大可能的美”[①]这一命题。他支持这个命题，宣称感性认识完全是感性的和混乱的、是没有任何明确性和理性光照的看法是错误的。真正的感性就已经是认识了，如对甜、苦、红的认识。但也存在着另一种认识，在同一过程中，它既是感性的又是理性的，既是混乱的又是明确的。在这样的认识中，低高级的两种功能相互配合；理性占上风，就产生科学，感性占上风，就产生诗歌。“根据我们的解释，低级的认识力量应包括诗的所有材料和所有部分。知性和理性应实行监督，以便使这种材料互相联系地得到安置，在它们的连贯中遇到明确和秩序”。[②] 一会儿，跃入感觉论中，一会儿，又瞬息地和真相遇；总而言之，更为经常的是，赞同诗的机械的、劝导的、教育的古老理论：这就是迈尔美学著作留下的印象。

门德尔松和鲍姆嘉通的其他追随者。美学的流行 鲍姆嘉通的另一个门徒门德尔松（Mendelssohn）视美为“一个完善的不明确意象”，由此他推论出：上帝不可能有美的情感，因为这个美是人类不完善的现象。他认为，快感的第一种形式是感官的愉快，它源于“我们形体构成的最佳状况”；第二种形式是可感觉到的审美事实，即多变中的整一；第三种形式是完善和多样中的一致。[③] 他不承认哈奇生的美的感官，一个“机械降神”（deus es machina）。[*] 感性

① 《基本原理》，§20。

② 同上书，§21。

③ 《关于感性的通信集》（意文译本收在《哲学全集》中，帕尔玛，1800，卷2），第2、5、11封信。

* 希腊戏剧用语。当剧情发展到一个不能解决的情境，就请神来解决，这个神是用滑轮（机械）从舞台上方降下来的，故有此谓。——译者

的美，作为被感官理解到的完善，不取决于在自然中被表象出的对象是美还是丑的、是好(善)还是坏(恶)的：只要这个被表象出的东西不是我们无动于衷的就行；所以，门德尔松还是接受了鲍姆嘉通的定义——“诗是感性完善的作品”[①]。1742年，埃利亚·施莱格尔(Elia Shlegel)重新拾取了艺术作为自然摹仿——它的目的是不让人感到它是自然的摹本、逼真和同一——的概念；他认为，诗的主要目的是快感，次要目的是教育。[②] 美学的专门论著、大学的专门课程、对有教养的人写的简短的小册子、美的艺术和文学的理论、教科书、草稿、讲义、原理、导论、论文、关于鉴赏力的研究论稿，在18世纪后半叶的德国连篇累牍地出现。长篇和完整的专论至少有三十余篇，不完整的短篇则有几十篇之多。在驱逐了耶稣会士之后，通过维也纳的里德尔(Rieder)、维尔茨堡的赫尔维(Herwigh)、美因茨的拉德罗内(Ladrone)、弗赖堡的雅各比(Jacobi)和英戈尔施塔特等人，这门新科学从新教的大学扩展到了天主教的大学。[③] 1790年，那个有名的方济各会修士、罗伯斯庇尔的朋友、后来还俗的、在法国国民议会时代使斯特拉斯堡陷入恐怖最终死于断头台的奥伊勒吉乌斯·施奈德(Eulogio Schneider)，也曾为天主教的学校写过一本时髦的小册子——《美的艺术的首要原理》[*]。只有16世纪的意大利诗

① 《关于美的科学和艺术起源的沉思》，1757，后来的标题为《论总的原则》，1761(见《全集》，已引用的版本，第10，12-15，21-30页)。

② E.施莱格尔：《论摹仿》，1742；参见布赖特迈埃尔(Braitmaier)：《诗的理论的历史》卷1第249页以后。

③ 见科勒尔：《美学史草稿》，第103页。

* 《美的艺术的首要原理》，波恩，1790；参见祖尔策的著作，卷1第55页；参见科勒尔的著作，第55-56页。

学才能跟这些在德国连续不断的、一个跟着另一个出现的美学相比。1771—1774 年，瑞士人祖尔策发表了一部百科全书，《美的艺术的一般理论》，按字母顺序，每个词条都有历史的解释；1792 年，在由退休的普鲁士上尉布兰肯堡(Blankenburg)先生增补的第二版中，这些历史的解释变得更丰富了。1799 年，科勒尔(Koller)写出了第一部《美学史草稿》[①]，在这本书中，他有道理地指出："让年轻的爱国者认识到，德国人在这个领域中比任何其他民族都要多产，将是令人感到高兴的"。[②]

埃伯哈德和埃申堡。J. G. 舒尔茨。K. H. 海登赖希 在只提及一下 1767 年里德尔、1767 年法贝尔(Faber)，1776—1778 年许茨(Schütz)、1777—1781 年舒巴特(Schubart)、1777 年韦斯滕里德耳(Westenriedel)、1779 年兹歇尔达黑(Szerdahel)、1784 年柯尼希(G. C. König)、1785 年根格(Gäng)、1787 年迈纳斯(Meiners)、1789 年肖特(Schott)和 1788 年莫里茨(Moritz)的著作[③]也就行了的同时，需要附带提及一下埃伯哈德(Giovanni Augusto Eberhard)——哈勒大学迈尔讲坛的继承人——的《美的艺术和文学理论》[④](1783)及埃申堡(Giovanni Giacchio Eschen-burg)的在学校里很流行和被学习的书之一，《文学理论和文学史的手稿》[⑤]。这两位作者都是倾向感觉论的鲍姆嘉通的信徒，此外，埃伯哈德把

① 《美学史草稿》，美因茨，1799。

② 见已引用的科勒尔的著作，第 7 页。

③ 资料来源：上面已引用的祖尔策和科勒尔的著作。

④ 埃伯哈德：《美的艺术和文学理论》，哈勒，1783；再版于 1789 年和 1790 年。

⑤ 埃申堡：《文学理论和文学史的手稿》，柏林，1783，再版于 1789 年。

美视为“较明确的感官的愉快”，即视觉和听觉的愉快。值得提一下上文已谈过的祖尔策，在他那里，充满了新与旧、瑞士学派的浪漫主义及18世纪的功利主义和理性主义的相互影响。对他来说，哪里能遇到整一、多样、秩序，哪里就存在着美。艺术家的作品真正地在于形式，在于生动的表现；材料是被排除在外的，但很好地选择它是有理性的人和聪明人的义务。像衣服一样既服务于好（善）也服务于坏（恶）的美还不是那个从美、完善和善的结合中产生的伊甸园似的和天堂的美，这样的美给我们引起的是真正的肉欲而不是占据心灵并使它幸福的快感。既然有人的这样一个形象——它以源于各部分间的多样、比例、秩序的形式的愉快使眼感到愉悦的同时，还以唤醒内心完善的理念涉及幻想和知性——，就有菲底阿斯雕刻的塑像或西塞罗爱国演说中的光辉的人。如果真理在艺术之外，属于哲学，那么艺术最崇高的用途就在于通过它的手段使人感到真理的重要并给真理提供活力和效能；且不说，作为摹仿或表象的真理是能够进入真理之中的。祖尔策甚至重复说（不是最后的一个人），演说家、历史学家和诗人是思辨哲学和大众之间的中间人。[①] ——海登赖希（Carlo Enrico Heydenreich）在追述了最佳的传统之后，给美下的定义是：“感性的一种确定状况的表象。”他认为，人作为认识的存在者有着扩充自身认识和在同类中普及这种认识的推动力；作为感性的存在者，有着表象和沟通自己感知的推动力：科学和艺术。但海登赖希并不完全清楚，艺术的认识价值，他认为，感知之所以能成为艺术的表象对象，或因为这些感知是愉快

① 《美的艺术的一般理论》，对“美丽的”、“美”、“鉴赏力活动”等词的解释。

的，或因为这些感知固然不愉快、但在社会中对人的道德目的是有益的；进入到艺术之中的感性应有着内在的光辉和价值，它不只涉及单独的个体，而且应涉及作为理性存在的个体；涉及鉴赏力的对象性和必然性。与鲍姆嘉通和迈尔一样，海登赖希也把美学分为美的思维的发明、审美的方法和艺术的意义三部分。[①]

J. G. 赫尔德　赫尔德承继了鲍姆嘉通，非常推崇这位柏林的哲学家，称他为“他那个时代的亚里士多德”。他热烈地捍卫他，攻击那些把他称为“愚蠢的和不敏感的三段论者”的人。然而，他却不很赞赏鲍姆嘉通之后的美学，他看到——不是没有道理的——在它里边（如在迈尔的著作里），“一部分是逻辑学的再次咀嚼，一部分是以比喻命名的伪黄金、比较和样例”。“噢！美学（他加重语气地呼叫道），最有生命力的、最美的、在许多方面是所有抽象科学里最新的科学……，我的哲学之林将使你完善的小伙子，现在你睡在文艺女神的哪个洞穴里呢？”[②]赫尔德抛弃了鲍姆嘉通的“以美的方式去思维的艺术”的企图，以限于简单的“以美和美的哲学思维的科学”来代替它；他还嘲笑了论述美学可能会失去哲学家尊严的疑虑和顾忌。[③] 但是作为补偿，他接受了鲍姆嘉通的诗是“一篇完善的感性作品”的定义。他说，“这是定义中的珍宝，从未发现过的最好定义，它进入了事物的深处，触及诗的真正原理，打开了美

① 海登赖希：《美学体系》，莱比锡，1790，卷 1 第 49-54、367-385、385-392 页。

② 《批评之林或关于美的科学和艺术的观察》，1769，第 4 卷（收在《全集》中，B. 斯潘版，柏林，1878，卷 4 第 19、21、27 页）。

③ 《批评之林》第 1 章第 22-27 页。

的整个哲学的广阔视线，它使诗同它的姊妹，美的艺术，等同起来”。[①] 赫尔德(像意大利的切萨罗蒂一样，但比他更活跃、更天才)也研究了原始的诗、莪相和古老民族的歌曲；研究过莎士比亚(1773)、民间情歌(1778)、希伯来诗的精神(1782)和东方的诗。在研究过程中，他对诗的感性品格印象极深。赫尔德的一位朋友哈曼(Harmann)早写过(1762)一些难以忘怀的句子，这些句子似乎属于维柯的独尊。“诗是人类的母语：以此方式类推，花园比耕种的土地、绘画比书写、唱歌比朗读、易货比贸易更为古老。一个较深的睡眠是我们最早的先人的休息；喧闹的舞蹈是他们的动作。在反应和惊奇中度过七天之后，他们张开嘴发出快速的声音。他们谈的是感觉、情欲和意象，如果不谈意象，他们是不会理解别的东西的。人类知识和幸福的财宝正是由意象构成的”。[②] 尽管赫尔德知道并赞赏维柯，[③]但在论述语言和诗时并未提到他；他本应想到维柯在他身上产生的影响，至少要想到加强了他的观念。可相反，在这些内容上，他不是援引了维柯而是援引了杜博斯、科凯(Coguet)、孔狄亚克(Condillac)等人。他指出：“在通过意象和符号进行感知和思维的表现中，人类用声音、动作讲话的原理，只能是粗糙诗的一种，这类诗源于地上所有的野蛮人之中。”也就是说，那类讲话不是我们学习读写时已习惯的带有标点和音节的情感的讲话，而是无音节的旋律；正是从它那里才产生了原始的诗。“自

① 《论鲍姆嘉通的思维方法》中的片段，参见第1章第132-133页。

② 《心智美学》(见《语言学家的十字军》，哥尼斯堡，1762)；参见赫尔德：《全集》第7卷，第145页。

③ 参见本书第5章。

然的人画出他看到的东西的原貌:活跃、有力、富有表现,并在混乱或在秩序中,按照他看到和听到的样子,把它再创造出来。不仅所有野蛮的语言,就连希腊人和罗马人的语言也是如此安排他们的意象的。感官提供什么样的意象,诗人就表现什么样的意象;特别是荷马,在涉及诸意象的出现及越轨的时候,他以几乎不能企及的方式追随自然。他一段一段地、一场一场地勾画出事情和事变,以同样的方式,使人物以他们的形体表象出来,就好像他们在讲话,在动作"。后来,才从史诗中分出那个叫作历史的东西来:因为前者"不仅叙述已发生过的事情,而且描写它的全部,介绍它是如何在形体和心灵中、在特定的环境中发生的";所以,诗比历史更具有哲学的特点。是的,我们从一些诗中得到娱乐,但诗人为娱乐而作诗却是应断然否定的。"荷马的诸神对他的世界是如此实在和不可缺少,就像运动和力量对人的身体的世界是不可缺少的一样。没有奥林帕斯山上神的沉思和行动,地上什么也不会发生,也不应该发生。在西部海上的荷马的神奇之岛出于他的英雄长途跋涉的地图,正是由于这个必要,这个岛才存在于当时的世界地图之上:这对他的诗篇是不可缺少的。同样,对严肃的但丁来说,他的地狱和天堂之圈也是如此"。艺术是创造形式者,它调和、整序和管理幻想及人的所有力量。它不仅产生历史,"而且首先创造出神和英雄的形式,清洗野蛮的表象、民众的寓言*、泰坦神族之人、魔鬼、蛇发魔女,使无知无识者的不着边际的、混乱的幻想从属于一定的范围和规则"。[①]

---

* 指无稽之谈。——译者

① 《卡利贡涅》(*Kaligone*),1800年(见《全集》,已引用的版本,卷7,第145-150页)。

尽管这些直觉和本世纪初维柯提出的那些如此相似，但赫尔德作为哲学家仍居于他的意大利前辈之下，简言之，并未超过鲍姆嘉通。赫尔德采取了莱布尼茨的连续性法则，认为愉快、真、美和善是一个活动的各个程度。感官的愉快实际上是“作为感官能明了的真和善的参与；跟随其后的快感和痛感只是真和善的情感，也就是说是器官要达到的目的的提醒，我们益处的保留，我们损失的远离”[①]。美的艺术和文学都是教育者，所以人类给它们命名为希腊人的“卡龙”(καλόυ)、罗马人的“浦尔克龙”(Pulchrum)、骑士时代的文雅的艺术和法国人的美的艺术和文学。它们当中的第一组(体操、舞蹈等类似的东西)教育人的形体；第二组(绘画、造型和音乐)教育人的高级感官：眼耳手舌；第三组(诗)转向知性、幻想和理性；最后，第四组转向人的倾向和气质。[②] 赫尔德反对总是从美的定义——这是个全面而复杂的概念——开始而写出轻率的艺术理论人。他认为美的艺术可分为三个，它们几乎构成了视听触觉的基础，即绘画、音乐和雕刻的基础；也是光学、声学和美学生理学的基础。“在心理和主观方面匠心构成的美学仍还很少是匠心构成的美学，因为这个美学所依附的是客观对象和对象美的敏感性。没有上述那些东西，我们就不会有一个能渗透到所有艺术中的有生命力的美学理论。[③] 鉴赏力不是“心灵的根本力量，而是我们对对象的已成为习惯判断的使用”，一个知性的敏捷(他勾画出了它

① 《卡利贡涅》，第34-35页。

② 同上书，第308-317页。

③ 《批评之林》，第1章，卷4，第47-127页。

的起源)。[①] 诗人之所以是诗人,他不仅有幻想,而且还有知性。"刚刚被发明的发音粗野的名词,埃斯特惕卡,只勾画出(他在1872年的著作中说道)逻辑学的一部分。我们称之为鉴赏的东西只是一种活跃的、生动的判断,它不排除真实性和深刻性,而是预测和推动它们。所有教育的诗都是感性制成的哲学:是寓言、一般性学说的表现,是行为和动作中的真实……。人类表明和使用的哲学不仅是美的科学(schones Wissenschaft),也是美的母亲。修辞学和诗学应把它们具有的教育还给哲学"。[②]

语言哲学 在语言哲学的研究中,刮进一股新鲜气流的功绩应归于赫尔德和哈曼。在波尔—罗亚尔派作家的推动下,很多逻辑语法或一般语法在本世纪初依例写了出来。"一般语法(法国百科全书派说)是所有口语和笔语不变总则的理性科学。"[③]达兰贝尔谈到过天才的语法学家和记忆的语法学家,并把前者归于"语法的形而上学"[④]。在法国,迪·马尔赛(Du Marsais),德·博泽(De Beauzée)、孔蒂亚克,在英国,哈里斯(Harris)和其他很多人都写过一般语法的书。[⑤] 但是,一般语法和特殊语法的关系是什么呢?为什么逻辑学只有一个,而语言却有很多呢?语言的多样性难道是从唯一的模式中产生的语言偏差吗?如果不是偏差和游离,那

① 《批评之林》,第1章,第27-36页。

② 《索夫龙》(Sophron),1782,§4。

③ 《全科百书》,动词条(引文为法文)。

④ 《迪·马尔赛的赞扬》,1756(发表在《迪·马尔赛全集》之前,巴黎,1797,第1卷)。

⑤ 迪·马尔赛:《理性的方法》,1722;《论隐喻》,1730;《论一般语法》;德·博泽:《作为学习所有语言基础的一般语法》,1767;孔狄亚克:《法语语法》,1755;哈里斯:《赫尔墨斯或有关语言和一般语法的哲学探求》,1751。

又如何解释呢？语言是什么？它是如何产生的？如果语言与思维不相干，那为什么思维又存在于语言中呢？卢梭(G. Giacomo Rousseau)说："如果说需要用语言来学习如何思维，那就需要懂得怎样思维才能找到语言的艺术。"卢梭被重重困难吓倒了，宣称他相信"完全依靠人类自己的办法使得语言能够产生和建立的不可能性几乎已被阐明"。[①] 当时，类似的问题颇为流行。在法国，1765年德·布罗斯(De Brosse)、1776年德·热伯兰(Court de Gébelin)，在英国，蒙博多(Monbodd)，在德国，1776年聚斯米利希(sussmilch)和蒂德曼(Tidmann)，在意大利，1785年切萨罗蒂和其他一些不是不知道维柯的人(尽管从他那里受益很少)关于语言的起源和形成[②]都写过一些著作。但上面提到的作家中没有一位能从下述观念——语言或是自然和机械的东西，或是黏附在思维上的符号——中解脱出来；如果他们不抛弃"符号"的概念和发现积极的、表现的幻想，言语的幻想，作为直觉表现而非知性表现的语言，那么，在那些著作中就不可能解决为之而争论的难题。赫尔德在1770年写了一篇热诚和想象力丰富的论文，用以回答柏林科学院关于语言起源问题的征文启事。在这篇论文中，我们可以看到对上述问题的某些研究的起步。赫尔德说，语言是人的反思和深思熟虑(Besonnenheit)，"人表明反思，当他以这样的自由来解释他心灵的力量时，应能在侵入到感官感知的汪洋大海中区别

① 《论人类不平等的起源和基础》，1754(引文为法文)。

② 德·布罗斯：《论语言的机械构成》，1765；热伯兰：《语言的自然史》；蒙博多：《语言的起源和进步》，1774；聚斯米利希：《人类语言起源是神的证明》；切萨罗蒂：《论语言哲学》，1785；阿加塔(Agata)：《计划或关于语言的哲学研究》，1774。

出一个波浪，抓住它，在思索力上指导它，研究它。人表明反思，当他能在通过他感官面前的形象波动之梦中凝神于清醒的一刻，在一个形象中自由地停留，把这个形象清楚而冷静地加以考察并区别出它的一些标记时。总之，人表明反思，当他不仅能活跃、明晰地认识它的属性，而且能认识它的一个或几个明确的属一性时”。人的语言“不是嘴这个组织的结果，因为，如果一个人一生都是哑巴，但只要他反思，他就有着自身的语言；语言不是感知的呼叫，因为它不是从一台发声的机器那里找到的，而是从一个反思的造物（人）那里找到的；语言不是摹仿，因为自然的摹仿是手段，而这里谈的是目的；语言也很少是人为的约定俗成，因为，孤独的森林里的野蛮人也能为自己创造出一种语言，尽管他不讲它。语言是心灵和它自己的契约，这个契约就像人之所以是人一样必要。”[①]以此方式，语言开始出现了，它不再是机械的、人为的或发明的东西，而是创造性的活动和人类精神活动的第一次肯定。赫尔德的著作没能得出一个确实的结论，但他的著作是一个重要的标志和提示，对于这个重要的提示，作者本人后来也未能作出应有的评价。哈曼考察了他朋友的理论，也否认了发明说和人为说，并强调了人的自由；但哈曼却使语言成了人和上帝的语言共通（communicatio idiomatum）的神秘之物。[②] 如果不把语言问题转向心灵问题之首，那么，对语言神秘认识的这种方式是不会说得清楚的。

① 《关于语言起源的论文》，收在小册子：《两篇悬赏的征文》中（第 2 版，柏林，1789），参见第 60-65 页。

② 斯泰因塔尔：《语言起源》，第 39-58 页。

第七章　同一时期的其他美学学说

18世纪的其他作家：巴托　在18世纪的另外一些有名望和影响的作家那里，也可看出不同观念的巨大混杂。1746年，巴托(Batteux)修士的、带有引人注目的标题的小册子，《简化成一个原理的美的艺术》问世了；在此书中，作者企图把美学专论作家的众多规则统一起来。他说，所有的规则都是从同一树干上生出的枝条：掌握了简单的原理，就能从它那里演绎出很多个别的规则来，用不着在它们的杂多性中纠缠，因为这种杂多性不是为阐明思想而是为创造出无用的疑虑而制造出来的。巴托除了研究贺拉斯和布瓦洛的《诗艺》外，还研究了罗兰(Rollin)、达西厄尔(Dacier)、勒博苏、奥比尼亚克(D'Aubignac)的著作；但只有在亚里士多德那里，在摹仿的原理那里，他才找到了支柱，他认为他能把这个原理便当、合适地用到诗、绘画、音乐和哑剧中去。但巴托所解释的亚里士多德的摹仿却很快变成了"美的自然的摹仿"。艺术应该"选择自然的最美部分，以形成一个完整的、比自然本身更完善但同时仍是自然的整体"。什么是更完善和美的自然呢？有时，巴托把它同真等同起来；但它是"能够存在的真，能够接收到所有完善的真"；古人宙克西斯的《海伦后》和现代人莫里哀的《愤世者》就是典范。有时，他又阐明美的自然就是那个"时而适合事物本身的自

然，时而适合我们的自然"，也就是说，它和我们自身的完善、我们的利益与兴趣有着较好的关系，同时它自身又是完善的。"摹仿的目的是快感、感动、感到一种柔情，简言之，就是娱乐"。所以，美的自然应是有趣的，它应提供整一、多样、对称和比例。对在自然中痛感的或可指责的事物的艺术摹仿，巴托是没有其他办法的，他只能找到如下的遁词(像卡泰尔韦特罗一样)：被摹仿的丑和不愉快的事物之所以能产生快感，是因为和现实相比，摹仿从来不是完善的，它不能引起在现实中引起的恐怖。从快感中可推论出另一个目的，有用；因为，"如果诗应带来快感，那么，为了获得完整和牢固的快感，诗在激起热情时，只应激起那些有用的热情，而不是激起另外那些是理智之敌的热情"。[①]

英国人：荷加斯　把矛盾较为可笑的部分集中起来是很困难的。但一些哲学家即所谓的美学或最好说是任何事情(de omnibus rebus)——在这些事情里，偶尔也可找到一些美学问题——的英国空谈家和巴托竞赛并超过了他。画家荷加斯(Hogarthe)在读到洛马佐的著作*谈到米开朗琪罗关于人体美的一些言论时想到：支撑造型艺术的真正原理只是一个特殊的线条。[②] 他抓住了这个观念，在他的雕刻画集一书的扉页上画了一条在调色板上的蛇形曲线，上面写着：美的线条。这样的示形引起了普遍的好奇，

① 《简化成一个原理的美的艺术》，巴黎，1746；参见第1部分第3章；第2部分第4，5章；第3部分第3章。

* 指《论绘画、雕刻和建筑艺术》。——译者

② 参见克罗齐《美学原理》第14章。

随后,荷加斯写了《美的分析》一书(1753),解答了这个问题[①]。在此书中,他批驳了从主观或从摹仿的能力而不是从形式——在艺术中,它是基本的,是由“对称、多变、一致性、单一性、交叉和数量引起的;所有这些,在美的创造中都起着作用,当需要时,它们相互纠正,相互限制”[②]——来评价绘画作品的错误。可是在另一段,荷加斯提出了一个和被画物要有着相符性或一致性的概念,因为“规则性、同一性、对称只是在它们服务于提供相符性观念时才产生快感”。[③] 再往前读,读者便会得知,“在能够被人理解的起伏线条的广泛多样性之中,只有那个唯一被视为秀美线条的、精确的蛇形曲线,才配称为美的线条”。[④] 还有,一些线条的缠绕也是美的,因为“勤奋的头脑总是寻求被使用”,眼睛被“引导到猎取属类”时才感到欢喜。[⑤] 直线不美,猪、熊、蜘蛛、蟾蜍是丑的,因为它们缺少蛇形曲线。[⑥] 古人在线条的处理和组合中已表明了有见地的判断,他们“只有在一些特征和动作要求的部分才远离秀美的精确曲线”。[⑦]

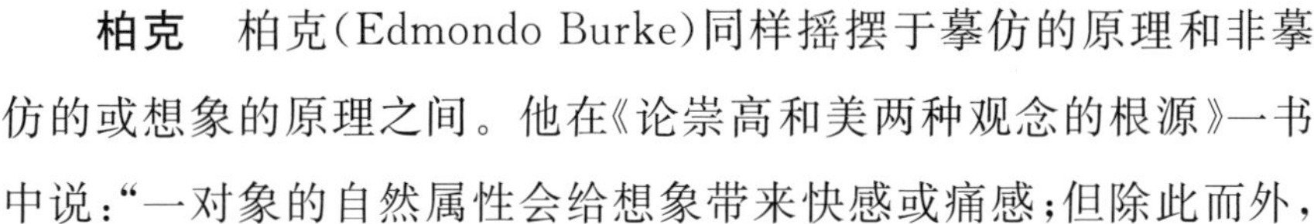

柏克　柏克(Edmondo Burke)同样摇摆于摹仿的原理和非摹仿的或想象的原理之间。他在《论崇高和美两种观念的根源》一书中说:“一对象的自然属性会给想象带来快感或痛感;但除此而外,

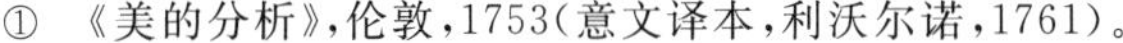

① 《美的分析》,伦敦,1753(意文译本,利沃尔诺,1761)。

② 同上书,第 47 页。

③ 同上书,第 57 页。

④ 同上书,第 93 页。

⑤ 同上书,第 61、65 页。

⑥ 同上书,第 91 页。

⑦ 同上书,第 176 页。

这个想象还在摹仿中，在被摹仿出的事物和原来的事物的相似中得到快感”，他认为想象的所有快感都源于这“两个唯一的原因”。[①] 他坚持第二个原因并长篇论证了感觉到的美的对象应拥有的自然属性，“第一，比较小；第二，圆滑；第三，各部分方向的多变性；第四，不是被安排成角的部分，但以一定的方式，一部分与另一部分相互融合；第五，没有任何力量表象的柔滑结构；第六，鲜明的颜色，但不是强烈刺眼的；第七，若应有一些刺眼的颜色，也应被其他颜色所调和”。这些美的属性只是以自然的力量在起着作用，不易受任性和鉴赏力分歧的制约。[②]

H. 霍姆 荷加斯和柏克的著作一般被认为是古典派的，但是否真正如此，(我们敢说)却实难定论。——霍姆(Enrico Home)的《批评的要素》则属于较高的水平。在此书中，他企图把批评改造成一个“理性的科学”，以寻求“美的艺术的真正原理”，为此目的，就要选择出“一条事实和实验的升华之路”来。霍姆认为，源于视觉和听觉诸对象的情感，作为不被欲望所陪伴的情感时，它们应被简单地称为情绪(emotiones)而不是欲望。分为关系美和内在美的美的快感正是从这些情绪——它们在纯粹感性印象和知性或道德印象之间执中庸之道，所以，它们和两个范畴都有关系——中产生出来的[③]。关于内在美，霍姆只解释为规则性、单一性、一致性、比例、秩序和其他令人愉快的品质，它们都是“被自然的造物主

① 《论崇高与美两种观念的根源》，1756(意文译本，米兰，1804)，《关于鉴赏力的初步论述》。

② 同上书，第 3 部分第 18 分节。

③ 《批评的要素》，1761(巴希雷阿版，1795)，卷 1 引言和第 1-3 章。

以那种方式安排好的，目的是增进我们的幸福，这个幸福作为明显标记的显现和造物主的关照不是无关的”。这样的思想表明：当人反思的时候，“我们的鉴赏力对这些特殊来说不是偶然的，而是一致和普遍的，因为它是我们自然（本性）中的一部分”。也不应忽略“规则性、一致性、秩序和单一性给感知提供的便利，它们有可能使我们形成对诸对象的较明确的意象，而较高的思索力——它在那里并没有上述那些品质——却不行”。比例和有用的目的常常是相关的，“正像在动物界所见到的那样，比例较协调的动物往往是强悍和机灵的；但也有很多其他样例不能说明这个问题”，所以，最好“还是坚持上面我们已谈到过的目的性的原因上，即造物主要求的我们幸福的增进上”。[①] 在亚历山大·热拉尔（Alessandro Gélard）的《论鉴赏力》（1758）和《论天才》（1774）中，根据艺术的不同形式，联想的、直接快感的、表现的甚至于道德感的诸原理是逐渐出现的；艾利生（Alison）在《论鉴赏力》中也坚持同样的解释。

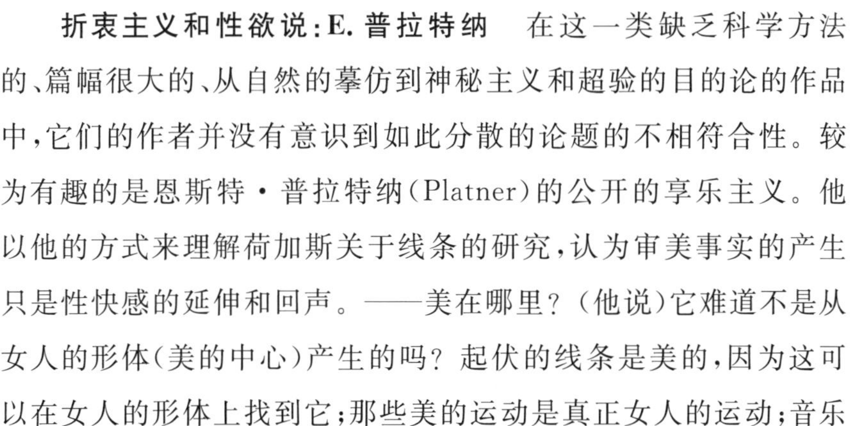

折衷主义和性欲说：E. 普拉特纳　在这一类缺乏科学方法的、篇幅很大的、从自然的摹仿到神秘主义和超验的目的论的作品中，它们的作者并没有意识到如此分散的论题的不相符合性。较为有趣的是恩斯特·普拉特纳（Platner）的公开的享乐主义。他以他的方式来理解荷加斯关于线条的研究，认为审美事实的产生只是性快感的延伸和回声。——美在哪里？（他说）它难道不是从女人的形体（美的中心）产生的吗？起伏的线条是美的，因为这可以在女人的形体上找到它；那些美的运动是真正女人的运动；音乐

① 《批评的要素》第1卷第3章第201-202页。

之声是美的，因为在音乐中，一个声音同另一个声音混合在一起；一首诗是美的，因为在诗中，一个思想和另一个思想快乐和幸福地拥抱在一起。① ——孔蒂亚克的感觉论是根本没有能力来理解审美创造的，大卫·休谟所提倡的联想律对此也是不成功的。

Fr. 黑姆斯特胡伊斯 荷兰人黑姆斯特胡伊斯(Fran. Hemsterhuis)认为(1769)，美是从提供杂多的感觉同导向整一的内在感官的相遇中产生出的，所以，美可能就是“在较短时间内能提供最多数量的观念的那个东西”。人不能达到最终的统一，只能在美中找到尽可能的统一，他享乐的原因同性爱有着某些类似。黑姆斯特胡伊斯的理论——在它里边，某些正确的直觉与神秘主义和性感的解释是混合在一起的——后来演变成了雅可比的情感主义。雅可比认为，在美的形式中，真、善和超感性的整体以感性的方式现于心灵。②

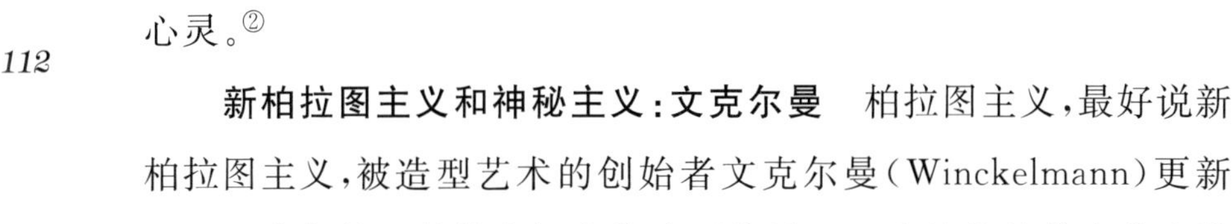

新柏拉图主义和神秘主义：文克尔曼 柏拉图主义，最好说新柏拉图主义，被造型艺术的创始者文克尔曼(Winckelmann)更新了。文克尔曼和其他人把古代造型作品——这些作品带有非人类

---

① 《新人类学》，莱比锡，1790，§814，以及他死后发表的美学教材：见已引用的齐默尔曼的著作，第204页[但齐默尔曼著作中所引的普拉特纳的有关章节并没有多大意义，因为这些章节与普拉特纳著作的整体是相分开的。E. 贝尔格曼(E. Bergmann)的《普拉特纳和18世纪的艺术哲学》却揭示了普拉特纳的真正美学思想，并在1777年于莱比锡所写的一个没有发表的讲稿中对它进行了评价。很明显，普拉特纳是从鲍姆嘉通的观点出发的。他强调了诗的进程中情欲和情感的阶段，“这个阶段，在研究世界的奥秘和人类的奥秘时，是作为感性的昏暗时刻，而不是作为感性的明确时刻的。”请参看克罗齐：《18世纪美学的开创》(见《最新论文》，巴里，1948，第118页和第119页注)]。

② 已引用的齐默尔曼的著作，第302-309页；同时参见施特恩(Stein)《心智美学的形成》，第113页。

的、神的静穆和高贵印象，它们越是不可遏止地被制造出来，就越不容易体会它们深刻的原来的生命和理解它们纯真的含义——的沉思导向了一个美的概念，这个美的概念源于高高在上的神的理念，它附在这类作品之中。鲍姆嘉通的门徒门德尔松，否定上帝那里有美；新柏拉图主义者文克尔曼，却把美还给上帝，把美置于上帝之中。

美和含义的缺乏　默想着普遍美原因的智者，他们在受造物中间寻求普遍美和企图达到最高美静观的同时，就已经把最高美置于造物的美和它目的的完善的协调及它们各部分和全体的协调之中了。但由于人无力达到这种完善，所以，我们的普遍美的概念是无法确定的，它只有通过特殊的认识才能在我们这儿得以形成，这些特殊的认识，当它们确实地被收集和连贯起来时，才能给我们提供人类美的最高理念，因为我们越接近人类的最高理念，就越能在物质上提高我们自己。可是，由于这种完善是造物主以对受造物合适的程度来给予所有受造物的：任何概念都依赖于一个原因——这个原因要在它的概念之外的一些东西中寻求——，由于美的原因存在于所有受造物里，所以，这个原因不能离开美而被找到。正是如此，我们的认识才都是相对的概念，不可能把美同更高的无相较，这样，美的明确和普遍性认识的困难便产生了。[①] 只有借助于认识到“在上帝那里才存在着最高的美”，才能从这个困难和相类似的困难中解脱出来；因为“人类的美的概念变得越完善，

① 《古代艺术史》，1764（见《全集》，斯图加特，1847，卷 1），卷 4 第 11 章，§51，第 131 页。

这个概念就越能和最高存在相符合、相协调而被思维。这个最高存在由于它的整一、不可分性而有别于物质。这个美的概念犹如精神，它通过火从物质中挣脱出来，根据神的直觉标指出第一个理性受造物的意象，寻求和勾画出一个受造物来。这样的一个意象的诸形式是单纯的、连续性的，在这个整一中，也是多样与和谐的。[①] 对于这些特征还应加上另一个特征，'无含义'(Unbezeihnung)，'缺乏任何一个意义'，因为最高美不能用点和线——这些点和线不是那些单独构成美的点或线条——描绘出来；它的形式不是它自身，也不是这个或那个确定的人，也不表现情绪和情欲感受的任何状况，这些东西只能中断统一，减弱或使美昏暗。""我们认为(文克尔曼总结说)美应像清泉深处汲出的纯洁的水一样，越没有味道就越好，因为它不搀有任何杂质"。[②]

需要一个特殊的官能才能理解纯粹的美，它不是感官，而是知性，是文克尔曼有时所说、甚至有时肯定的那样的"一个精微的感性"；它不受本能的所有意向和情欲、喜爱、快感的驱使。由于美如一些超感性的东西，所以文克尔曼如果不采取排除全部、至少也是减弱美中的过分敏感的颜色，或使颜色成为非主体的、次要的附加因素；[③]这不足为怪。真正的美是形式提供的，以此，他企图说明就好像线条和轮廓是不能用感官接受似的，或者说，它们没有任何颜色似乎也能显现于眼睛里。

文克尔曼的妥协和矛盾 虽然一句简短的名言可能把错误本

① 《古代艺术史》，卷 4，§22 第 131-132 页。

② 同上书，§23 第 132 页。

③ 同上书，§19 第 130-131 页。

身遮盖起来，可是在遇到具体的事实和问题时，它命中注定是自相矛盾的。虽然文克尔曼的著作提出了一个理论的目的，可它是围绕着具体的历史和事实的，应把已表明的最高美的理论同它们协调起来，这是第一个矛盾和妥协。承认素描，可又部分地、次要地承认颜色，这已是第二个矛盾了。第三个矛盾是以表情的原理来做结论的："由于在人类的本性中，没有介于痛感和快感的中间状态"，所以，一个有生命的存在不被这些情绪破坏是不可理解的，"需要把人物形象置于动作和情欲的状况中，这就是艺术中被称为表情的东西。"所以，文克尔曼在论证完了美之后，又转向论证表情。[①] 最后是第四个妥协，他要在最高美中研究一个永恒的、不可分的美和各种个体美；因为，即使把男性身体置于女性身体之前，并把男性身体说成是最高美的更完善的化身，这也不能够掩住人们的眼睛，使其看不见下面这个明显的事实：人们承认和赞赏女人的美的形体，甚至动物的美的形体。[②]

A. R. 孟斯　文克尔曼的朋友和合作者，画家孟斯（Raffaello Mengs）和他的同胞、考古学家一样，也强烈要求明了那个美到底是什么；但文克尔曼是作为评论家来研究的，孟斯却是作为艺术家来创造的。孟斯写道，画家的职业取决于两个要素，即表象的摹仿和对较美事物的选择。关于前者，已有不少著作论及；相反，后者却"刚刚被现代人触及，如果没有希腊的雕像，在素描艺术中我们就不会有它的观念"。考虑到这些问题，"我读，我问，我盯住那些

① 《古代艺术史》，卷 4，第 2 章，§24。

② 同上书，卷 5，第 2 章，第 6 章。

我相信在这方面能给我启发的东西，但我失望了；因为，人们或谈论到美的事物，或谈论到美的属性的品质，或企图，像人们所说的那样，以极不明确解释不明确，或甚至企图把美同愉快相混；所以我想着手从我这里寻求什么是美”。[①] 关于这个内容的一些著作的一部分在他活着的时候在文克尔曼的督促和关心下刊印了(1761)，其他很多著作是在他死后印刷的(1780)。他的所有著作曾多次再版并被译成多种文字。“长期以来，我涉入了美的汪洋大海(他在《美之梦想》中说)，以寻求美的认识；却总是远离任何岸边。我疑惑应走向何处。我望着四周，在无限材料的无穷性中，我的视觉混迷了”。[②] 事实上，孟斯并不是没有达到他满意的定义；但仍可肯定，他的学说，虽说仍嫌粗略，但大致上和文克尔曼的学说是一致的。“我们的观念是：美在于材料的完善。由于只有上帝是完善的，所以，美是神的东西”。美“是完善的、可见的理念”；美于完善就像可视的点对数学的点一样。我们的观念源于造物主要创造出一些事物的预定目的，也就是美的杂多性。一般地讲，孟斯是把特征置于自然的事物里的。他举例说：“一块石头，人们对它的理念是：它是一致的、一个颜色的，”“当被污染时，它是丑的”；一个孩童，“如果他像成人一样，那他也是丑的，正像一个男人的形体构成像女的，或女的形体构成像男的都将是丑的一样。”但没有想到他又补充说，“在所有的石头中，只有唯一的属类，钻石，是完善的；在金属中只有金子；在所有生命的造物中只有人；任何属类皆

① 1778年1月2日的信(收在《全集》里，罗马，1787，第315-316页)。

② 《全集》，卷1，第206页。

有这个区分，完善的是最少的”。[1] 在《美之梦想》中，他把美视为一个中间的意向，“它一部分包括在完善里，一部分包括在愉快里”。它实在是一个第三者，既有别于完善，又有别于愉快；它应有一个特殊的相应的名称。[2] 绘画艺术的源泉有四个：美，有含义或有所表现的特征，与和谐统一的愉快，着色。他把第一个归于古人，第二个归于拉斐尔，第三个归于科雷焦(Correggio)，第四个归提香(Tiziano)。[3] 从艺术家的店铺似的经验主义出发，孟斯宣称：“读者，我感到了美的力量，它让我讲给你那些我感到的东西。整个自然是美的；道德是美的；形式和比例是美的；表象和动作也是美的；但最美的是理性，它是所有的、最重要的、第一位的美的起因。”[4]

G. E. 莱辛　莱辛(G. E. Lessing)是他那个时代的德国文学和社会精神的伟大革新者，他的那些观念是文克尔曼观念的减弱的，即较少形而上学的回声和反响。莱辛认为，艺术的目的是“娱乐”，由于娱乐是“可有可无的东西”，所以立法者不把创造的自由留给艺术家似乎是正确的；而科学却寻求对心灵来说是必需的真理，所以，它不能没有这样的自由。绘画，由于它的本质，对希腊人来讲应该是“美的身体的摹仿”。“它(希腊)的艺术家所描绘的只限于美；一般的美，较低等级的美，只是他偶一为之的题材，他的练习或消遣。在他的作品里，引人入胜的东西必须是题材本身的完

① 《关于美和绘画鉴赏的思考》，1761(见《全集》，卷1，第95、100、102-103页)。

② 《全集》，卷1，第197页。

③ 同上书，第161页。

④ 同上书，第206页。

善。他伟大，所以不屑要求观众满足于妙肖原物或精妙技巧而产生的那种空洞而冷淡的快感，在他的艺术里，他所热爱和尊重的莫过于艺术的最终目的（美）”。[①] 绘画应排除所有不愉快或丑的东西，因为“就画作为摹仿而言，它可以表现丑；而它作为美的艺术而言，却不肯表现丑；作为前者，它可以表现所有可见的事物，作为后者，只能表规那些引起快感的可见的事物”。丑却可以入诗，因为在诗的描述中，丑“比起身体的缺陷不那么引人反感，就其效果来说，丑仿佛也不再成为丑了”。但“诗人不能为丑而使用丑，他只能用它作为在我们那里产生一些混合情感（如喜剧的可笑性和悲剧的可怖性）的手段，使我们留在这些混合的情感里，留在单纯愉快情感的缺乏里”。[②] 他的《汉堡剧评》是建立在亚里士多德的《诗学》基础之上的：他不仅一般地相信亚里士多德的原理，而且认为这些原理和欧几里得（Euclide）的几何学原理一样不容置疑。关于逼真，他和法国作家和评论家进行过论战：这个逼真不应和历史的真实相混。他所理解的普遍性几乎就像在众多的个体中表现出的平均数一样；他所理解的净化不是别的，只是把情欲转化成道德的心习，因为他毫不犹豫地认为，任何诗的目的都旨在引起对道德的爱。[③] 他以文克尔曼为榜样，在造型艺术中也引入了一个理想美的概念：“身体美的表现就是绘画的目的，所以身体的最高的美就是艺术的最高目的。但身体的最高美只有人才有，而人之所以

① 《拉奥孔》，§2（意文本，T.帕尔西科译，博洛尼亚，1887）。

② 同上书，§23、§24。

③ 《汉堡剧评》（戈尔尼格版，卷11、12）综合摘引，参看评论：11、18、24、78和89的注。

有这种美是由于理想。这种理想只以较低级的形式存在于动物界,植物界或无生命的自然界都看不出这种理想”。花卉和风景画家不是真正的艺术家,因为他们的“摹仿缺少任何理想美;他们只是用手和眼在工作,在他们的作品中,很少或没有天才部分”。但莱辛还是较喜欢风景画家而“不喜欢历史故事的画家,因为历史故事的画家只凭简单的表情而不凭从属于美的表情去显示他的熟练技巧”。[①] 身体美的理想“主要存在于形式的理想里,还存在于肉色和永久性表情的理想里。简单的着色和暂时性的表情没有理想,因为自然本身在它们之中并没有预先安排任何确定的东西”。[②] 当莱辛向我们展现他的所有思想时,他是反对着色的。他在画家素描的草稿中找到了他们留下的“生命、自由和柔和”,怀疑“最美的颜色能否补偿这样多的损失”,怀疑“如果油画艺术从未被发明”,这是否是可希冀的。[③]

理想美的艺术家们　理想美,这个最高存在和被画及雕刀勾刻出来的巧妙轮廓的奇妙联盟,这个学院式的、冷冰冰的神秘主义,在当时甚为流行。在文克尔曼和孟斯(他的一些著作是用意大利文写成的)工作过的意大利,在艺术家、考古学家和艺术爱好者之间,经常谈论到它。建筑学家弗朗西斯科·米利齐阿(Francesco Milizia)就承认他遵循的是“祖尔策和孟斯的原则”[④]。住在意大利的西班牙人达萨拉(D'Azara)发表和注释了孟斯的著作并给美提出了

① 《拉奥孔》,附编§31。

② 同上书,附编§31、§33。

③ 同上书,结尾部分,第268页。

④ 《根据祖尔策和孟斯的绘画原理来看美的艺术》,威尼斯,1781。

一个定义:“那个明显的完善和愉快的融合”。[①] 当时躲在意大利的很多耶稣会士中的一个叫阿尔泰加(Arteaga)的人也写过(1789)《论理想美》的专著。[②] 英国人韦伯(Daniel Webb)来到罗马并认识了孟斯之后,掌握了孟斯给他讲解的美的观念并在他的一本书中提出了它们。[③]

G. 斯帕莱蒂和特征 1746 年,意大利的一个诗文社赞同以特征为艺术的原则,开创了反对理想美之先河。我们同样也认为,斯帕莱蒂(G. Spalletti)在“格罗塔费拉塔(Grottaferrata)[*]的寂寞中”用书信体写给孟斯的小册子,《论美》,和孟斯辩论了这方面的内容,并劝导他把他全部的思想用文字表达出来。[④] 这场没有公开宣布的论战在书的每一页中都是含蓄的。“一般地讲,被巨匠匠心妆饰过的真实,就是美的东西。当心灵遇到那些特征,并且这些特征完全符合那个企图要表现出的事物时,心灵才认为那个作品是美的。即使在自然的同一作品(人)中,如果看到一修长合度的美男子带有一张极漂亮的女人的面孔,人们就会怀疑他是男人还是女人;在这种情况下,我们的主观判断表明,那个男人是丑的,因为他缺少了真实的特征。那个人们所说的自然美,更多地存在于人为的美之中”。源于美的快感是知性的快感,是学习真的快感。在不愉快的事物面前,只要它们是以特征的方式被表现出来的,人

① 达萨拉:《孟斯传》,见《全集》,卷 1,第 168 页。

② 《作为所有摹仿艺术的理想美的哲学研究》,马德里,1789。

③ 《关于绘画美的研究》,参看达萨拉:《孟斯传》(见《全集》,卷 1,第 27 页)。

* 格罗塔费拉塔,罗马附近的一个小城。——译者

④ 日期为 1764 年 7 月 14 日于格罗塔费拉塔;后匿名发表于罗马,1765。

就能“享受到增进真正认识”的快感。美，“在给心灵提供逼真、秩序、比例、和谐与多样性的同时，还提供给心灵一个能制造出无数系列的三段论法的空间，这样，心灵在反思时，就会满足于它自身，满足于给心灵提供快乐原因的那个对象，满足于心灵的自身完善的情感”。所以，美可以定义为：“那个涉及被观察对象的修正，它以确实的特征显现出美，就像它应该显现出的一样。”[①]这位不大为人所知的、反对重新复活的美学上的新柏拉图主义的亚里士多德命题的代表，斯帕莱蒂，他的良知比起文克尔曼和孟斯的貌似深刻的东西，倒是可取的。

美和特征说：希尔特、迈耶和歌德　好多年以后，类似的反对理想美的学说才在德国出现；也就是说，直至 1794 年，艺术史家希尔特(Luigi Hirt)才提出了他的特征说。希尔特亲眼观察到很多古迹，这些古迹表现了美的、丑的和最平淡的所有形式；所以，他否认理想美的原则，否认理想美的原则在于表情对美的从属和冲淡，反而提出了美在特征的原则，并且这样的原则可以扩展到神、英雄和动物中去。他认为特征就是：“形式、运动、姿态、仪容、表现、地方色彩、光和影、浓淡对照及体态所由分辨的那种确定的个性，这样的分辨当然要按照所选理物的具体条件。”[②]另一个艺术史家迈耶(Enrico Meyer)从文克尔曼的学说出发，走的是调和之路。他承认人的理想，甚至承认在人的理想之旁，还有各种动物的理想乃至树和风景的理想，他就这样模棱两可地符合着希尔特(的特征

① 《论文》，§3、§12、§15、§17、§19、§34。

② 《论艺术美》，见《季节女神》杂志，1797；黑格尔：《美学讲演录》，卷 1，第 24 页；齐默尔曼：《美学史》，第 256-257 页。

说）。歌德（Wolfango Goethe）抛弃了青年时代对哥特式建筑的鄙视，特别是在意大利、罗马和希腊游历之后，也寻求过美和表现的中间道路。他认为具有特征的确定内容能给艺术家提供美的各种形式，艺术家能发展这些形式并把它们转化成美。特征是单一的出发点，美是艺术精心杰作的成就，应从特征出发来达到美。[①]

① 歌德：《收藏家和他的伙伴》（见《全集》，戈埃德克版，30卷）。

第八章　伊曼努尔·康德

康德　据实而论，所有这些作家，文克尔曼或孟斯，霍姆或荷加斯，莱辛或歌德，都不是哲学家；他们既不像迈尔那样，以哲学为职业，也不像赫尔德、哈曼一样，有很好的哲学修养。在詹巴斯塔·维柯之后，为了在欧洲思想界找到第二位高度思辨的精华，还应补充说明一下伊曼努尔·康德；而现在行文的顺序也轮到了他。

康德和维柯　康德重新抓住了维柯的问题(当然不是在直接的历史支流的意义上，而是在理念支流的意义上)是早为他人所知的。[①]但考察他完成了哪些进展和在哪些方面落后于他的前驱者并不是我们的任务。我们现在只局限于研究他在美学特殊领域中的思想。

因为我们预先声明了研究的宗旨，所以可以说，如果康德在德国思想的进展中有着最大的重要性；如果他研究审美事实的著作处于那些有重大作用的著作之列；如果在被德国观点勾出的美学史中和在几乎所有的从16世纪到18世纪的欧洲思想进展的断续不全的美学史中，康德能被突出地视为发现、解决或接近带来解决美学科学问题的人；那么，在漫长的、无偏见的、完整的历史中，人

---

① 雅可比:《属于神的东西》，1811；斯帕文塔(Spaventa):《哲学教材的绪言和导论》，那不勒斯，1862，第83-102页；《哲学文集》，詹蒂莱版，第139-145、303-307页。

们应看到的不是书的命运和民族的历史重要性，而是思想的内在价值，所以，对康德的评价是不尽相同的。他沉思审美事实的严肃性和顽强性与维柯是一样的，但他比维柯更为幸运，因为他拥有丰富多样的以前关于这方面探讨的材料；从另一方面讲，他又没有维柯那样幸运，因为他不仅没有实质上地完成一个真正的学说，也未能成功地赋予他的思想一个必要的体系和必要的一致性。

康德的艺术概念和鲍姆嘉通的艺术概念的一致性 那么，康德关于艺术的概态到底是什么呢？对那些回想起他反对沃尔夫学派的明确而坚定的论战和反对把美的概念作为感觉到的混乱之完善的人来说，我们的回答可能是很奇怪的；但这样说仍是相宜的，即：说到底，康德关于艺术的概念就是鲍姆嘉通和沃尔夫学派的那个观念。

他的思想是被那个学派培育出来的。在《纯粹理性批判》中，他推崇鲍姆嘉通，称他为“令人佩服的分析思想家”。[①] 他用鲍姆嘉通的教材教授大学的形而上学，迈尔的用于教授逻辑学。对康德来说，逻辑学和美学（或艺术理论）似乎是联系在一起的学科。所以，在1765年的课程计划中，他安排了这两门学科，并提出在进行理性批判时，要“顾及鉴赏力的批判，即美学批判；因为这个批判有益于那个批判，它们所有的规则都能相互澄清”。在康德的课程中，他以迈尔的方法，区别了审美的真实和逻辑的真实，甚至援引了少女鲜艳的面颊被明确地加以考察时，即以显微镜来看时，它是

① 《纯粹理性批判》（基希曼版），卷1，§1注解。

不美的例证。[1] 人死(他说)不能复生,尽管这和逻辑和道德的真实相对立,但却是审美的真实。但在什么程度上,逻辑的真实和那个审美的真实应结合起来,仍不能被任何学者、也不可能被大多数美学家所确定。逻辑概念为了变成可接受的概念,它们应利用审美形式的外表,而这些形式的外表沉浸在寻求深度和理性的科学之中。审美的确然性是主观的,对它只需要权威,即伟人们的意见也就行了。审美的完善,由于我们的弱点和特别依赖于感性,常常用于帮助使思维明确。对此,样例和意象都是有益的:审美的完善是导向逻辑完善之车,鉴赏力是知性的类比物。存在着逻辑的而非审美的真实;从另一方面讲,应从抽象的哲学中排除情感的呼声和激动,因为它们是另外的真实。诗是思维与感觉的和谐游戏。诗和修辞的区别在于前者是思维被协调于感觉,而后者却相反。有时,在那些课程中,康德也表明过,诗在修辞学之先,因为感觉先于思维;东方民族由于缺少概念的使用,所以,他们的诗作充满想象,却缺少统一和审美趣味。由感性的简单游戏形成的诗毫无疑问是可能的,如那些情诗;但真正的诗却蔑视这些围绕着感觉的加工,这些感觉是每个人都能从自身那里寻求出的。诗应使道德和知性的真实成为感性的真实,正像蒲伯在《论人》中曾企图通过理性使诗生气蓬勃一样。有时,康德甚至说,逻辑的完善是其他一切的基础,因为那个简单的审美的完善只是逻辑完善的装饰:为了谦让和具有大众性,逻辑完善可以留出一些地盘来,但改变它的面貌和篡改它却总是不正当的。[2]

① 参看本书第 6 章。

② 1764 年后的康德的教材见奥·施拉普(O. Schlapp):《天才的康德学说》,综合摘引,参看第 17、58、59、79、93、96、131-134、136-137、222、225 等页。

这是纯正的鲍姆嘉通主义。否则只能说，康德的课程表明了他的思想进展已经超越过的一个阶段和包括着他的通俗学说，而不是那个被《判断力批判》(1790)表现出的神秘的和原来的学说。为了不介入这个争论，我们还是把这些课程(虽然它们阐明了康德的一些词汇和公式的意义)置于一旁，也把《判断力批判》中哪几页和哪几部分源于鲍姆嘉通和源于迈尔的研究置于一旁：谁读过沃尔夫学派的这些东西，再读《判断力批判》，就常常会有事情(环境)没有改变的印象。也正是为此，如果不带偏见地考察《判断力批判》，才能得到更为清楚的断言：康德总是以鲍姆嘉通的方式来理解艺术，把艺术作为知性概念的感觉和想象的外现。

《判断力批判》中的艺术 康德认为，艺术不是抛开概念的纯粹美，而是以概念为前提和围绕概念定下来的依存美。[①] 艺术是天才的作品，是表象审美观念功能的作品。审美观念"就是想象力附加于一个给定的概念上的表象，它和诸特殊表象的真实性结合在一起，以至于对这些特殊表象的真实性没有一名词能表达出来，这名词只标指着一特定的概念，因而使我们对这个概念附加上思想里许多不可言状的东西，联系于它(不可言状的东西)的情感，使认识能力活跃生动起来，并且使言语作为文学和精神结合起来"。所以，天才的基本要素就是想象力和知性，它建立在"那幸运的安排里，这安排非任何科学能教，非任何勤勉能学，以便为一个给定的概念寻求诸观念，另一方面也为这些观念找到表达，由于它所用的主观的有效的情调，作为一个概念的伴奏，能够传达给别人"。

① 《判断力批判》(基希曼版)，§16。

对于审美观念，没有任何概念是适合的，正像对于概念，没有任何想象力的表象是适合的一样。审美属性的范例是丘比特的鹫鹰和它爪里的闪电及天上高贵的皇后——孔雀。“它们不表象着我们对天地创造的崇高和威严在概念里边的逻辑属性，而是别的一些东西，这些东西给想象力以机缘，扩张自己于一群类似的表象之上，使人想到更多的东西，超过文字对于一个概念所能表达的，并且给予了一个审美的观念，目的是使情感生气蓬勃，替它展开诸类似表象的无限领域的眺望”。有两种方式，即逻辑的方式和审美的方式用于陈述思想，前者遵循特定的诸原则，后者只注重在表象里统一的情感。[①] 对于想象力、知性、精神，还应加上鉴赏力，因为它协调想象力于知性。[②] 所以，艺术能表象自然的丑：艺术美“不只是一美的物品，而是一物品的美的表象”；尽管这丑的表象根据不同的艺术有它们的界限（对莱辛和文克尔曼的回忆），但在毁灭表象本身的令人作呕的现象时，有它的绝对界限。[③] 在自然的诸物品中，也存在着依存美，在判断它的时候，纯粹审美判断是不够的，还需要一个概念。那时自然显现为一个艺术作品；尽管是超人类的一个艺术作品：“这种审目的判断构成审美判断的基础和条件。”当人们说，“这是个美女”时，其思想不外是说，“自然在她的形体上很美地体现出了女性身体结构的诸目的”；因为人需超出那简单的形式而盯住一个概念，所以，“那对象是通过一逻辑制约了的审美

---

① 《判断力批判》，§49。

② 同上书，§50。

③ 同上书，§48。

判断而被思考着的”。[1] 美的理想只能见诸人的形体，在人的形体上，理想是道德生活的表现。[2] 此外，还存在着无概念的艺术创作，它们和自然的自由美相同，如花、一些鸟类(鹦鹉、蜂鸟、极乐鸟等)；康德认为，装饰画、柜缘和壁纸上的簇叶饰，甚至无标题音乐的幻想曲，它们本身并不表现什么，没有任何一对象能变成一确定的概念，它们都可归于自由美。[3] 把它们从艺术中、从属于结合想象力和知性的天才作品中驱赶出去难道不重要吗？

康德体系中的幻想 这是更加强调的、更为折磨人的、更引人注目的鲍姆嘉通主义；似乎从这些观念中随时都可能涌出一个不同的艺术观念来；但实际上并没有逃脱出鲍姆嘉通主义：没有从理性主义的禁锢中脱离出来，也根本不可能脱离出来。在康德的(美学)体系里，在他的精神哲学里，缺少一个深刻的概念，幻想。

请注意一下在《判断力批判》之前的精神功能的目录表：康德是把认识的功能(知)、快感和痛感的功能(情)、意志的功能(意)安置在一起的，知符合知性，情符合判断力(审目的判断和审美判断)，意符合理性。[4] 对他来讲，在诸精神能力中，并没有幻想(想象力)的位置，它只是被放逐到诸感觉成就的事实之中。他承认再现性和复合性的想象力，却忽视了真正创造性的想象力，即幻想。[5] 天才，如人所知，据他的学说看来，是各种官能的协调合作。

① 《判断力批判》，§48。

② 同上书，§17。

③ 同上书，§16。

④ 关于这三分法的历史起源：参看已引用的奥·施拉普的著作，第150-153页。

⑤ 参看《人类学》(基希曼版)，§26-§31；同时参看已引用的施拉普的著作。

直觉的各种形式和先验的感性论　康德有一个不清楚的观念，知性的活动在一些东西之前，这些东西不是诸感觉的单纯材料，而是其他的一种认识形式，尽管它不是知性的。这一其他的认识形式不是在狭义的关于艺术的反思中，而是在考察知识的过程中，在他的头脑里闪现过；他没有在《判断力批判》，而是在《纯粹理性批判》中的第一部分，在《诸要素的先验论》的第一节中探讨了它。他说，感觉不会进入精神，如果精神不赋予感觉以形式：这个形式不是知性加之于感觉的那个东西，而是更加单纯的东西，即纯直觉，感性的先验的诸原则的综合。“这样的一门科学是必须有的，它构成了关于知识要素的先验理论的第一部分，另一与此相对立的部分是讨论纯思维原则的，这第二部分叫先验逻辑”。现在，康德用什么名字来命名这门科学和演绎出它的必然性呢？只能命名为先验的感性论（*die trascendentale Äesthetik*）。甚至在一注解中，在关于这门新科学所要求名称的探讨里，他认为，至少当时他认为，它根本不能成为科学。他总结说，这只不过是更接近古人的用法罢了，因为古人很有名地把知识分为 *αiσθητà kαi νοητά*［感性的和理性的］。[①]

虽然康德以很大的正确性假设出诸感觉形式的一门科学，即纯直觉的、纯直觉知识的科学，但他并未因此就掌握了关于审美官能或艺术官能的本性——真正纯粹直觉——的诸确切观念，在这里，他陷入了理性主义的一个错误里，因为他使感性的形式或纯直觉的形式变成了两个范畴，或者说，变成了空间和时间效用的范

① 见《纯粹理性批判》，卷1，§1和注解。

畴，使精神以空间、时间协调于感觉的方式来脱离感觉的混乱。[①]但这样被理解的空间和时间，已不是本初的范畴，而是后天的和更为复杂的构成了。[②] 康德赋予感觉到的材料以硬度、不可渗透性、颜色等，但精神既然已经注意到了颜色或硬度，就已经给感觉以形式了；作为无机体的感觉，它们在认识精神之外，是一个界定。颜色、硬度、不可渗透性和类似的东西作为被注意到的东西，已经是直觉的了，是精神的经营物了，是在它原始的表现中的审美活动了。有特征或有定性的幻想，即审美活动，就应在《纯粹理性批判》中，从时间和空间的探讨中，取得一个被篡夺了的位置，就应构成真正的先验的感性论、逻辑学的开场白了。这样，康德就有可能与莱布尼茨、鲍姆嘉通一致起来，就可能与维柯相遇。

康德学说中的美的理论有别于艺术的理论 康德多次宣称他对沃尔夫学派的反对，不仅包括艺术的概念，也包括美的概念。首先，他不承认，和理性认识相比，感觉是"混乱认识"的指定，他理直气壮地认为这是感性的冒充，因为一个概念，虽被判为混乱的，但仍是一个概念或一个概念的略图，而从不是直觉。[③] 他否定纯粹美包括着一个概念，否认作为结果它是感觉地学习过的完善。这个研究毫无疑问地与在《判断力批判》里关于艺术自然(本性)的另一个研究交叉在一起，但它们联系得并不紧密，依靠得也很松散。康德(如人所知，在他的课程里引用了很多人的名字[④])拥有对

---

① 见《纯粹理性批判》，§1-§8。

② 参看克罗齐：《美学原理》第1章。

③ 《纯粹理性批判》，§8及对11分节的引言；同时参看《判断力批判》，§15。

④ 参看已引用的奥·施拉普的著作，第403-404页，综合摘引。

18 世纪关于美和鉴赏力进行探讨的作家们的详尽知识。他们的大部分，特别是英国作家们，是感觉论者；其他的作家是理性主义者；一些人，如我们所知，是神秘主义者。起初，在审美问题上，康德倾向感觉论，后来却和理性主义者一样，成了感觉论的敌对者。这个转变是从《论美和崇高》(1764)开始显示出来的，一直通过他的美学教程，最后在《判断力批判》中得以最终的表明。

他称的四个契机，实际上就是他提出的美的论断。前两个论断是反过来的，一个反对感觉论者，另一个反对理性主义者。“不凭借利害关系而令人愉快的东西就是美的”。“不凭借概念而普遍令人愉快的东西就是美的”。[1] 以此方式，他就断言有一个精神主宰的存在，它一方面有别于愉快、效用、善，另一方面，又有别于真。但这个主宰，正如我们清楚知道的那样，不是康德结合于概念的那个艺术活动，而是一个特殊的情感活动，他把它称为判断力，更确切地说，称为审美判断力。

康德美学中一些神秘主义的论述　其他两个契机是以另外一些方式被确定的。“那个没有目的表象的合目的性的形式的东西是美的”。“产生普遍性快感的对象是美的”。[2] 什么是这个神秘的主宰呢？什么又是人们在纯颜色和纯声音面前、在花面前，也在依存美——当它不涉及依存在它自身上的概念时——面前感到的无利害关系的快感呢？

我们的回答是，这样的主宰并不存在，引用的情况或是一般地

① 《判断力批判》，§1-§9。

② 同上书，§10-§22。

愉快的，或是表现的艺术事实。如果说康德坚定地反对感觉论者和理性主义者，但似乎他并不是一个对18世纪再次出现的新柏拉图主义的严肃批评家。文克尔曼的观念，应该说，特别对他的思想起了不少有效的影响。在他的一个美学教程的教材中，我们可以找到一个关于形式和材料的有趣区分：在音乐中，旋律是材料，和声(和谐)是形式；在一朵花里，香味是材料，形象(Gestalt)是形式(Form)。[①] 在《判断力批判》中，也没有多大区别："在绘画、雕刻艺术以至于一切造型艺术中，在建筑、庭园艺术作为美的艺术的这个范围内，素描是十分重要的。在素描中，对于鉴赏力(审美趣味)重要的不是感觉的快感，而是单纯经由它的形式给人的愉快。渲染轮廓的颜色是属于刺激的；它们固然能使对象本身给感觉以活泼生动的印象，却不能使它值得观照和成为美。它们往往被美的形式的要求所限制；就是在刺激被容纳的地方，也仅仅是由于形式而提高着它的品格"。[②] 由于追逐这个不是艺术美、不是愉快、远离强烈快感和表现的美的一个幻相，康德必然陷入不可解决的二律背反之中。他从来没有想到掌握幻想；所以他才被赫尔德式的"具有诗趣味的哲学家们"[③]所厌恶。围绕着一个神秘的美，在情感活动的存在里，这神秘说到底就是他本人的困惑和观点不清，他说或不说，他肯定或紧跟着批评他肯定的东西，这个存在在他的健全的哲学精神中，都表明了一个逻辑上的矛盾。"必然的和普遍性

① 已引用的施拉普的著作，第78页。

② 《判断力批判》，§14。

③ 关于康德对赫尔德的评价，参看已引用过的奥·施拉普的著作，第320页和第327页注。

的快感”,“无目的观念的合目的性”都是这个矛盾的构成物,尽管是文字上的。

为了解除这个矛盾,他得到了如下的发现:“鉴赏力判断基于一个概念之上(即对于判断力来说,它是自然界的主观合目的性的一般根据的概念),但从这里也不能有关于客体的认识和证明,因为这个概念在自身上是不确定的,它不能服务于认识;但是,正是通过它同时获得对每个人的有效性(在每个人那里固然是作为单个的,直接陪伴着直觉判断):因为它的规定根据可能存在于关于它的概念里,而这个东西的概念被视为人类的超感性的基体。”所以,美是道德的象征。“只有这个主观的原则,即在我们内心里那超感性的不可规定的观念,能够作为解释这对我们隐藏着它源泉的机能之谜的钥匙,因为舍此,我们无从再进一步去理解它了”。①

这种谨慎,正像康德在论述他的思想时所有的谨慎一样,并不能阻挡人们在他那里认出了神秘主义的倾向。我们说,几乎违背他的意愿而成就的一个没有飞翔、没有迷狂的神秘主义并非不明显。在这些结论中,很少确定的审美活动的认识还使他多次看到两重性甚至三重性,也使他毫无必要地多样化了已明确过的原则。审美性在它的纯自然中对康德来说是不可知的,尽管它作为先验感性论提示给他空间和时间的范畴;这个审美性通过天才的作品使他发挥了知性概念的幻想美化的理论,也最终迫使他不会拒绝情感的神秘功能,这个神秘功能介于理论和实践的、认识的和非认

① 《判断力批判》,§57、§59。

识的、道德的和与道德无关的、快感的而又远离感官快感的活动之间。而在德国,康德的直接继承人却匆忙地、广泛地使用起这个原则来了,因为他们高兴地在这位哥尼斯堡的严肃的先验一批判的哲学家那里为他们大胆的著作找到了一些受启发的东西。

第九章　唯心主义的美学：席勒、谢林、佐尔格和黑格尔

《判断力批判》和形而上学的唯心主义　尽人皆知，谢林(Schelling)把《判断力批判》视为康德三批判中最重要的批判；一般地讲，黑格尔和所有形而上学的唯心主义的追随者们对这本书也表示过特殊的偏爱。他们认为，第三批判的意图是在深渊上架起一座桥梁，解决自由和必然、无目的的合目的性和机械论、精神和自然的二律背反。它是康德的自我校正，是康德用于粉碎他的残留的抽象主观主义的具体看法。

席勒　席勒(Federico Schiller)对《判断力批判》有着同样的好感和可能是更为赞赏的评价。在开始研究第三领域——感性和理性统一者的时候，他是第一个精心推敲康德哲学那部分的人。黑格尔说："凭这种心灵和同时又爱作哲理思考的艺术感，在职业的哲学家之前，席勒要求而且阐明了整体与和解的原则，用它来反对那些永无止境的抽象的思考，反对那种为职责而职责的号召，反对把自然与现实、感觉与情感看作只是一种局限和敌对因素的那种抽象的理解。席勒的大功劳就在于克服了康德所了解的思想的主观性与抽象性并敢于超越这些局限"。①

① 《美学讲演录》(柏林，第2版，1842)，卷1，第78页。

席勒和康德的关系　关于席勒和康德的真正关系，有过很多争论。最近有人认为，席勒的美学并不像人们通常相信的那样，源于康德的美学；而是源于一个泛物活论的流派。这个流派把整个自然界都理解为是有生命力的，在德国，它源于莱布尼茨，通过克罗伊策（Creuzer）、普洛克特（Ploucket）、赖马鲁斯（Reimarus）直至赫尔德而成长壮大起来。[①] 事实上，席勒同意赫尔德的这样理解是不令人怀疑的，正像人们在《尤利乌斯（Julius）和拉法埃尔（Raphael）通信集》残篇里的通神论和他的其他著作中所见到的一样。但无可否认，无论康德对赫尔德或赫尔德对他过去的老师个人态度如何［赫尔德为批判《判断力批判》发表了《卡利贡涅》，为批判《纯粹理性批判》发表了《麦达克利第卡》（*Metacritica*）］，在康德刚刚企图提出和解时——虽以论战的方式——两个人的论战事实上也就停止了，至少在这方面是减弱了。我们认为，这个论战的意义不大。需要特别指出的是：席勒在康德的学说中引入了一个重要的改正，去掉了艺术和美的双重理论的任何痕迹，不注重依存美和纯粹美的区分，并抛弃了艺术作为依附在知性概念上的美的机械理解。在这样的解脱中，他的艺术家的经验和强烈的意识肯定帮助了他。

审美领域或游戏领域　席勒把审美领域称为游戏（Spiel）领域。这个不幸的命名，部分受康德一些言语的启发，部分可能受一个叫魏斯胡恩（Weisshuhn）的人在他主办的杂志《季节女神》（*Die Horen*）

① 索梅尔（Sommer）：《心理学和美学的历史》，第 365-432 页。

上发表的一篇关于扑克牌游戏的文章的启发；[①]它让人相信，席勒是关于艺术活动的一些现代理论——艺术活动和儿童与动物的游戏一样，是身体器官过剩精力的发泄——的先驱者。但是，针对这样的误解（正是他本人给它提供了可乘之机），席勒并没有忽略提醒并劝告读者不要想到"在现实生活中进行的游戏和通常谈论的非常物质化的游戏"，也不要想到放纵自身的、即无聊幻想的想象力的游戏。[②] 他所理解的游戏冲动介于感官的、自然的、动物本能的，或人们所说的情欲冲动和理论及道德冲动的中途。游戏的人，即在审美地观照自然、创造艺术的人，看到有生命的自然的对象：在这个幻想的活动中，单纯自然的必然性让位给精力的自由确定；精神自然而然地和自然融合，形式和材料融合。美就是生命，就是有生命的形式；但不是生物意义上的生命，因为美既不扩张到包括整个生物界，也不只限于生物界。一块大理石尽管是而且永远是无生命的，但经过艺术家的加工，却有着有生命的形式；一个人尽管他有生命和形式（形象），却不因此就是一个活的形式。[③] 所以，艺术应以形式战胜自然："在一个真正美的艺术品里，内容应不起任何作用，起一切作用的只是形式，因为只有形式才能对人的整体性起作用，而内容只对个别功能起作用。艺术大师的真正秘诀就在于用形式来消除材料；材料对其自身来说越巨大、越具有侵入性、越引诱人，来自材料的顽固性就越要以它特殊的效果来形成价值，或者说，观众就越偏向于很快地迷失在材料里，这时，压抑材料

---

① 见但泽尔：《全集》第 242 页。

② 《审美教育书简》（《全集》，戈德克版）第 15、27 封信。

③ 同上书，第 15 封信。

的艺术就越应占上风并在材料之上确立起自己的统治权来。观众和听众的心境应完全地自由和完整;应从艺术家神秘的圈子里,就像从造物主的手里一样,纯粹地和完全地脱离出来。比较无意义的对象应以这样的方式来对待,即我们从它那里能转到严肃的重要性上:严肃的材料,我们也有能力以活泼的游戏来调换它。”存在着一个情欲的美的艺术,但美的情欲的艺术便是一个言辞上的矛盾了。[①] “处在第一阶段——身体阶段——中的人,只是被动地集感官世界于自身和只是感到感官世界的时候,他仍旧和感官世界结合为一;正因为他本身只是世界,所以对他来说还不存在着一个世界。只有当他处于审美阶段时,才把世界置于自身之外,观照它,从那里分离出他的人性来;只有那时,一个世界才出现,因为他与感官世界不再结合为一了”。[②]

审美教育 由于艺术既是感性的又是理性的,既是物质的又是形式的这个特点,席勒就要赋予艺术一个高尚的教育职能。不是说艺术教给人们道德箴言和激励善举,如果这样,或当它是这样时,如人所知,它就不是艺术了。对恶正像对善一样,对快感正像对职责(义务)一样,用任何方法的确定都会毁掉审美领域的特点——自由意志论。通过艺术,人从感性的游戏中解脱出来,但在自然而然地顺从理性和职责(义务)的游戏之前,作为松弛阶段,他得到享乐,他处于无偏好和宁静默观的境界。席勒说:“审美状况并不单独地保护人类的任何特殊机能,而是毫无偏好地有益于任

① 《审美教育书简》,第 22 封信。

② 同上书,第 25 封信。

何机能；所以，理性也不会有益于任何特殊的机能，审美状况是所有机能可然性的基础。其他的练习赋予心意一个特殊的偏好，正是为此，它们才能替换一特殊的局限：只有审美的练习才通达到无限。”这样的无偏好不是纯形式，也不是纯物质，它给艺术以教育作用：因为它给道德开路，不说教和规劝，即规定，而是产生可规定性。——这就是《审美教育书简》(1795)的基本概念。在这些书简里，席勒之所以取这种态度，是因为在他的那个时代，他想在对暴政浑浑噩噩的顺从和猛烈的暴动——当时它正在狂暴地席卷法国，引起了普遍的恐惧和厌恶——之间取中间道路。

席勒美学的不精确性和虚幻性　谁比席勒更好地描述过艺术的一些方面呢，描述过艺术活动产生的陶冶、镇静和从管辖着自然的印象那里产生的静穆呢？尽管席勒正确地指出，艺术根本有别于道德，但艺术和道德仍是以一些方式连接在一起的。但以什么方式和道德连接在一起，到底什么是审美活动，席勒并未说清。他只把那些道德和理性的活动理解为形式冲动(Fortrieb)；从另一方面，作为用以反对柏克及与柏克类似观点的哲学家的反感觉论的信念，他又否定艺术属于情欲和感觉(Stofftrieb，物质冲动)；这样，他就舍去了认识艺术活动进入其中的一般范畴的形态。他所谈到的形式概念是很狭窄的，狭窄到和他认识活动的概念等同，因为他只看到了认识活动的逻辑和理性形式，而那个幻想的形式却对他隐藏起来了。他宣称的既非形式，也非物质，既非认识，也非道德活动的艺术，对他来说到底是什么呢？像对康德一样，是情感活动，几种官能一起的游戏吗？似乎如此。实际上，席勒只区别了人的四种观点或人和事物的四种关系：身体关系，事物影响我们的

感性状态；逻辑关系，事物提供给我们知识；道德关系，事物在我们面前显现为理性意志的对象；审美关系，事物“和我们各种力量的整体有关，但不是这些力量中的任何一个单独力量的可确定的对象”。比如，一个人得到审美快感，那是当它发生时并没有涉及感官快感，也没有想到任何法则或目的。[①] 再向他询问一个更为确定的回答是没有用的。

但必须提醒，席勒1792年在耶拿大学的美学教程以及他为杂志所写的有关这个内容的专论都具有普及的特点；他自己也认为上述著作——实际上是他写给他的文艺保护人，荷尔斯泰因-奥古斯滕堡(Holstein-Augstenburg)大公的一系列书简——的大部分是通俗的。他的应该命名为《论美》(*Kallias*)的美学巨著却一直没有完成；只是在他和克尔纳(Körner)的通信(1793—1794)中给我们留下了一些只言片语。从这两位朋友的辩论中可以看出，克尔纳并不满意席勒的定义并寻问了一些客观的、更为精确的东西和美的积极特点；有一次席勒对克尔纳说他终于找到了这个特点。但席勒找到了什么，却不见于任何文献；人们怀疑，到底是他思想这一真实的部分失散了呢，还是他的发现是短暂虚幻的呢？

席勒的审慎和浪漫主义者的不审慎 考察一下在席勒之后发生的事情，就会觉得席勒理论的不精确性和虚幻倒几乎是个长处了。康德的教诲使他成为谨慎的人，他也从未想到要离开康德的批判精神。这位他老师的忠实追随者，把第三领域不是作为理想、创造出的概念，而是作为至上命令来理解的。“由于先验的原因，

① 《审美教育书简》，第20封信。

理性对这部分提出的要求是：它应该是形式冲动和物质冲动中间的共有物，应该是游戏冲动，因为只有现实和形式、偶然性和必然性、被动和自由的统一才完成人类的概念。人类应提出这个要求，因为这符合人类的实质，旨在完善和去掉完善的所有障碍；这个冲动和那个冲动的任何排他性的行为都使人类不能完善和狭窄到局限里去”。[①] 席勒和克尔纳通信的思想可简述如下：“在美中感性和自由的结合实际上是不存在的，只是假设的，它启发他心中相同要素的一个结合的直觉。这个结合并不存在，但它应该存在。”[②] 而以后的时代却没有这样的谨慎。康德的推动给了唯美的文学以一个新的活力；就像在鲍姆嘉通之后，每年都有新的论文出现一样。这是时髦。“现在没有任何人能像美学家那样轻而易举地产生出来[李希特(Giampaolo, Lichter) 1804 年在准备发表这方面的著作时写道]。一个青年人，只要他学习过美学课程，几个月后不去以他论述这门科学的某些方面的书向公众索回他庄重花费过的学费是很少的；甚至有的青年，在出书之后才偿还老师的学费”。[③] 随着审美事实昏暗领域的澄清，人们还不无根据地希望在形而上学的昏暗中见出光明；为了创造哲学家的世界，艺术家的方法对哲学家是可建议的范例。所以，哲学应仿效艺术。为了使这个过渡更为顺利，艺术的同一概念就应靠近那个哲学的概念，直至它们在这点上混同起来。当时被确立起来的浪漫主义，是那个天才阶段的更新和继续，歌德和席勒从青年时代就投身其中了。就

① 《审美教育书简》，第 15 封信。

② 见但泽尔《全集》第 241 页。

③ 《美学入门》，1804(法文本译为《诗学或美学概论》，巴黎，1862)，前言。

像在狂飙突进时期(Sturm and Drang),对天才——规则和局限的侵犯者——的深深信仰一样,在浪漫主义的运动中,对一个被称为想象力,有时更为经常地被称为幻想的一个功能的信仰占据了主导地位;对于幻想,人们赋予了它不相称的力量和神奇的效果。

关于艺术的理念:J. P. 李希特 浪漫主义的理论家也常常是艺术家,所以很自然,他们对艺术的过程进行了真正仔细的大量研究。李希特关于创造性想象的研究就是很卓越的,创造性想象明显有别于再现性想象,创造性想象能在所有人身上见出,只要他们说,“这是美的”;因为“如果天才和非天才的人没有着一个很有根底的亲缘关系,那为什么天才不是在很多世纪而只是在一个月内被非天才的人所赞扬或所容许呢?”此外,他还描述了幻想在单个人身上的分配情况,它或作为单纯的天资,或作为被动和阴性的天才,或作为形成于反思和本能的最高程度——积极和阳性的天才,在这个天才里,“所有的官能一起开花,想象力不再是唯一的花,而是花神弗洛菈了;为了产生新的混合,它靠近有生命力的花蕊;所以说,想象力是一个充满着官能的官能”。[1] 从这些言词可以看出,李希特有夸大幻想的力量和创造出它的神话学的倾向。这类神话部分地渗透到当代的哲学体系之中,部分地又从当代的哲学体系中产生;艺术的浪漫主义理解可以说是德国唯心主义哲学——在它那里,人们以更连贯和更系统化的形式找到了对艺术的浪漫主义的理解——实质的表明。

J. G. 费希特 费希特(Fichte)——康德的第一位重要的门

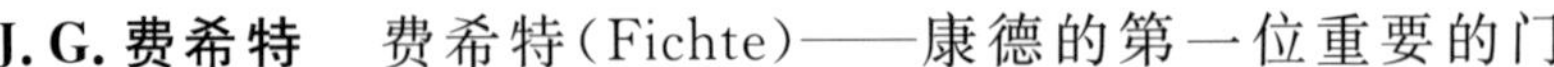

① 《美学入门》,第2、3章。

徒——在他的著作里,并未真正地把幻想视为创造宇宙、完成自我和非自我的综合的活动,视为提出对象的活动从而是先于意识的活动;[①]也就是说,他并没有使幻想和艺术活动即美学问题发生关系。在审美观念上,还有在他体系的倾向给他确立起的道德论上,费希特是受席勒影响的。对他来说,审美领域,即介于认识的和道德的中间领域,从一开始就作为表象和伦理理想表象的完满性消融在道德论之中了。[②] 通过弗里德里希·施莱格尔(Federico schlegel)和蒂克(Ludovico Tieck)的努力,从费希特的主观唯心主义那里还产生了作为艺术基础的一个美学学说,滑稽说。自我创造宇宙,也能消灭宇宙,因为宇宙是一虚幻的显现,它的唯一的真实,自我,作为艺术家时,以神的神通广大,能够嘲笑、离开或超越它的创造物,它对这些创造物不再取严肃态度。[③] 所以,自身永久的歪诗文,"先验的滑稽",才被施莱格尔称为艺术;所以,蒂克才把滑稽定义为"诗人管辖住论证题材的力量"。另一个浪漫主义者,费希特的信徒诺瓦利斯(Novalis),竟热望有一个魔幻的唯心主义,一个以自我极短暂的行为创造和实现我们梦幻的艺术。——只是在谢林的《先验唯心主义体系》(1800)、《布鲁诺》(1802)和1802—1803年在耶拿主讲的《艺术哲学》课程(后来在维尔茨堡又重讲了它,在德国,它以概论的手稿形式流传)中,在著名的《造型艺术与自然的关系》和这位雄辩而热烈的哲学家的其他著作中,才真正出现了浪漫主义的和美学中重新复活的有意识的新柏拉图主

① 《知识学基础》(《全集》,柏林,1845),卷1,第214-217页。

② 见但泽尔《全集》第25-30页;齐默尔曼:《美学史》,第522-572页。

③ 黑格尔:《美学讲演录》,卷1,第82、88页。

义的第一次伟大的哲学肯定。

美和特征 谢林和其他唯心主义哲学家一样，也坚持艺术理论和美的理论的融合，如同席勒所做过的一样。在这方面，值得指出的是他解释柏拉图非难艺术的方式：柏拉图非难的是他那个时代的艺术，自然主义和现实主义的艺术；一般地讲，古代艺术是有着有限性这个特点的；如果柏拉图了解基督教的艺术——它的特点是无限性，他就不会重复那个否定的判断了（正如我们现代人不能重复那个判断一样）。[①] 文克尔曼式的抽象的纯粹美是有欠缺的；那个虚假的、应被否定的、特征的概念——它企图使艺术成为死的、硬的和不愉快的东西，因为它给了艺术以个体的局限性——也是有欠缺的。艺术同时是美和特征，是特征美，美是由于特征才被实现的，所以，根据歌德的说法，它不是个体，而是个体的有生命的概念。当艺术家的目光认出个体的创造性的观念并抽出这种观念时，他就把个体转变成了一个自在的世界，一个属类（Gattung）、一个典型（Urbild）了，他就不再害怕生命状态的局限性和僵硬性了。特征美是扼杀外形的形式之完善，它不是减少情欲而是约束情欲，就像河的两岸，水浪拍打着它们，却不会越过它们一样。[②] 在这些论断里，可以感到席勒的影响，但同时也有一些席勒没有说出的东西。

艺术和哲学 尽管谢林对康德以后的思想家给予艺术理论的卓越贡献怀有敬意，却抱怨他们缺少一个确切的科学性（*Wissens-*

---

① 《学术研究之方法的讲演录》（1803），第14课；见《全集》（斯图加特，1856—1861），卷5，第346-347页。

② 《造型艺术与自然的关系》，见《全集》，卷7，第299、310页。

chaftlichkeit）。[①] 他的理论的真正出发点是自然哲学，即康德在第三批判中于审美判断考察之后的审目的判断的批判哲学。目的论是理论哲学和实践哲学的统一点，但如果体系没能在同样的主体，即在自我内，证实理论和实践两个世界的同一性，它就没有完成：这同一是有意识的、同时又是无意识的活动，作为自然界是无意识的，作为精神是有意识的。这样的活动只能是审美活动，是“哲学的普遍官能，整个大厦的拱顶石”。[②] 脱离世俗的现实只有两条出路：诗提升我们到理想世界，哲学使这个现实世界完全消失。[③] 说得确切些，“只有绝对艺术的唯一的一个作品，它存在于不同的模型里，但它是唯一的，尽管在艺术本质的形式中它是不存在的”。真正的艺术不是一时的印象，而是无限生命的表象；[④]是变成客体的先验直观，它不仅是哲学的官能，也是哲学的证据。哲学回到诗——从它那里哲学已分离出来——的时候将会来临；在一个新的哲学之上，将产生出一个新的神话学[⑤]。艺术的这种对象就像哲学的对象一样是绝对（在别的地方，谢林也广泛地重复了这一点），但艺术在理念（典型）中，而哲学在它的反影（*Gegenbild*）中表象绝对：“哲学不抽出现实的东西来，而是抽出现实东西的理念来；艺术也是同样的：那些现实事物的同样的理念，像哲学所表明的那样，是不完善的复本，那些相同的理念显现于作为理念客体

① 《康德哲学》（死后发表的），引言，见《全集》，卷 5，第 362 页。

② 《先验唯心论体系》，见《全集》第 1 部分，卷 3，引言§3，第 349 页。

③ 同上书，§4，第 351 页。

④ 同上书，第 6 部分，§3，第 627 页。

⑤ 同上书，§3，第 627-629 页。

的艺术里，所以显现于作为理念客体的艺术完善里，那些相同的理念在反影的世界里表象着知性世界。"[1]音乐"在被它引出的世界中，是人们通过这门艺术感到的自然和宇宙的同一理念的节拍"；造型艺术创造出的完善形式是"被客观地表象出的有机自然界的同一理念"；荷马史诗是"在绝对中构成历史基础的相同的同一性"。[2] 但哲学提供神的和绝对同一性的直接表象，艺术只提供同一性的直接表象。"一件事物的完善或现实性程度越提高，完善性或现实性就越靠近绝对理念和无穷断言的完满性，它就越能包容其他效能于自身，所以，在所有关系中，艺术和哲学有着更直接的关系，它同哲学的区别只是由于它的定性的特点；此外，还应该说，艺术是理念世界的最大的效能。"[3]真善美三理念以自乘的方式符合现实世界和理念世界的三个功能，美不单是普遍（真），也不单是现实（行为），而是两者的完善渗透："在特殊（现实）如此地适合于它的概念——这个概念作为无限进入有限和被具体沉思的地方，才产生美。现实，随着概念的显现，才真正地和理念类似和相同，在理念那里，普遍性和特殊性都在绝对同一性里相遇。有理性物作为有理性物，同时变成了形象显现和感觉到的一些东西了"。[4] 但是，正像三个理念的连接点——上帝在它们上面翱翔一样，哲学也在三个理念之上；哲学不属于单独的真，也不属于单独的道德和单独的美，而是它们共有的共同的东西，是哲学从唯一的

① 《康德哲学》，第 368-369 页。

② 同上书，第 369 页。

③ 同上书，第 381 页。

④ 同上书，第 382 页。

源泉那里演绎出来的东西。如果哲学取科学和真的特点，同时在真之上，这也是可能的，因为科学和真都单纯地是哲学的形式确定："在真善美，即科学、道德和艺术互相渗透的意义上讲，哲学就是科学；但因此也可以说它不是科学，而是科学、道德、艺术共有的东西。"这个渗透使哲学有别于其他科学，举例来说，数学能够缺少道德和美，而哲学却不行。[①]

理念和神。艺术和神话学　美集真和善、必然和自由于一身。在美和真发生冲突的地方，那真是有限的，美是不应和它一致的，因为正像所述及的那样，自然主义的艺术和纯特征的艺术是一个虚假的艺术。[②] 艺术的诸单个形式，由于它们同时是无限和宇宙的代表，所以它们被称为理念[③]。在现实的方面被考察过的理念就是神：这存在，这诸理念的自在和上帝是相等的；任何理念，只要作为理念，就是作为特殊形式的上帝；所以，任何理念都和上帝相等，但只等于一个特殊的上帝。所有的神在它们真正的特点上都有着纯粹的局限性和不可分的绝对性：密涅瓦(Minerva)是智慧和力量结合在一起的神，但她缺少女性的温柔；朱诺(Giunone)是没有智慧、没有爱情吸引力的强壮之神，她后来才用皮带把爱情的吸引力从维纳斯那里借来；而维纳斯却缺少密涅瓦的经过权衡的智慧，如果去掉这些神的局限性，它们会变成什么呢？它们不再是幻想的对象。[④] 幻想是一种官能，它既不和纯知性也不和理性

---

① 《康德哲学》，第 385 页。

② 同上书，第 383 页。

③ 同上书，第 389-390 页。

④ 同上书，第 390-393 页。

(*Vernunft*)发生关系。幻想有别于想象力(*Einbildungkraft*),因为想象力收集和扩展艺术的产品;幻想直觉它们,从自身那里挖掘出它们,表象它们。幻想对想象力就像知识直观对理性一样;所以,幻想是艺术中的知识直观。[①] ——"理性"对这样的哲学是不够的了,这是因为那个知识的直观(它对康德来说是一个概念-界定)被肯定为实际的直观了:知性被降低了,同样的纯的"幻想"——它在艺术中起作用——被这个新的幻想压倒了,这个新的幻想,实即知识直观的一个孪生的直观,幻想有时和它互换。神话学而不是寓言被宣布为任何艺术的必需条件,因为在寓言中,特殊性只意味着普遍性,而在神话中,它本身就是普遍性了;这就解释了神话寓言化是多么容易的了,也解释了,举例来说,荷马史诗的吸引力了,它包括着解释的这种可能性。基督教的艺术和希腊的艺术一样,也有着它的神话:基督,三位一体的位、童贞、上帝之母。[②] 神话和艺术混淆了它们的界限,正像艺术和哲学混淆了它们的界限一样。

K. W. 佐尔格　1815 年,佐尔格(Solgel)发表了他的主要美学著作,关于美的长篇哲学对话《艾尔温》(*Erwin*);1819 年,他还举办过美学教程讲座——讲稿在他死后发表。他也只是在康德的著作里找到了真理的微光,而认为康德以后的哲学,特别是费希特的哲学,是平庸的;他只是在主客观原本统一性出发的谢林那里,才第一次看到了思辨的原则,但这个原则并没有合适展开,因为谢

① 《康德哲学》,第 395 页。

② 同上书,第 405-451 页。

林并没有用辩证法很好地解决知识直观的难题。[①] 佐尔格也把幻想理解为有别于想象力的官能，他说，想象力属于一般的认识力，它只是“在时间的连贯中被再次确立起来的作为原本直观的人类意识”；它假设出共同认识力的，抽象的和判断的，概念的和表象的区别，在它们之间，“它是调解者，它给一般概念以特殊的表象形式，给特殊的表象形式以一般概念；以此方式，它围绕于庸俗知性的二律背反之间”。但幻想却根本不同，因为它起源于“理念中二律背反的本原的同一性，使得被理念分开的诸对立因素在现实中完善地结合在一起，通过它的媒介，使我们能够明了比共同认识的对象较高的对象和能够在那里认出作为现实的同一理念；在艺术中，幻想就是把理念转变成现实的官能”。幻想是以三种形态或程度来展开的：作为幻想的幻想，它孕育着作为理念和在现实中理念进行的活动的所有东西；作为幻想的感性，在现实中它是作为理念的生命表示出来的，生命导向理念；最后是（在这里，它处于比艺术活动更高的程度，等于哲学中的辩证法）作为幻想的知性或艺术的辩证法，它孕育着理念的现实，以使一个贯穿另一个，即理念贯穿现实。还有其他的区分和次区分，再来说明它们似乎是多余的了。从幻想发展到滑稽说，没有滑稽就不会有真正的艺术：在一定意义上讲，佐尔格是赞同蒂克和诺瓦利斯的滑稽说的。[②]

艺术，实践和宗教　对佐尔格正像对谢林一样，美属于理念领域，是一般意识所不能接受的。美有别于真的理念，因为，真的理

① 见《美学讲座》，海泽（Heyse）整理，莱比锡，1829，第 35-43 页。

② 《美学讲座》，第 186-200 页。

念消融了一般意识的诸显现，艺术完成了显现作为显现消融了自我的奇迹；但艺术的思维不是理论的，而是实践的。美有别于善的理念，但似乎和它有着最紧密的亲缘关系，因为在善中，理念和现实、单纯和杂多、无限和有限的结合不是实际的和已被完成的结合，而是一个理想，一个应该存在。美和宗教有着较紧密的亲缘关系，宗教把理念视为生命的无限，在它那里，我们单个的意识为变成本质的（*Wesentlich*）意识，就应被丢开；反之，在美中，在艺术中，理念是随着普遍和特殊诸区别的世界消融于自身和随着在它们的位置上得到安置而被表现出来的。艺术活动是思辨的活动，是已经被实现和完善了的实践；所以，艺术不属于思辨哲学（如根据佐尔格的看法，康德就这样相信），而属于实践哲学。另一方面，由于艺术活动应和无限联系起来，所以它不能以平庸的自然为对象，如在人物像中，艺术就是不存在的，为此，古人很正确地特别选择神和英雄的世界作为他们雕刻的对象，因为任何神性虽然只存在于它的局限和特殊的形式中，却都意味着理念的一个可确定的改变。[①]

黑格尔 在黑格尔的哲学里，也可找到同样的艺术概念，但也存在着一些次要的区别，正是由于这些区别，他才有别于他的前驱者。至于神秘主义的美学在这些思想家的每一个人那里所取得的多样性和细微的差别，我们是不感兴趣的；对我们来说，重要的是阐明他们在美学中的本质的一致性，共同的神秘主义或独断论及他们在美学中的历史地位。读过《精神现象学》和《精神哲学》的人

① 《美学讲座》，第48-85页。

都能发现，在那里所谈论的艺术就是被分析过的思辨精神的形式和被下过定义的感性、直观、语言、象征、幻想及思维的不同程度。黑格尔把艺术与宗教、哲学都安排在绝对精神的范围之内；[①]他本人像他的先驱者康德、席勒、谢林和佐尔格一样，尽管断然否定艺术表象抽象的概念，却没有抛开艺术的具体概念或理念。黑格尔完全沉浸在这个一般的和科学的思维不能认识的具体概念的论断里。他说："说真的，在我们时代没有什么概念比概念本身，即自在自为的概念，遭到更坏的误解了，因为人们习惯把概念了解为单凭知性的抽象或片面的观念和见解，用这种抽象的片面性的观念或见解当然既不能认识真实的整体，也不能认识本身具体的美。"[②]艺术属于具体概念的王国，是达到精神自由三个形式中的一个，是真正的第一种形式，即那个直接的、感性的、客观的认识形式（第二种形式是宗教，以崇拜，即以超然外在的因素添加在单一艺术中的表象意识；第三种形式是哲学，绝对精神的自由思考）。[③] 美和真是一回事，又是有区别的。"说理念是真的，就是说它作为理念，是符合它的自在本质与普遍性，而且是作为符合自在本质与普遍性的东西来思考的。所以，作为思考对象的不是理念的感性的外在存在，而是这种外在存在里边的普遍性的理念。但这种理念也要在外在存在实现自己，得到确定的现前的存在，即自然的或心灵的客观存在。真，就它是真来说，也存在着。当真在它的这种外在存在中乃是直接呈现于意识，而且它的概念是直接和它的外在显现

① 《哲学全书》，§557-§563。

② 《美学讲演录》（已引用的版本），卷1，第118页。

③ 同上书，卷1，第129-133页。

处于统一体时，理念就不仅是真的，而且也是美的了。因此，可以给美下这样的定义：美是理念的感性显现”。[①] 艺术的内容是理念，感性的和想象的形式是艺术的形式：这两种要素应互相渗透和形成一个整体，所以旨在变成艺术作品的内容在本身上适宜于这种改变是必要的，否则只会得到一种很坏的拼凑，诗的形式和散文的或枯燥的内容。[②] 一个理念的内容应借感性的形式显现出来；形式从这个理念之光中也应精神化。[③] 艺术家的幻想不是以被动和感受性的想象的方式来进行的，它不会停留在感性现实的显现里，它研究的是内在的真实性和理性。“艺术家所选择的某个对象的这种理性必须不仅是艺术家自己所意识到的和受到感动的，他对其中本质的真实的东西还必须按照其全部广度与深度加以彻底体会。因为没有深思熟虑，人就不能把在他身心以内的东西搬到意识领域来，所以每一部伟大的艺术作品都使人感到其中的材料是经过作者从各方面长久深刻衡量过的，熟思过的。轻浮的幻想绝不会产生出任何有价值的作品”。[④] 一般人认为，艺术家和诗人通常只掌握直觉，这是不对的；因为“一个真正的诗人，在他创作之前和创造之中，都应反思和思考”。[⑤]

形而上学的唯心主义美学和鲍姆嘉通主义 一些批评家认为，从谢林到黑格尔的美学运动就是鲍姆嘉通主义——它固有地

---

① 《美学讲演录》(已引用的版本)，卷 1，第 141 页。

② 同上书，第 89 页。

③ 同上书，第 50-51 页。

④ 同上书，第 354-355 页。

⑤ 《哲学全书》，§450。

把艺术理解为哲学概念的中介者——的重新复活;[①]记得一个被体系拖着走的叫阿斯特(Ast)的谢林主义者,提出了艺术的最高形式:它不是戏剧(像其他人所说的那样),而是训世诗。[②] 这种说法(抛开个别的和偶然的偏离不问)是不确切的,因为那些哲学家是理性主义和道德论学说的对立者,他们时常明确而坚定地反对这个学说。谢林说:"审美的创造,就它的原理来说,是绝对自由的创造……,这个独立于任何外在目的的性质才产生艺术的神圣性和纯洁性,所以艺术拒绝和单纯快感的东西的任何联合,这个联合或属于粗野或是和功利的联合。如果在一时间内,人类精神的较高形式不被安置在经济发现之中,那么,艺术和功利是无关的。由于这样的原因,艺术也憎恶和道德的联合,甚至它和科学离得也较远;科学,由于它的非利害关系,与道德相比离艺术较近,虽说科学也有着它自身之外的目的,但最终要作为工具服务于那个比它较高的东西,服务于艺术。"[③]黑格尔说:"艺术不包括这样的普遍性"。"如果把教育的目的看成是这样:所表现的内容的普遍性是作为抽象的议论、干燥的感想、普泛的教条直接说明出来的,而不只是间接地暗寓于具体的艺术形象之中的,那么,由于这种割裂,艺术作品之所以成为艺术作品的感性形象就要变成多余的修饰,摆在那里的当作单纯的外壳(*Hülle*)和外形。这样,艺术作品的

① 但泽尔:《黑格尔美学研究》,第 62 页;齐默尔曼:《美学史》,第 693-697 页;施米特:《莱布尼茨和鲍姆嘉通》,第 103-105 页;斯皮策(Spitzer):《批判研究》,第 48 页。

② 阿斯特:《艺术学说的体系》,莱比锡,1805;参见已引用的斯皮策的著作,第 48 页。

③ 《先验唯心论体系》(1800),第 6 部分,§ 2;见《全集》,第 1 部分,卷 3,第 622-623 页。

本质就被歪曲了。艺术作品所提供观照的内容，不应该只以它的普遍性出现，这普遍性需要经过明晰的个性化，化成个别的感性的东西。”[①]他还补充说，坏的标志，是当艺术家准备作品时，不是从生活的富裕（*Überfülle des Lebens*）出发，而是从抽象的普泛观念的整体出发。[②] 艺术有它自己的目的，这目的就是以感性的形式表现真实，任何其他的目的都是不相关的。[③] ——当然也可以说，那些哲学家，那些使艺术远离纯粹幻想和表象，使艺术以一些方式成为概念、普遍性和无限的持有者的哲学家只能打开通向鲍姆嘉通主义的道路。但这种说法是从先行假设和双关对立论出发的，即艺术如果不是纯粹的幻想，就应该是从属于理性的感性，也就是说是从形而上学的浪漫主义的唯心主义者所否定的先行假设和双关对立论出发的。他们所寻求的道路是一个官能的理解，是既非知性也非幻想，而是二者参与的一个官能的理解，一个知性的直觉或直觉的知性的一个官能的理解；是普罗提诺式的一个心灵的幻想的理解。

黑格尔体系中艺术的死亡和衰败　黑格尔比他的先驱者更加强调艺术的认识品格，所以他肯定要遇到一个其他人竭力逃避的难题。由于艺术和宗教、哲学一起被置于绝对精神的领域里，那么，与如此强大和具有入侵性的伙伴为伍，特别是与在黑格尔体系中处于整个精神进程顶峰的哲学为伍，艺术怎么能站得住脚呢？假设艺术和宗教完成了有别于绝对认识的功能，那它们才有可能

① 《美学讲演录》，卷1，第66-67页。

② 同上书，第353页。

③ 同上书，第72页。

处于绝对精神中低级然而必要和不可消灭的程度上。可是，艺术和宗教二者在哲学的同一对象上竞争，它们能压过哲学和能保持住什么价值呢？没有任何价值，除了是和最多是那个人类生活过渡的和历史阶段的价值。黑格尔的倾向，说到底是反宗教的，是理性的，所以也是反艺术的。对于人——正像他是人一样，他有着主动的、活跃的审美感官，是艺术的热烈爱好者——来说，这是一个怪僻的、痛苦的结论，也几乎是柏拉图严厉行程的重复。但作为希腊哲学家，柏拉图听命于理性的假设指挥，贬责摹仿和他很喜爱的荷马史诗；同样，这位德国哲学家也不愿意脱离他的体系的逻辑需要，所以他宣称艺术是要死亡的，甚至宣称艺术已经发生了死亡。他说："我们一方面虽然给艺术以这样崇高的地位，另一方面也要提醒这样的事实：无论就内容还是就形式来说，艺术都还不是心灵认识到它的真正旨趣的最高的绝对的方式。按照艺术的形式来说，艺术不免要局限于某一种确定的内容。只有一定范围和一定程度的真实才能体现于艺术作品；这种真实要成为艺术的真正内容，就必须使它本身的定性转化成感性的东西，使这感性的东西能恰好适合它自己，例如希腊的神就是这样。此外，对真实还有一种较深刻的了解，在这种了解中，真实对感性的东西就不再那样亲善，不再能被这种感性的材料很适合地容纳进去并且表现出来。基督教对真实的了解就属于这一种；特别是我们的现代世界的精神，或者说得更恰当一点，我们的宗教和理性文化，已经达到了一个更高的阶段，艺术已不复是认识绝对理念的最高形式了。艺术创作以及艺术作品所特有的方式已经不能再满足我们的最高要求了……，思考和反省已经比美的艺术飞得更高了。"在现代世界中，

艺术的贬低一般归于很多原因，特别是归于物质和政治利益的追逐；但真正的原因（黑格尔说）是和纯思维相比，艺术是低级的程度。“艺术就它的最高职能来讲，对我们现代人已经是过去的事情了”，所以，它是已经枯竭的东西，可以转移到已经完成的哲学里去了。[①] 可见黑格尔美学是艺术死亡的悼词，它考察了艺术相继发生的形式并表明了这些艺术形式的发展阶段的全部完成，它把它们埋葬起来，而哲学为它们写下了碑文。

浪漫主义和形而上学的唯心主义把艺术置于很高的地位，甚至置于云端，以至于最终必然地发现置于如此之高的艺术，它再也不会有任何用途了。

① 《美学讲演录》，卷1，第13-16页。

第十章　叔本华和赫尔巴特

唯心主义反对者的美学的神秘主义　再也没有什么比这种异想天开的对艺术的理解更符合时代精神(它不仅符合哲学的流行,也符合浪漫主义运动所表明的心理条件)了:就连谢林、佐尔格和黑格尔哲学的反对者也一般地赞同这种理解,或尽管想抛弃之,可又不自觉地回到它那里去了。

叔本华　可以说,任何人都知道叔本华(Arturo Schopenhaur)在攻击康德遗产的继承人谢林、黑格尔、所有的"江湖骗子"和"教授"的时候,是多么缺乏"哲学的冷漠"(Phlegma psilosophicum)。可什么又是叔本华能接受和被他发展的艺术理论呢?叔本华的理论和黑格尔的一样,是从区别抽象的概念和具体的概念或理念出发的;尽管叔本华使黑格尔的"理念"和柏拉图的"理式"相类似,但是,在特殊的形式中,他所介绍的这理念更类似谢林的而不是黑格尔的。这些理念和知性概念有着某些共同之处,因为它们都表象现实事物多样性的统一;但是,"概念——在它的范围内是完全不能确定的,只是在它的诸界定中才是严格准确的——是抽象的和推理的;知性是认识概念和制造概念的;言语毫无疑问是媒介,它表达概念;概念的定义却完全是穷究概念的。相反,理念(可严格地定义为概念的合适表象)却是绝对直觉的;虽然它表象特殊事物的无穷性，可并不因此理念在它所有方面都是不可确定的。个别的人，作为个别的人是不能认识理念的；为了认识它，应去掉任何意志，去掉任何个别人的性质，并把自己提高到纯认识的主体状态。理念只能被天才或归于天才的认识力量的潜能所达到，它见于天才的安排”。“理念是统一，只是通过空间和时间才变成杂多，变成我们直观统觉的诸形式；相反，概念是通过抽象从杂多中挖掘出的统一，是我们知性的进程；所以可以说，概念是统一在物后（Unitas post rem），理念是统一在物前（Unitas ant rem）。”[①]一般地讲，叔本华把理念叫作事物的“种类”。但有时他又指出，理念是属类而不是种类；种类是简单的概念；存在着自然的属类，但它们只是逻辑的种类。[②] 理念或事物的这种心理幻相的起源产生于把自然科学的经验分类转变成生命的现实（这在叔本华那里也可见出）。你们想看到理念吗？他说，你们就看看天上飘浮的行云、冲击卵石的小溪和在玻璃上结晶为树和花的形象的冰吧。云的形象、浪头和溪水的嬉戏、结晶体的显象，对我们，个体的观察者是存在的，但对它们自身来说却毫无区别。那些云是它们自身扩大了的蒸气；那条小溪听命于重力，是不可思议的、完全活动的、透明的和无定形的流体；那些冰听任结晶化的规则；它们的理念就存在于这些确定里。[③] 这些理念是意志在其不同程度上的直接客观化，艺术抽出理念，而不抽出它们变了色的复本，即现实的东西。所以，从一方面看，柏拉图是对的，从另一方面看，他又是错的。叔本

① 《意志及表象之世界》，1819（见《全集》，格里泽巴赫版，卷1），卷3，§49。

② 《补充集》（格里泽巴赫版），卷2，第29章。

③ 《意志及表象之世界》，卷3，§35。

华为柏拉图辩解，却以同样的方式非难古代的普罗提诺和先于他几年的、讨厌的谢林之所为。[1] 他的结论是：任何一种艺术对它的领域来说，都有着理念的一个特有的范畴。建筑学和在一些情况下的水利学都便利那些理念——它们指明客观化的低级程度：重量、黏着力、持久性、坚固性、石头的一般属性、光线的一些结合——清楚的直观；园艺和风景画（奇怪的搭配）表象植物自然界的理念；动物的雕刻和绘画表象动物学的理念；历史的绘画和雕刻的最高形式表象人的身体；诗表象人的理念。[2] 至于音乐（请原谅我的逻辑跳跃），它在其他艺术的等级之外。我们已经知道，谢林把音乐视为宇宙的同一节拍的表象；[3]相差无几，叔本华也断言，音乐不表明理念，而是和理念、同一意志平行的。音乐的世界、基本音符和无机体、音阶和属类的阶梯、旋律和意识意志的类比使得叔本华得出这样的结论：这个艺术不仅是数学（像在莱布尼茨那里一样），而径直是一个形而上学，一个隐秘在不会哲学思考的人那里的形而上学的练习了（*exercitium metaphysices occultum nescientis se philosophari animi*）。[4] 和他的唯心主义的前驱者一样，叔本华认为，艺术能使人获得幸福，是生命的花朵（精华）；因为艺术的观照者不再是个别的人，而是纯认识的从意志、痛苦和时间那里解脱出来的主体。[5]

① 参看本书第9章。

② 《意志及表象之世界》，卷3，§42-§51。

③ 参看本书第9章。

④ 《意志及表象之世界》，卷3，§42-§51。

⑤ 同上书，§34。

在叔本华那里的一个较佳理论的迹象　可以肯定，在这个体系里，可能不时找到使一个较佳的和较深刻的艺术探讨得到发展的机会。作为明智的和敏捷的分析者，叔本华有时指出，对理念，对静观，不能加之于时间和空间的诸形式，而只能加之于表象的一般形式。[①] 由此可推知，艺术不是意识的高级的、特别的程度，而是意识的较直接的程度，是那个在意识的本原的单纯性中以它在时间和空间系列里的安置而先于一般认识的程度。从一般认识中解脱出来，生活在幻想之中，这并不意味着上升到柏拉图的理式的静观，而是重新落到直觉的直接性中，重新成为幼童，像维柯所做过的那样。从另一方面看，叔本华已经开始以无成见的批判来征服康德的两个范畴，直观的两种形式不再使他满意了，他感到补充上一个第三种形式——因果律——的必要。[②] 最后，还请注意，叔本华与设想历史哲学的唯心主义者不同，他优于他们，从一开始就对历史和艺术进行了比较；对他来说，历史是不能还原于概念——个人的沉思的，所以它不是科学。如果他把历史和艺术的比较坚持下去，就有可能找到比他坚持的解答——历史的材料是在它特殊性和偶然性中的特殊，而艺术的材料却和永远是同一性的东西[③]——更佳的解答。但叔本华并没有对他幸运的理解进行深入的探讨，而只是在他那个时代所偏爱的一般主题之上进行了选择而已。

J. F. 赫尔巴特　人们更不能寄希望于一个干瘪的理性主义

① 《意志及表象之世界》，卷 3，§32。

② 《康德哲学的批判》；上引书的附编，第 558-576 页。

③ 《补充集》，第 38 章。

者，唯心主义、辩证法和思辨构成的不可调和的敌人，人们所称的现实的或实在的哲学流派的首领赫尔巴特(Giovanni Federico Herbat)了。当他确立起他的美学时，他本人也变成一个神秘主义者了，尽管稍许有别。他在表明他的有序的立意时，说得多么明智啊！美学不应该忍受形而上学陷入过的错误的惩罚里，要离开关于宇宙的设想，通过美学本身来研究美学。在确定在什么东西之上存在着艺术的特点和什么是美的时候，不需要把美学同心理学混淆起来，也不需要描写由艺术的内容所引起的那些动人的或滑稽的、悲愁的或快乐的感动。分析美的特殊情况，记录下那些情况向我们说明的那个美，这才是正确的道路。关于赫尔巴特的美学的实质，这样的立意和诺言欺骗了好多人。但在这里，仍存在着原则的批判(*Ce sont làjeux de princis*)：只要注意一下，就可以看出，对赫尔巴特来说，特殊情况的分析是什么，他惯常又是如何远离形而上学的。

纯粹美和形式美的关系 赫尔巴特认为，美存在于关系之中，存在于声音、颜色、线条、思维和意志的关系之中。经验会告诉我们，在这些关系中哪些是美的；美学却全部列举出美的特殊情况的基本概念(*Musterbegriffe*)。对赫尔巴特来说，这些关系不是生理学的本质关系，它们是不能——比如说在精神物理学的实验室里——被经验地观察到的。说得确切些，在这些关系中，不仅有已列举出的声音、线条、颜色，还有思维和意志；这些关系不仅扩展到道德事实上，也同样地扩展到外部直觉的对象上。后来，他表白得则更为清楚："虽然在很多情况下，它们一般地先于或追随感觉印象，但在美的直觉中，没有任何真正的美是感性的。”[①]美深刻地有别于愉快，因为愉快不要求一个表象；而美却存在于关系的诸表象里，在意识中，这些表象是被判断力、被一个附加物(Zusatz)所追随的。美表明一种无条件的(*es gefällt*)赞同。愉快和不愉快，“在文化的进步中会逐渐变成一些瞬间即逝和无足轻重的东西，而美却越来越明显地表现为某种持久的、具有不可否认的价值的东西”。[②] 鉴赏力判断是普遍的、永恒的、不会更改的：“诸相同关系的完整的表象(*vollendete Vorstellung*)总是追随着相同的判断力；同样，原则总附带着结论，这发生在所有时间、环境、条件和沉思中，它们给予了那个是一些情况的特殊的东西以普遍性规律的外表显现。由于一个关系的诸要素是普遍性的概念，那么很清楚，在判断时只是这些概念的内容被思考了，另一方面，判断力应有一个范围，这个范围和对两个概念的共同的那个范围是同样广阔的。”[③]赫尔巴特认为，审美判断是一般的等级，它作为次等级时又在自身中包含着伦理判断：“道德不仅作为有价值的东西，而且还作为确定的人的无条件的同样价值的东西从美中分离出来。”在狭义上讲，法律又从道德那里分离出来。[④] 指导人的道德生活的五个伦理观念(内心的自由、完善、仁爱、公正、法律)就是五个审美观念，说得更贴切些，是应用到意志关系中的审美概念。

艺术作为内容和形式的总和　赫尔巴特视艺术为复杂的事

① 《哲学概论》，1813(见《全集》，哈滕泰因版，卷1，第49页)。

② 同上书，第125—128页。

③ 《通用的实践哲学》，(见《全集》)卷8，第25页。

④ 《哲学概论》，第128页。

实，它是从有着逻辑或心理的或其他价值的外在于审美的要素——内容和从真正地实施到基本的审美概念上的审美要素——形式那里产生的。人寻求娱乐的、教育的、感人的、庄严的、可笑的东西；“所有这些东西都和美搅到一起，以便求得作品的功利和便利。美是如此多样地被装扮起来，以至于成为秀美的、崇高的、悲剧的和喜剧的；它能成为所有这些，因为本身是宁和平静的审美判断附带着对心灵无关宏旨的各种刺激的伴奏”。[①] 但所有这些东西都和美无关。为了找到对象的美和丑，应该摆脱与内容有关的任何宾项。“在诗中，为了认识对象的美和丑，应该显示各种思想之间的区别，推理应该围绕着思想进行；为了在造型中认识它们，应该显示各种轮廓之间的区别，推理应该围绕着轮廓进行；为了在音乐中认识它们，应该显示各种声调之间的区别，推论应该围绕着声调进行。现在，宾项‘美妙的’、‘可爱的’、‘秀美的’并不包括任何声调、轮廓和思想；所以，它们不能让人认识对象的美，认识诗、造型和音乐中的美；反而让人相信：可能有一个对象的美，思想、轮廓、声调等对它都同样是偶然的；收集诗、造型、音乐等印象，让对象消失和使对象沉浸于心灵的唯一感动之中来靠近对象的美是可能的。”[②]而审美判断却不同，“一个冷静的艺术行家”只看重形式，即客观地愉快的形式关系。为了静观唯一的形式，在审美判断中把内容区分出来就是艺术产生的真正净化。内容是短暂的、相对的、从属于道德法则的，可用道德标准来进行判断；形式是永久的、

① 《哲学概论》，第162页。

② 同上书，第129-130页。

绝对的、自由的。[①] 具体的艺术可能是两个或更多价值的总和，但审美事实只是形式。

赫尔巴特和康德的思想 除了表面和词汇的不同之外，谁都会发现赫尔巴特的美学学说和康德的美学学说巨大的相似性。在赫尔巴特那里，可以发现自由美和依存美、形式的东西和附加在形式上的感官刺激（*Reiz*）的东西之间的区别；可以发现一个纯粹美，一个必然和普遍的、虽非推论的判断对象的肯定；甚至可以发现美和道德、美学和伦理学的联系。在这部分，赫尔巴特可能是康德思想的严格追随者和继续者，康德的学说已经包括了他的学说的萌芽。有时，他也自认为是“康德主义者，然而是1828年的康德主义者”；在时间的划分上，他说得也很正确。但在康德的美学思想的错误里和它的不确定性之中，他的思想不仅有丰富的真理，也有丰富的提示性，因为他属于一个哲学仍是年轻和可塑的时代。赫尔巴特比康德要晚，可他的思想却是干枯和片面的，他只取了康德思想中很少有生命力的思想，而且把它在他的体系里僵化了。浪漫主义者和形而上学的唯心主义者起码统一了美的理论和艺术理论，推毁了机械的和修辞的理解，使艺术活动的一些深刻的特点明显起来，虽然有些夸大其词。而赫尔巴特却恢复了机械的理解，恢复了两重性，提出了一个怪诞的、细心思考过的、没有生命力的、缺少任何艺术气息的神秘主义。

① 《哲学概论》，第163页。

第十一章　弗里德里希·施莱尔马赫

内容的美学和形式的美学。这个对立的意义　说到这里，我们便能了解在德国已进行了一个世纪之久的关于内容的美学（*Gehaltsaesthetik*）和形式的美学（*Formaesthetik*）之间众所周知的斗争的意义和价值了；这个斗争发端于赫尔巴特反对谢林、黑格尔及他们的同伙和追随者，它导致了各有侧重面的美学史著作的出现。在哲学词汇中，"形式"和"内容"有着众多的不同意义，在美学中则更是如此；有时，被一个人叫作形式的东西，却被其他人称为内容。赫尔巴特的追随者们经常用席勒的一句话——艺术的秘诀在于"用形式来消除材料"——来为自己撑腰；但席勒的"形式"概念——人们以此概念使审美活动临近道德的和知性的活动——和赫尔巴特的不是深入到内容并使内容获得生命而是给内容以外衣和修饰内容的"形式"有什么共同之处呢？另外，黑格尔常说的"形式"可能就是席勒所称的"材料"（Stoff），即应被精神力量主宰的感性材料。黑格尔的"内容"是理念，形而上学的真，美的构成要素；赫尔巴特的"内容"是外在于美的情欲和知性的要素。在意大利，"形式"的美学是表现活动的美学；形式不是外衣，不是形而上学的观念，也不是感性的材料，而是幻想的表象能力、印象的形成者。尽管有时听到人们以反对德国的美学形式主义为由来批驳意

大利的美学形式主义，但它是一个根本不同的东西。——由于我们已经直接地表明了康德以后的美学思想，那么就应理解那些对立而不要被各个不同流派宣称的术语迷惑。内容的美学和形式的美学，唯心主义的美学和现实主义的美学，谢林、佐尔格、黑格尔、叔本华的美学和赫尔巴特美学之间的对立对我们来说，实际上是很相似的艺术理解和相同的神秘主义的各个支流间的家庭争吵，尽管在这个劳苦的行程中，有的接近真理，有的则远离真理而去。

在德国，19世纪上半叶是众多的和喧闹的哲学定理产生的时代：主观主义，客观主义，主—客观主义；抽象，具体，抽象—具体；唯心主义，现实主义，唯心—现实主义都存在着。当时，克劳泽(C. C. Krause)在泛神论和有神论之间又插入了泛有神论。——在所有这些喧闹中，平庸的哲学家比那些有价值的哲学家更为哗然作响和紧紧抓住他们的唯一财产即言词不放；一些谦虚的和坦白的思想家，一些沉思事物的哲学家却败北，不被听从和缺乏影响，在那些吵闹的或徒有虚名的人群中感到狼狈不堪。这并不令人惊奇。我们觉得，这似乎就是施莱尔马赫(Federico Schermacher)的情况。他的美学学说很少被人所识，尽管在这一阶段中，它可能是最值得注意的。

对他的错误评价 1819年施莱尔马赫第一次在柏林大学讲授美学，从那时起，他就开始严肃地沉思这方面的内容并打算写一本书。1825年和1832—1833年间他又第二次讲授美学；但他的逝世(1834)使他未能完成写书的意愿。他留下的唯一文献是他的学生收集和于 1842 年发表的他的教材。[①] ——赫尔巴特派的美学史家齐默尔曼竟粗暴地反对施莱尔马赫死后发表的这部著作，他在错误地对待和以二十余页的篇幅讽刺了这部著作之后，竟然责怪施莱尔马赫的学生毁掉了对这位卓越人物的记忆，因为他们发表了一堆废纸，"完全是言词的游戏，哲学的零碎和辩证法的信手拈来之物"。[②] 唯心主义的史学家哈特曼(E. von Hartmann)对这部著作也没有表示出更多的善意，他说：这部著作是"不成形的混杂物，在它里边，在很多粗俗陈腐的东西、很多半截子真理和歪曲之间，只有很少的好的研究"；为了使这部著作，"一篇年老体弱的布道者在下午做的花言巧语的布道词"，能够令人卒读，至少要减少它的四分之三。它在"叙述基本原则的时候"，没有任何建树，和黑格尔及其他人所代表的具体唯心主义相比，根本没有提出任何新的东西。总而言之，似乎也只能把它"归入黑格尔派，而不是归入任何其他流派，但施莱尔马赫对黑格尔派所做的贡献是第二等的"。哈特曼还说，施莱尔马赫是神学家，在哲学方面，他似乎只是个业余爱好者。[③] 诚然，我们不能否定，施莱尔马赫的学说是以不成熟的形式展现出来的，也不能否定其中并非没有不肯定性和矛盾(但需要着重指出，某些部分受到了当代形而上学的不良影响)。但除了这些缺点以外，其中真正哲学和科学的方法是多么有力啊！被确定下来的基本原则和首次被注意到或被研究的新的真理、困

---

① 《美学讲座》，由洛马特施(Lommatsch)发表，柏林，1842(见《全集》第三部分，第 7 卷)。

② 齐默尔曼：《美学史》，第 608-634 页。

③ E. 冯·哈特曼：《论康德以来的德国美学》，第 156-169 页。

难和问题又是多么众多啊！

施莱尔马赫对他前人的态度 施莱尔马赫把美学真正地看作是思维的现代方向，提出了仍在订立规则的经验中纠缠的亚里士多德的诗学和18世纪时鲍姆嘉通探讨的东西之间的深刻区别。他称赞康德，因为康德使美学第一次真正地进入了哲学的学科。他认为，在黑格尔那里，艺术已经得到了很高的赞赏，因为它和宗教、哲学结合在一起，并几乎与它们等同。但他不满意鲍姆嘉通学派，因为它迷失在建立科学或感性快感理论的无谓努力之中；也不满意康德的取鉴赏力研究为主要对象的方式；不满意费希特的哲学，在它里边，艺术变成了一个教育的艺术；也不满意使虚幻的、模棱两可的美的概念成为美学中心的这个广泛被追随的方向。他喜欢席勒是因为席勒把思索力注重于艺术的自发性或创造性的阶段上；他认为谢林强调造型艺术是有功绩的，造型艺术比诗较少地表现出道德论的捷便的和虚幻的解释。[①] 在审美的熟思中以最纯的方式排除了实践的(即经验的，因而是不能归于科学的)规则之后，施莱尔马赫给他的研究指出一个确定的位置：在伦理学中的艺术活动。[②]

美学在他的伦理学中的位置 为了不陷入这样的词汇引起的误解之中，我们应该知道，施莱尔马赫的哲学是遵循古人的词汇学的，这个词汇学分为辩证法、伦理学和物理学三部分。辩证法符合本体论，物理学是包括所有自然事物的科学，伦理学研究人的所有

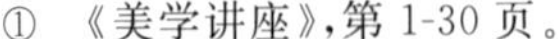

① 《美学讲座》，第1-30页。

② 同上书，第35-51页。

自由活动(语言、思维、艺术、宗教、道德)。简言之,对他来讲,伦理学不只是道德科学,而是有的人称为心理学、另一些人称为精神科学或精神哲学的东西。只有这样的澄清,才能说明施莱尔马赫开始研究的方法是唯一正确的和可接受的。他所说的意志、意志行为及诸如此类的东西,在别人嘴里却可能成为精神的活动或精神的力量,这是不足为怪的:因为这里采用的这些词汇的意义比那个在实践哲学中所给予它们的意义更为一般。

审美的活动是内在的和个体的活动　人类活动有双重特质。首先,存在着所有人都能以同样的方式构成的活动(如逻辑活动),这些活动被称为同一性的活动;其次,还有其他的人类活动,它们被认为是不同性的活动,被称为差异性的或个体的活动。此外,还存在着内心生活中完成的活动和在外部世界中被实现的活动;内在的活动和实践的活动。艺术活动属于这两类等级、两种秩序中的哪一种呢?毫无疑问,艺术活动是以不同方式进行的,如果不是根据每个人,那肯定是要根据不同的人民和民族,以不同的方式进行的,所以,艺术活动是差异性的、个体性的活动。[1] 至于其他的分法,艺术是在外部世界实现的,这也是对的,但这在外部世界实现的东西只是发生于后的一些东西(*ein später Hinzukommendes*),"正像和内心世界相比,作为通过言语和文字的思想交流对于这思想本身是发生于后的一样。真正的艺术作品是内心的意象"("*das inner Bild ist das eigentliche Kunstwerk*")。当然也有例外,如摹仿,但这只是表面的例外。现实中一个发怒的人和在舞台上表演这种精

① 《美学讲座》,第 51-54 页。

神状态的人是有区别的，这种发怒在演员身上的出现是有节制的，所以是美的；也就是说，在演员的心灵里，在情致的事实和身体的表现之间有一个内心的意象把二者间隔开了。[①] 艺术活动是"人类的一种活动，我们能在这些活动的差异性中预先想象出个体性的活动来；同时，艺术活动实质上是在它自身中展开的活动，它不是在其他东西那里完成的。所以，艺术是在内在的活动中要求差异性的活动"。它是内心的而不是实践的活动，是个体的而不是普遍的和逻辑的活动。

艺术的真实和知性的真实 假如艺术也是思维，那就应存在着一个要求同一性的思维和一个要求差异性的思维。在诗中，找不出真实，或者说也能找出真实，但这种真实和客观的真实没有任何共同之处，只有一个既是普遍又是个体的真实(科学的和历史的真实)才符合客观的真实。"当人们说，在诗的品格中没有真实的时候，就表示了对提到的那首诗的责怪；但当人们说，诗的品格是创造性的，它不符合现实时，那它就被认为是另一个根本不同的东西了"。诗的品格的真实在于连贯一致，一个人的思和行的不同方式都是被它表象出来的；甚至在肖像中，在那个成为艺术作品的肖像画中，也不是确确实实地符合一个客观的现实。从艺术中，从诗中，"不会得出丝毫的知识"(*das Geringste vom Wissen*)；"诗只表现个别意识的真实"。所以还存在着和其他创造力相对立的"思维和感性直觉的创造力，它们不要求同一性，只表现作为这个样子的

① 《美学讲座》，第55-61页。

个别”①。

有别于情感和宗教的艺术意识　艺术就它的领域来说，有着直接的自我意识(*unmittelbare Selbstbewußtsein*)；它准确地有别于思维、自我的概念或被确定的自我的概念。后者是在诸阶段不同性中的同一性的认识；是直接的自我意识和“人们意识到的同样不同性，因为内心生活只是意识的展开”。在这个领域内，艺术一步一步地和它附加到事实上的其他两个等级混淆起来：和感性意识(快感和痛感)相棍淆，和宗教相混淆。这双重的混淆，一个是感觉论的，一个是黑格尔的；施莱尔马赫澄清了它们，并表明艺术是自由创造力的活动，而感性的快感和宗教的情感虽说在其他方面是不同的，可都被一个外在的实体(*äussere Sein*)所确定。②

梦和艺术。灵感和深思　为了更好地认识这个自由的创造力，就需更严格地确定直接意识的领域。在这里，再也没有把直接意识同梦相比更能帮助我们的了。艺术家也有着他的梦的状态：睁着眼的梦；在这种梦里，在被创造出的很多意象之中，那些有着充足力量的意象才成为艺术作品，而其他的则是分离出有充足力量的意象的模糊背景。在梦中可以找到艺术的所有本质的因素，梦是自由思维和存在于纯意象里的感性直觉。当然，梦还缺少一些东西；和艺术相比，梦是不需要技巧的，技巧是作为外在的东西被排除出去的。梦是一个混乱的过程，它没有定性、秩序、连贯性和尺度。但如果在那个混乱中引入一些秩序，差异性很快就会消

①　《美学讲座》，第61-67页；参见《辩证法》，哈尔彭版，第54-55页。

②　同上书，第66-67页。

失，和艺术的类似就能变成同一。这个整理、计算、盯着和确定意象的内心活动，就是把艺术同梦区别开来和使梦变成艺术的那个东西。这个内心活动一般要带来一场斗争、一场辛劳；它应该反对内心意象的无意识的进程，带来反思和沉思。但梦和停止做梦二者对艺术都是不可少的要素。需要思维和意象的创造，同时在这种创造中也需要尺度、确定性和统一，“因为，否则的话，任何一个意象都有可能与其他意象相混淆，并缺少本身的坚实性”。所以，灵感（*Begeisterung*）阶段和沉思（*Besonnenheit*）阶段都是必要的。[①]

艺术和典型性 但个体（在这里，施莱尔马赫的思想又回到了传统的概念，变得不肯定起来）被属类的意识陪伴时才有着艺术的真实。没有人的意识，作为个别人自身的意识是不可能的；如果一个对象与它的普遍性无关，那么一个个体的对象就是不真实的。在一幅风景画中，“只有每一棵树作为给定的属类个体而被静观时，它才具有自然的真实；同样，自然和个体生命的整体应具有自然的实际真实和形成一个唯一的一致。正是为此，在艺术中，不仅要盯住自在自为的个体形象，而且还要盯住这些自在自为的个体形象的内在真实。人们习惯于把一个提高了的程度给予这种内在的真实，这种内在的真实乃是任何认识都有其价值的自由执行，即存在的所有形式对人类精神都是固有的这项原则的自由执行。如果没有这样的原则，便不可能有真实，只能是怀疑”。艺术的创造是理想或典型的形象，自然的现实会创造出它们，如果这种自然的

① 《美学讲座》，第 79-91 页。

现实不被外来因素所阻的话。[1]“艺术家从一总的纲要出发，他只有在排除所有对现实的生命的游戏来说是障碍和困扰的东西时，才能创造出形象来；这个创造是建立在一个总的纲要之上的，我们称它为理想。”[2]

此外，施莱尔马赫似乎并非试图用这样的确定性来缩小艺术的范围。他指出：“当艺术家描绘现实中给定的某样东西，画出肖像、风景画或个体的形象时，他放弃创造的自由而追随现实。”[3]他说，艺术家的心里有两种倾向，靠近典型的完善和自然的现实表象；他既不应陷入典型的抽象，也不应陷入经验现实的无意义里。[4] 如果在给植物写生时，应该强调植物的类别典型，那么在给人的形象写生时，由于人占据的最高位置，就应达到最完满的个体化。[5] 在现实的东西中，理想的表象包括“一个无穷的多样性，就像在实际的现实中所有的那样”。“举例来说，在道德的构成和形体的构成中，人的形象就摇摆于理想和漫画之间。每个人的形象的自身里都存在着一些东西，对于这些东西来说，每个人的形象都是变相(*Verbildung*)；但也有一些东西，对它们来说，任何人的形象都是人的本质的一个可确定的改变。这些都不是公开显示出来的，但经过训练的眼睛可以抓住它和理想地完成那个形象”。[6] 施莱尔马赫感到了对这类问题——人的形象有着唯一的理想还是有

① 《美学讲座》，第 79-91 页。

② 同上书，第 505 页，参看第 607 页。

③ 同上书，第 505 页。

④ 同上书，第 506-508 页。

⑤ 同上书，第 156-157 页。

⑥ 同上书，第 550-551 页。

着多种理想呢[①]——的疑难和曲解，他指出，争夺诗领域的这两个概念一般也会扩展到艺术中去。有人断言，诗或艺术应描绘完善、理想和自然如不被机械的力量所阻时所能产生的东西；但也有人拒绝这个不可达到的理想，要求艺术家以那些骚动的要素——它们也属于真实——写生出作为这样人的这个人来。他们都只说出了真理的一半；艺术期望的是作为现实表象的理想表象，作为客观表象的主观表象。[②] 喜剧性即反理想和不完善的理想表象、也能进入艺术的范围之中。[③]

艺术的独立性 和道德相比，艺术是自由的，正像哲学思辨是自由的一样：艺术的实质是排除实践和道德效果的。因此他断言："各种艺术作品之间没有什么区别，只是就其艺术的完善(*Vollkommenheit in der Kunst*)来说，对它们加以比较才有可能。""由于一个完善的艺术对象在它的属类里有着绝对的价值，那么，这个价值是不能被其他任何东西提高或贬低的。反之，如果取意志的运动作为一个艺术作品的结果是准确的话，那么，就有可能存在着一个其他的尺度应使用到艺术作品里去；如果一个艺术家能抽出的所有对象并不都同样切合引起意志，那才有可能存在着一个不取决于艺术完善这个估价的不同估价。"可是，艺术家的不同的和复杂的人格判断不能和发生在作品里的真正审美判断相混淆。"最著名最复杂的图画和最不起眼的蔓草纠缠的阿拉伯式花纹，最伟大和最渺小的诗篇在这方面都是完全相同的：真正的艺术作品取决于完善的程

① 《美学讲座》，第 608 页。

② 同上书，第 684-686 页。

③ 同上书，第 191-196 页，参看第 364-365 页。

度，以此，外部的程度符合内在的程度”。[①]

施莱尔马赫拒绝了席勒的学说，因为他觉得使艺术成为游戏的学说和生活的严肃性是对立的：这是商人的看法，他们只把买卖看成是严肃的。艺术活动是人类普遍性的活动，一个没有艺术活动的人是不可理解的：尽管人与人在这方面的区别是很大的，因为人是从鉴赏艺术的简单希望出发来达到实际鉴赏的，再从这里往上，一直达到创造者的天才。[②]

艺术和语言　艺术家采用的工具就其本质而言不是通过个体的而是通过普遍性的工具而形成的；语言就是具有普遍性的工具。但诗应从语言——它是普遍性的——中抽出个体性来，不要给它的创造品提出个体性和普遍性（科学的真正形式）相冲突的形式。语言有两个要素，音乐的和逻辑的；诗人应使用前者并迫使后者引出个体性的形象来。说实在的，和纯科学相比，正像和个体性的形象相比一样，语言乃是某种无理性的东西。思辨和诗尽管都使用语言，但两者的倾向是对立的：前者企图使语言靠近数学定理，后者却靠近形象（*Bild*）。[③]

施莱尔马赫的缺点　这就是施莱尔马赫的美学思想的梗概（我们暂时留下很多著名的、特殊的理论于合适的地方再谈）。现在，我们可以做出结论和给他的概念做一下总结了，以考察他的缺点和不足：1）尽管他为挽救艺术的个体性和使理念或典型成为根本多余的东西，尽管在使用它们时他是谨慎和有节制的，但并没有

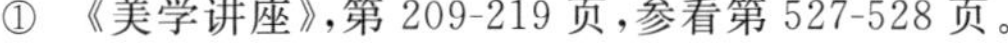

① 《美学讲座》，第 209-219 页，参看第 527-528 页。

② 同上书，第 98-111 页。

③ 同上书，第 635-648 页。

完全排除理念和典型；2)这里和那里还存在着抽象的形式主义的一定残余，它并未被战胜，也未获得解决；[①]3)作为差异性活动的艺术定义，只调和但并未使个体差异性成为个体性总和的差异性来摧毁民族的差异性，一个对艺术史的较深刻理解、一个对鉴赏不同民族和时代的艺术的可能性的承认、一个艺术再创造阶段的较仔细的研究和科学与艺术关系的同样的考察，本应使施莱尔马赫解释的差异性成为经验的和可超越过的，尽管他指出他坚持艺术和科学不同的明显特点(和普遍性相比的个体性)；4)审美活动和语言活动仍是分开的，他没能使这个活动和那个活动成为任何哲学、历史、科学的进一步研究的条件和基础，使它们同一起来。关于艺术的要素——它构成历史的叙述；关于语言——它不应被视为表现的抽象工具的整体，而应被视为表现的活动；人们觉得，施莱尔马赫并没有明确的观念。

施莱尔马赫对美学的功绩　这些缺点和不确定性可能归于一个较少推敲的形式，而他的仍未完全成熟的立意却以这个形式向我们表达出来了。但是，如果我们把这些缺点放到一边，只指出他的大量功绩，那么，我们只要大略重复一下前文提及的两位史学家(齐默尔曼和哈特曼)对他的非难就行了。施莱尔马赫排除了具有至上命令特点的美学；区别了有别于逻辑思维的另一种思维形式；赋予了这门科学非形而上学的、单纯人类学的品格；他否定美的概念，用艺术的完善来代替它，甚至断言，在一件渺小的和一件伟大的艺术作品之间存在着审美的等值性，这是由于每一件艺术

① 《美学讲座》，第 467 页以后。

作品在它的领域内都是完善的；他把审美事实看成是人独有的一种创造力；等等。（对他的）批判好像是谴责，其实是赞扬。在齐默尔曼和哈特曼的头脑中是批评，对我们来说却是赞扬。在他那个时代的形而上学的纵情狂闹中，"神学家"施莱尔马赫，作为敏锐的哲学家，用眼睛盯住了那些真正具有审美事实的东西并区分了它们的特点和关系；虽然他未能看清和游离于不定之间，但却从未沉浸在胡思乱想的研究里。他指直接意识的晦暗区域为审美事实的区域，几乎等于向他同时代的离题太远者重复了这样一句古老的格言：此地就是罗得岛，请跳吧（*Hic Rhodus*，*hic Salta*）*。

* 古希腊格言。某人说他在罗得岛跳得特别远，听者有人说道，假如此地就是罗得岛，请你跳跳试试。——译者

第十二章　语言哲学：洪堡德和施泰因塔尔

语言学的进步　正当施莱尔马赫沉思艺术本性的时候，在德国出现了一个较强烈的、企图根本改变旧语言学概念的思想运动。这个运动本应给美学科学带来卓有成效的帮助，但语言学的新哲学家们，作为特殊的美学家，却没有任何这样的想法，他们没有把他们的研究同美学问题联系起来，以至于他们的概念局限在语言学狭小的范围之内，失去了生命力，逐渐枯萎了。

19 世纪初的语言学思辨　《纯粹理性批判》对思维和语言、逻辑的唯一性和语言的多样性之间的研究有过一些推动；早期的康德主义者也不止一次地企图把语言归于直觉（时间和空间）和知性的范畴。最早的这种企图是 1795 年随着洛慈（Roth）一起出现的，[①]此人于二十年后还著有一部专著，《纯粹语言学》。随后，在 19 世纪的头十年间，法特（Vater）、本哈迪（Bernhardi）、雷因贝克（Beinbeck）和科赫（Koch）也写了一些有关这方面的杰出著作。在这些论述中，占统治地位的概念是一个语言和所有语言的区别，

① 《对赫尔墨斯的批判或关于人类语言的理性概念之哲学探讨和一般语言学》，法兰克福和莱比锡，1795。

是与逻辑学相符的一般语言和被情感、幻想或被其他人称为差异化的心理要素干扰的具体的历史的诸语言之间的区别。法特区别了包含在判断里的概念分析而先天构成的一般语言学(allgemeine Sprachlehre)和通过对很多语言的研究寻求引入盖然性规则的比较语言学(*vergleichende Sprachlehre*)。本哈迪把语言视为"知性的寓言",他是根据诗的工具和科学工具的作用来区别语言的。雷因贝克论证过美学的语法学和逻辑学的语法学。科赫比其他人更毅然地认为:语言的特征"不应与逻辑学而应与心理学有关"[1]。还有一些哲学家关于语言和神话也进行了思辨:如谢林,他认为语言是先人类意识(*vormenschliche Bewustsein*)的创造品,并把语言形象地比喻为从有限中的无限那里导向自我的魔鬼的暗示。[2]

洪堡德:知性主义的残余　洪堡德(Guglielmo di Humboldt)是那时产生的伟大的德国语言学家,但说实在的,他也没有完全从逻辑思维和语言之间存在着本质上的一致性和纯粹历史的、偶然的不同性的偏见中解脱出来。他的1836年的光辉著作,《论人类语言结构的差异》[3],假设出根据不同民族的语言或知性能力变成和分化成很多特殊语言的一个完善的语言观念。他说:"讲话的素质在人那里是一般的素质,每个人都应带有理解所有语言的钥匙;所以,所有语言的形式在语言上都是同一的和总是应达到一般目的

① 关于这些作家的资料来源,请参见拉埃韦(Laewe):《一般语法的批评史》;波特(Pott):《给洪堡德写的前言》,第171-212页;本费(Benfey):《语言学史》,引言。

② 《论神话学的哲学》;参见施泰因塔尔:《语言起源》,第81-89页。

③ 《论人类语言结构的差异》,死后发表的(第2版由波特校刊,柏林,1880)。

的。差异只存在于方法里，存在于目的实现所容许的界限里。”但是，和语言的形式相比，或更确切地说，和语言意义有着那个确定语言的一些形式的观念相比，这个差异还是实际的差异，它不仅存在于声音里，还存在于使声音变成语言意义的使用里。“单就语言学的意义来讲，所有的语言都纯粹是形式的，所以它们本应有着一致性；在所有的语言中，语言学的意义应要求一个同样正确和合法的结构，这个结构是能够在所有语言中的任何一个语言那里出现的。但事实上，事情发生的却不尽其然，这部分归于声音的再作用，部分归于在现象现实中语言的同样的内部意义取个体形态的原因。”语言的力量“并非在任何地方都一样，也并非在任何地方都能表明相同的强度、生动和规则；思维象征型处理的同样倾向和由声音的丰富及和谐产生的同样的愉快也并非总能帮助它”。在这里，应依靠的是人类语言结构中差异性的原因，在语言中正像在民族文明的所有其他方面一样，差异的原因应被表示出来。可是，在研究语言时，“应揭示出所有能被想到的形式中更好地和语言目的相吻合的一个形式”，更靠近语言的理想；“真实存在的语言的优缺点应根据它们远离还是靠近那个理想而被评判”。洪堡德认为，梵语比所有其他语言更靠近这样的理想，所以，它能成为比较项。除汉语自属一类外，他认为可以把语言的各种形式分为曲折的（词尾变化的）、黏着的和合成的（多式综合语的），这是在任何一个现实的语言中都可找到的以不同比例被混合起来的类型。[①] 根据动词被处理的方式，低级的和高级的语言、无形式的和形式化的语言之

① 《论人类语言结构的差异》，第 308-310 页。

划分也可追溯到他那里。洪堡德也未能从和第一个偏见结合在一起的偏见中完全解脱出来，这个偏见是：语言存在于个体的讲话者之前，是从他那里分开的、独立于他的某种客观的东西，语言一经使用，才有生命。

语言作为活动。内部形式　但洪堡德和洪堡德也在争斗着：他的著作除了有许多陈词滥调外，也有一个大胆的和全新的语言概念。当然，也正是如此，他的作品才包含着矛盾、犹豫和近乎困惑的东西，这些都以特别的方式表示了出来，即使在文字上也是如此，这些都使他的文字晦涩难懂。洪堡德身上的新人反对那个旧人时说："不要把语言视为死的产品，而应视为创造……，在语言的现实里，语言在每一时刻都是某种继续的、暂时的东西。即使通过文字的保存也是像木乃伊一样的不完善的保存，在这里，它必须使活的讲话成为易感受的。语言不是作品，而是活动……，是不断重复于外的、使有节的音调成为思维表现的心灵的工作"。语言就是讲话。"真正的语言就是用连接起来的词语创造语言的同一行为，在企图深入到语言的活的本质的研究中，这个行为应被作为第一个和真正的行为来加以考虑。把语言破碎成词和规则是科学分析的人为的死亡"。[①] 语言不是由于外部交流的需要而形成的某种东西，而是从知识和寻求事物直觉的完全内部的需要那里产生出的某种东西。"即使在它的开始阶段，它也完全是人类的，无意扩展到感性认识和内心劳作的所有对象上去……。言语是从胸中无强制地、无意象地、自然地冒出来的：没有任何沙漠中的游牧民族没有

① 《论人类语言结构的差异》，第54-56页。

自己的歌曲。人类作为动物的属类，是歌曲的创造者，他把思维同声调结合起来”。[①] 这个新人使洪堡德发现了逻辑—普遍语法的作者们从未曾发现的一个事实，语言的内部形式(inner Sprachform)，它既非逻辑的概念，也非身体的声音，而是人们对事物的主观见解，是幻想和情感的产品，是概念的个体化。把语言的内部形式同身体的声音结合起来是内部综合的作品。“在这里比在它的任何其他部分，语言在其进展的较深刻的、难以表明的方式上都更类似于艺术。雕刻家和画家也是把观念结合到材料里的，他们的作品成功与否，也是根据这个结合、这个内心的深入来判断它是真正天才的作品还是靠雕刀和画笔把被割裂的观念艰难痛苦地复写到材料上的。”[②]

在洪堡德那里的语言和艺术　虽然在洪堡德那里，艺术家的程序和讲话的人的程序由于类比总是能够比较的，但并没有像应该的那样真正地等同起来。一方面，由于他过分片面地强调把言语视为思维(逻辑的)发展的工具；另一方面，他的美学观念还是含混不清的和不总是确定的；这些都妨碍他发现两者的同一性。洪堡德写有两部主要的美学著作。《论男性美和女性美》(1795)似乎受了文克尔曼的影响；他改造了文克尔曼的美和表情的对立，提出了性的特殊品格会减弱人的美，只有战胜了性的差异，人的美才能被肯定下来。另一部著作是受歌德的《赫尔曼和多萝特》[*] 的影响而写成的；它给艺术下的定义是：“通过想象的自然的表象，美的表

① 《论人类语言结构的差异》，第 25、73-74、79 页。

② 同上书，第 105-118 页。

* 歌德 1795 年写的诗剧。——译者

象,所以它正是想象力的作品”,是被带到较高领域的自然的改造。诗人从语言、抽象的内容那里挖掘出意象来。[①] 在洪堡德的语言学论述里,他企图用哲学的方法,而不是用自由的(断音的)和连结的、完全句和韵律句的语言之经验区分区别了诗和散文这两个概念。“诗在它的感性显现里表现真实,这个真实是外在地和内在地被感到的真实;但诗并不关心那个使诗成为真实的东西,甚至从自身那里推拒这个特点。诗把感性显现呈现给想象力,通过它,才达到一个艺术理想的整体的沉思。相反,散文却在真实中寻求粘贴在存在之上的根和它同这个存在连接起来的丝线;所以,散文用理性的方式以事实绳结事实,以概念绳结概念,倾向在一个观念里它们的客观结合”。[②] 诗先于散文,在散文产生之前,以诗培育心灵是必要的。[③] 但是,除了这些深刻的理解之外,洪堡德还把诗人视为语言的完善者,认为诗只属于某些特殊的阶段;[④]这就使人怀疑他并没有清楚地认识到或坚定地保持这样的看法:语言总是诗,散文(科学)不是审美形式的而是内容的特质,或更确切地是逻辑形式的特质。

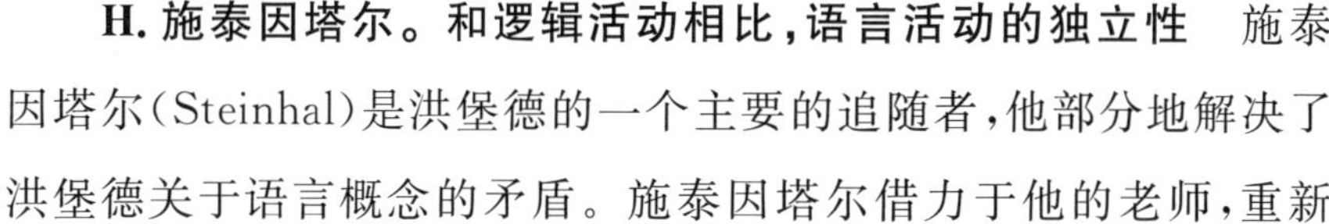

H. 施泰因塔尔。和逻辑活动相比,语言活动的独立性　施泰因塔尔(Steinhal)是洪堡德的一个主要的追随者,他部分地解决了洪堡德关于语言概念的矛盾。施泰因塔尔借力于他的老师,重新

① 见齐默尔曼:《美学史》,第 533-544 页。

② 《论人类语言结构的差异》,第 236-238 页。

③ 同上书,第 239-240 页。

④ 同上书,第 205-206 页,第 547 页和综合摘引。

抓住了语言不属于逻辑学而属于心理学的命题，[①]于1855年同黑格尔主义者贝克尔(Bercker)，《语言的有机体》的作者，语言学后期的逻辑论者之一——此人认为从十二个基本概念可全部推论出梵语的材料——进行了一场出色的论战。施泰因塔尔断言，没有言语就不能思维是不真实的：想想以符号(手势)思维的聋哑人，以公式思维的数学家吧；在一些语言中，如汉语，象形部分对思维之不可缺少的程度与表音部分相比，如果不是更大，那也是同样的。[②] 在这里，他肯定已经超越了符号的范围，但并未真正确立和逻辑思维相比较的表现的自主性；因为他所援引的例子表明，如果能够没有言语而思维，却不能没有表现(广义的言语)而思维。[③]可后来，他又实际表明，概念和言语、逻辑判断和句子是不能比较的。句子不是判断，而是一个判断的呈现(Darstellung)；但并非所有句子都呈现逻辑判断。一些判断可以在唯一的一个句子里表现出来。判断的逻辑分类(概念的关系)在句子的语法分类中找不到相符性。“句子的逻辑形式是矛盾，这个矛盾不低于角对圆、周长对三角形的矛盾”。讲话的人正因为是在讲话，他没有思维，而有语言。[④]

语言的本质和起源问题的一致性 这样，在语言从逻辑学的任何制约中解放出来和在这样的原则——语言完全自主地创造了它的有别于逻辑学的形式[⑤]——多次被严肃地肯定下来及把洪堡

① 《语法、逻辑学和心理学，它们的原理和相互关系》，柏林，1855。

② 同上书，第153-158页。

③ 参见克罗齐《美学原理》，第3章。

④ 《语法、逻辑学和心理学，它们的原理和相互关系》，第183-195页。

⑤ 《心理学和语言科学概念》(第2版，柏林，1881)，第62页。

德的理论从波尔—罗亚尔的逻辑语法的残留物中净化出来之后，施泰因塔尔研究了语言的起源。他和他的老师同样认为：语言起源问题就是语言本性问题，就是它的心理学创生问题，或说得更确切些，是语言在心灵的进展中所取的位置问题。“至于语言，不存在最初的创造（Urschöpfung）和日常重复的那个创造的区别”。[①]语言属于反映运动的广泛类别；但反映运动只能标指它的一个方面，不能标指语言的真正属性。动物也有反映运动，但作为人还有感知。在动物那里，感官是“广阔的门，通过它，外部自然界突然跃入它的灵魂，并用这种力量征服动物的灵魂，使动物失去独立性和自由运动”。相反，在人那里是能产生语言的，因为人是自然的对立（抵抗），是自己身体的主宰者，是自由：“语言是解放，今日我们仍能感到，当我们讲话时，我们的心灵能从重压下解放出来和得到宽慰”。人在直接的先于语言创造的环境中，应被理解为“用最活跃的方式，以身体的运动、摹仿的态式、手势，特别是用声调、有节奏的声调，他的心灵接受到的所有感知和直觉的陪伴者”。为了能讲话，他还缺少什么呢？缺少一样东西，然而是一样最重要的东西：身体的反映运动和心灵兴奋的有意识的结合。如果感觉已经是意识的话，那他还缺少意识的意识；如果感觉的意识是直觉的话，那他还缺少直觉的直觉；总而言之，他缺少语言的内部形式、言语和这个形式的结合。人不选择声音：声音已提供给他了，由于必然，他本能地、无目的地、非人为地采用了它。[②]

① 《语法、逻辑学和心理学，它们的原理和相互关系》，第231页。

② 同上书，第285、292、295-306页。

施泰因塔尔关于艺术的错误观念:语言学和美学并未结合 这里不是个别地考察施泰因塔尔整个理论的地方,作者经历过的不同阶段并不都是进步的,特别是在他和拉扎鲁施(Lazarus)在精神上的合作结合起来之后;他们培育了民族心理学(*Vörkerpsychologie*),并把语言视为民族心理学的一部分。[①] 但他赋予了洪堡德的观念以连贯性,清楚地分开了——开始时并未这样——语言活动和逻辑思维,这个大功劳还是要承认的;同时也要注意,施泰因塔尔并未提出语言的内部形式(他所说的直觉的直觉或统觉)和审美幻想的同一性。对于这样的同一性,他所依靠的赫尔巴特的心理学也未能给他提供任何支持。赫尔巴特及其追随者们把逻辑学作为规范科学从心理学那里分离出来,但并没有明确地区分情感和精神的构成、心理和精神的真正关系,也未能看出这种精神构成中的一个已经是逻辑思维了:是非外在规则抄写的活动。他们给美学派什么用场,现在我们业已知道:美学对他们来说,是美的形式关系的抄写。在这些学说的影响下,施泰因塔尔视艺术为思维的美化,视语言学为讲话的科学,视修辞学或美学为有别于语言学的东西,因为语言学是讲得好或很好地讲话的科学。[②] "诗学和修辞学(他在很多论著中的一篇中说)不同于语言学。在形成语言学之前,应探讨其他更重要的东西。所以,那些学说只包括语言学的一部分,即造句法的最后部分。但造句法有着根本不同于修辞学和诗学的特点:造句法只注重语言的正确无误(*Richtigkeit*),修辞学和诗学却

① 施泰因塔尔:《语言起源》(第4版,柏林1888);拉扎鲁施:《论精神的生命》,1856(柏林,1876-1878);参见1861年以后由两人领导的《民族心理学和语言科学的杂志》。

② 《语法、逻辑学和心理学,它们的原理和相互关系》,第139-140、146页。

研究表现美和贴切(*Schonheit oder Angemessenheit des Ausdruncks*):造句法只有语法原则,修辞学和诗学还应研究语言之外的东西,如演说家的剪裁配置。说得更清楚些,造句法对于文体学就像元音数量的语法研究对于音韵学一样。"[①]——讲话总是意味着讲得好或很好地讲,因为讲得不好或不能很好地讲话不是真正地讲话。[②]被洪堡德开创的语言学概念的根本更新应在更精细的学科即诗学、修辞学和美学那里引起反响,并应在改造它们的过程中统一它们;但施泰因塔尔从未想到这一点。因此,尽管付出了许多代价,做了许多精细的分析,但语言和诗的统一,语言科学和诗的科学的统一,语言学和美学的等值性仍未取得完整的形式,有如詹巴蒂斯达·维柯的名言所预见的那样。

① 《语言学和心理学概论》,第 34-35 页。

② 参见克罗齐《美学原理》,第 5 章。

第十三章　次要的德国美学家

形而上学学派的次要的美学家　从思考有序和严肃的思想家施莱尔马赫、洪堡德、施泰因塔尔的著作回到19世纪中叶以后连篇累牍的谢林的和黑格尔学派的著作是令人厌烦的。从澄清思想的科学转到摇摆于胡思乱想和喋喋不休的言词、令人晕眩的空洞公式及以它们的狂热来赢得门徒和读者的、并不总是纯正的企图也是令人厌烦的，甚至是倒胃口的。

克劳泽、特兰多尔夫、韦塞和其他人　用克劳泽(Krause)、特兰多尔夫(Trahndorff)、韦塞(Weisse)、多伊廷格尔(Deutinger)、奥埃尔斯特(Oersted)、蔡辛格(Zeising)、埃卡尔特(Eckardt)和其他教科书和体系的炮制者的理论来塞满美学通史(当然，美学也应考虑到离开真理的偏差，但这只是方向和时代表现出的那部分)会有什么益处呢？这些人中间没有任何一人在他们诞生的德国之外产生影响(克劳泽除外，他的理论传到了西班牙)，所以，尽可以听凭他们的同胞记得或忘掉他们。人文主义者、自由思想家、通神论者克劳泽认为：[①]一切都是有机体，一切都是美，美是有机体，有机体是美，存在，即上帝、一、自由和完整，自由和完整是美。只存在

① 《美学概要》，死后发表的，1837；《美学讲座》(1828-1829)，1882，死后发表的。

一个艺术家，上帝；只存在着唯一的艺术，神的艺术。有限性是神性或是在有限中显现的和神性的类似。美把理性、知性和幻想以适合于它们规则的方式置于游戏之中，它给心灵带来快感和没有利害关系的偏好。——特兰多尔夫[①]描述了个人寻求抓住实体和宇宙形式的不同程度(感觉、直觉、反思和预感的程度)，指出简单的理论认识是不充分的，所以意志力要和必然结合起来，意志力有能力(Konnen)在望、信、爱三个程度里置美于最高程度即爱里，因为美是理解自身的爱。——基督教徒韦塞[②]像特兰多尔夫一样，企图调和基督教的上帝和黑格尔的哲学：他认为审美观念高于逻辑观念，它导向宗教和上帝；美的观念存在于感性世界之外，是美的概念的现实，就像神性的观念是绝对的美一样，所以，美的观念只能在爱里寻求。——天主教神学家多伊廷格尔[③]也提出了相同的调和，他认为美产生于能力(Können)，产生于和那些认识真、行使善的活动相平行的活动；但它有别于认识，因为它是感受的，是从里至外在运动中被展现出来的，它把握住材料并在材料之上打下了人性的印记。一个观念的内在直觉，理念；一个可给予形式的外部材料；使内部、外部、可见的、不可见的东西渗透的能力就是美。——奥埃尔斯特(丹麦著名的自然主义者，他的作品被译成德文，在那时的德国曾广为流行)认为，[④]美是在主观沉思阶段中的

① 《美学》，柏林，1827。

② 《美学》，莱比锡，1830；《美学体系》，死后发表的，莱比锡，1872。

③ 《艺术论》，拉蒂斯邦，1845-1846(《实证哲学的轮廓》，第 4 卷和第 5 卷)。

④ 《论自然界中的精神》，1850-1851；《论自然界中的精神的新论文》，死后发表的，1855。

客观理念:被表象在诸事物里的理念就像理念揭示给直觉的一样。——蔡辛格[①]一方面回到沉思黄金分割的神秘,一方面对美也进行了思辨。他认为美是理念三形式——在客观和主观那里被说明的理念,直觉的理念,在世界中显现的和被精神直观地理解的绝对——中的一个形式。埃卡尔特[②]想构成一个有神论的美学,其目的是避免自然神论单方面的超验,就像避免泛神论单方面的内在一样,他提出要开创有神论的美学,但不是从沉思者的情感、艺术作品、美的观念、艺术概念,而是从创造精、美的最初源泉、艺术家那里开创它;因为,如果不追溯到最高的创造天才——上帝那里,那么,创造的艺术家就不会被理解;所以,需要一个世界艺术家(上帝)的心理学(eine psychologie des Weltkiinstlers)。

费舍尔 如果数量的范畴和质量的范畴一样,具有某种价值的话,那就不能不详细提及一下伟大的、突出的德国美学家费舍尔(Federico Teodoro Vischer)。1837年,费舍尔发表了《论崇高和喜剧对美的哲学的贡献》一书[③]。从1846年至1857年他又出版了四巨卷的《作为美的科学的美学》[④],在此书中,他以几百个段落的篇幅、大量的论证和细微的观察集中了有关美学研究和不涉及美学、甚至不涉及可思维世界的丰富材料。他的这部作品分为三部分:研究不取决于在什么地方和怎样显现的自在美概念的美的

---

① 《美学研究》,法兰克福,1855。

② 《与泛神论的论证相对的美学单一神论的论证》,耶拿,1857;同一作者:《美学讲座》,1864-1865。

③ 《论崇高和喜剧对美的哲学的贡献》,斯图加特,1837。

④ 《作为美的科学的美学》,罗伊特林根(Reutlingen)-莱比锡和斯图加特,4卷3部分。

形而上学；考察显现的两个单方面形态的具体的美，即自然美和幻想美，一个缺少主观的存在、一个缺少客观的存在；最后是研究把两个阶段，即物理的和心理的、主观的和客观的阶段在艺术里结合起来的艺术理论。我们可以很快断言，费舍尔的审美活动的概念是什么：他的概念就是黑格尔的概念，但却更糟。对他来说，美既不属于理论活动也不属于实践活动，而是被置于一个无冲突领域里的、高于这种对立的东西；它和宗教、哲学一起存在于绝对精神之中。[①] 和黑格尔不同的是：费舍尔认为，在这个领域里，宗教占第一位，艺术占第二位，哲学占第三位。当时把棋盘上的这三个棋子，艺术、宗教、哲学以这种方式或那种方式来摆是一件很辛苦的事情。费舍尔指出，在这三个词，艺术、宗教、哲学的六种可能的组合中，已试过四种。谢林主张：哲学、宗教、艺术；黑格尔主张：艺术、宗教、哲学；韦塞主张：哲学、艺术、宗教；费舍尔主张：宗教、艺术、哲学。[②] 费舍尔[③]还转述了维尔特（Wirth）——一个伦理学体系的作者——的意见，[④]此人选择第五种组合法：宗教、哲学、艺术；因此，只有第六种组合——艺术、哲学、宗教——尚未采用和能被使用了；但还需要假设（这不是不可能的），也许哪个不为人所知的天才已思考过第六种组合，并已在他的某个体系中予以阐明。——不管怎样讲，根据绝对精神的形式，美是理念的显现，但理念不是作为抽象的概念，而是作为概念和现实的结合。作为属

① 《美学》，引言§2-§5。

② 哈特曼：《论康德以来的德国美学》，第 317 页注。

③ 《美学》，引言§5。

④ 《思辨伦理学体系》，海尔布隆（Heilbronn），1841-1842。

类的理念，任何属类的理念，就连最低程度的理念，作为理念整体的组成部分，都是美的；尽管理念的程度越高，理念美的程度就越大。[1] 最高的理念程度是人性："在这个精神的世界里，理念能实现它的真正意义。被称为伟大道德动力的理念像种类对于属类和个体一样，也靠近它们更窄小的区域，所以对它们可以使用属类的概念。"但道德的理念在所有的理念之前，"道德的和独立的目的的世界旨在给美提供最重要、最应得的内容"；此外，还要提醒，美在直觉中显现这个世界的同时，需要排除道德倾向的艺术。[2] 这样，费舍尔一会儿把黑格尔的理念降低为简单的等级概念，一会儿又靠近善的理念，一会儿又和他的老师一样，使它成为不同的、同时又是高于知性和道德的东西。

其他的方向　赫尔巴特的形式主义从一开始就很少被研究，更少被追随，只是通过格里彭克尔(Griepenkerl)的著作(1827)和博布里克(Bobrik)的著作(1834)，它才获得一些进展，赫尔巴特特有的一些简短解释才被使用。[3] 在施莱尔马赫的教材被整理成卷之前，这些教材已经引出了较为著名的史学家李特尔(Errico Ritter)的一系列高雅论述。[4] 但这些论述成绩颇微，因为李特尔并未强调他的老师的学说中较为重要的方面，而只是强调了社交性和审美生活的那些次要方面。居于从鲍姆嘉通到后期康德主义

① 《美学》，§15-§17。

② 同上书，§19-§24。

③ 格里彭克尔：《美学教程》，不伦斯威克，1827；博布里克：《美学的自由合约》，苏黎世，1834。

④ 《论美学原理》，基尔(Kiel)，1840。

者之间，差不多与李特尔同时代的另一位德国的精细的批评家但泽尔(Gugliemo Teodoro Danzer)，却合适地反对在艺术作品中寻求“思想”的要求。他写道：“艺术的思想，这个该诅咒的词组，已经判决了使艺术成为知性和理性思维的一整个时代的工作成了西绪福斯*的工作！一件艺术作品的思想，只是以某些方式被静观默想的东西：如人所说，它不是表象出的，而是艺术作品本身的艺术作品。艺术的思想是不能用概念和言词表示的。”①但他华年夭折，对美学科学和美学史所怀的美好愿望尽成泡影。

自然美的理论和美的转化的理论　后期的黑格尔主义者的美学之所以能在原则上被忆及，是因为在它们那里，两种理论，或说得更确切些，任意的和胡思乱想的论述的两种怪异的集合体，所谓自然美和美的转化说，取得了最高的进展。这两种理论中的任何一种和哲学的方向都没有内在的和必然的联系，它们和哲学的结合主要是由于心理学和历史的原因：由于从不真正是自然美的研究的一些表象的审美(幻想的)现实的品质中产生的混乱，由于学术的和文学的传统，人们习惯于探讨快感和痛感的那些情况，习惯于在论述艺术的同类书中探讨外在于美学的自然美。② 那些崇高的形而上学家常常是以粗心见长的，他们很容易在卑下的现实面前感到混乱，或多或少做着人们谈到的作曲大师帕伊谢洛(Paisiello)的工作，他作曲时，匆匆忙忙地甚至有时把歌剧脚本上

* 科林多之王，生前作恶多端，死后入地狱被罚推石上山，石又滚下，永远如此劳累不停，详见但丁《神曲》。——译者

① 《全集》，第216-221页。

② 参见克罗齐《美学原理》，第7章。

的附注也配了曲;在创立美学学说和辩证化的疯狂中,形而上学的学者们创立和辩证化了所有过去那些混乱的书目提供给他们的东西。

第一种理论的进展。赫尔德 事实上(从自然美的理论开始),关于自然美的物品之观察早已混杂在古代哲学家对美的研究里,特别明显地混杂到新柏拉图主义者和他们的中世纪及文艺复兴时期的追随者的神秘主义的流露里。① 不少这样的研究被放进了诗学的研究中:在《亚里士多德的望远镜》一书(1654)中,泰绍罗首先研究了聪慧,它不仅是人的也是上帝、天使、自然和动物的;其后(1707)穆拉托里也谈到了"材料"的美,"诸神、一朵花、太阳、小河"都可能成为这个美。② 关于艺术之外的和纯自然的物品之研究在科鲁沙和安德烈那里,特别是在18世纪关于美和艺术的高雅和经验的对话作者那里,③也都可以找到。如我们所知,在他们的影响下,康德把美的理论同艺术的理论分开了;自由美主要是指自然对象的和那些再现出自然美的人的创造品。④ 康德美学的论战者赫尔德在他的(1800)美学体系的略图中,把精神和自然、快感和价值、情感和知性统一起来的同时,大概已经赋予了自然美以很大的重要性。他断言,任何自然的物品都有着自身的美和自身的最高表现;所以,美的对象是被置于一个上升的阶梯之上的:从轮廓、颜色和声调,从光、声音到花朵、水、海洋、鸟、地上的动物到人。举

① 参见本书第2章。

② 《亚里士多德的望远镜》,第3章;《论完美的诗》,卷1,第6、8章。

③ 参见本书第4、7章。

④ 参见本书第8章。

例来说，鸟是“特质的整体，它的要素之完善，它的潜能之表象，是光、声和空气成就的造物”。地上动物中最丑的是最像人的动物，如忧郁和悲伤的猴子；最美的是那些有确定形式的、（肢体）安排得很好的、自由的、高贵的动物，那些表现出甜柔的动物；那些具有自然完善——这个完善是无损于人的完善的——的、幸运的与和谐生存的动物。[①] 相反，谢林否定自然美这个概念，认为自然美纯粹是偶然的，为了发现和评价它，只有艺术才能提供规范。[②] 佐尔格也排除自然美。[③] 在这个问题上，黑格尔是很奇怪的，不是因为他排除了自然美，而是因为他前后不一致：他在排除了自然美之后，却又大量论证了它。自然美是否存在，是否是由人把它引到物品的显现上，它是否构成了艺术美的低级和现实的程度，黑格尔并未说清。“艺术美（黑格尔说）高于自然美，它是精神产生和再生的美……，只有精神才是真实和现实的；所以，一切美只有涉及精神并从精神中产生出来时，才真正是美的。在这种意义上讲，自然美只是属于精神的那种美的反映，但它所反映的只是一种不完全、不完善的形态，而按照它的实体，这形态原已包含在精神里。”他还说，自然美尽管存在着，可是人们从未想到有系统地加以说明，只是以自然物品的效用观点说明了药用材料。[④] 但他在《美学》的第一部分第二章却又转向了自然美。为了达到艺术美的理念，根据它的整体，艺术美要经历三种程度：一般的美，自然美（它的差异面

① 《卡利贡涅》，第 1 章，第 55-90 页。

② 《先验唯心论体系》，第 6 部分，§2。

③ 《美学讲演录》，第 4 页。

④ 同上书，卷 1，第 4-5 页。

显示出艺术的必然）和理想。“理念的第一个存在是自然，第一种美就是自然美”。这个美对我们，不是对它本身，是这样的：它有着不同阶段，从概念沉浸到物质世界里——像在物理的事物和纯然机械的事实里那样——直至在物质世界里消失，直至物理的事实统一成体系（如太阳系）的最高阶段；但理念只有在有机体的事实和动物中才真正存在。动物本身就有美丑的差异。比如在动物中，艰苦爬行的树獭，它表明无力进行快的运动和活动，它的昏昏欲睡的懒惰使人生厌；也不能说两栖动物是美的，如某些鱼类，鳄鱼，蟾蜍等；某些昆虫的种类也不美，特别是过渡阶段的动物，它们是物种的混杂，如鸭獭就是鸟和四脚动物的混杂，它们更不美。[①] 在黑格尔的学说中，关于自然美（对于这个学说，上述的例证就已经够了），他还谈到了抽象形式永存的美：规则性、对称、和谐等类似的东西，即那些在赫尔巴特的形式主义里被捧上天的理念或美的概念。施莱尔马赫赞扬了黑格尔把自然美排除在美学之外的企图，他本人不只口头上，而是严肃地把自然美从他的美学中排除出去，在他的美学中，他只研究由人的精神力量形成的内心意象的艺术完善。[②] 可是和浪漫主义一起成长起来的自然的情感与亚历山大·洪堡德（Alessandro Humboldt）的《宇宙》[③]，还有其他著作，总是把人的注意力转向自然事实所引起的印象上。那些自然美的系统说明也被写了出来，如布拉特拉内（Bratraner）就著有《植物

① 《美学讲演录》，卷1，第148-180页。

② 同上书，引言。

③ 《自然之观察》，1808；《宇宙》，1845-58。

界的美学》[1]，这对黑格尔（尽管他本人提供了样例）似乎是不可能的。

费舍尔的“美学的物理学”　较为著名的和为大家所知的论述归于费舍尔的著作。他遵循黑格尔的线索，如我们所知的一样，转向了美是客观存在的美学的一个分支，即自然美。他（可能是第一个人）给他的美学起了个特殊的名称，《美学的物理学》。这个美学的物理学包括无机自然界（光、热、空气、水、土）的美；有机自然界（如植物的四大部类、脊椎动物和无脊椎动物）的美；人的分为属类和历史的美：人的属类分为一般形式（年龄、性别、条件、爱情、婚姻、家庭）部分、特殊形式（种族、人民、文化、政治生活）部分及个体形式（气质、特性）部分，人的历史的美包括古代（东方、希腊、罗马）、中世纪或日耳曼主义和现代的；因为费舍尔说，美学有义务纵观世界历史并根据自由反对自然的斗争的不同事变来指出美的不同程度。[2]

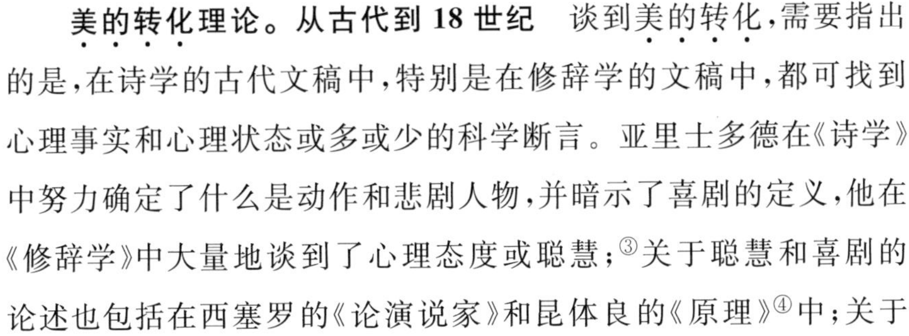

美的转化理论。从古代到18世纪　谈到美的转化，需要指出的是，在诗学的古代文稿中，特别是在修辞学的文稿中，都可找到心理事实和心理状态或多或少的科学断言。亚里士多德在《诗学》中努力确定了什么是动作和悲剧人物，并暗示了喜剧的定义，他在《修辞学》中大量地谈到了心理态度或聪慧；[3]关于聪慧和喜剧的论述也包括在西塞罗的《论演说家》和昆体良的《原理》[4]中；关于

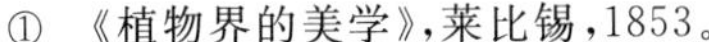

① 《植物界的美学》，莱比锡，1853。

② 《美学》，§341。

③ 《诗学》，5，13-14；《修辞学》，Ⅲ，10、18。

④ 《论演说家》，Ⅱ，54-71；《演说术原理》，Ⅵ，3。

崇高的风格，尽管凯西琉斯(Cecilio)的论述遗失了，可补偿的是朗吉努斯(Longino)的另一部著作，它的标题在现代被译为《论崇高风格》或《论崇高》。在16世纪和17世纪的作家那里，类似古人的这样混合一直在持续着；如在马泰奥·佩莱格里尼的《论聪慧》和泰绍罗的《亚里士多德的望远镜》里，就有关于喜剧的全面论述。拉布吕耶勒接触到了崇高，[①]布瓦洛以他的翻译使朗吉努斯的著作*重新流行起来。18世纪，柏克研究了美和崇高观念的起源——前者源于社交本能，后者源于自我保全——，并寻求给丑、秀美、优雅和外观明显的美下定义；霍姆在他的极为流行的《批评的要素》里，探讨过巨大、崇高、可笑、兴致情趣、威严和秀美，并把它们中的这些事实解释为混合的情感(这个观点后来得到莱辛和其他人的附和[②])；舒尔茨在他的美学字典里，收集了所有这些不同的概念，并把它们集中到一个丰富的书目摘要里。当时，"幽默"(humor)一词以新的特殊意义从英国传到了大陆，这个词最早只是简单地指"脾气"、还指"兴致"和"滑稽"(在意大利，指"美的幽默"，17世纪时，在罗马还出现过幽默者学会)。伏尔泰把这个词引进法国，他在1761年写道："一个人在不知不觉中流露出的这种取笑的话、这种真正的喜剧性、这种欢乐、这种文雅的风度、这种令人喷饭捧腹的言词，对这种东西，英国有一个专用的词来表达：幽默。"[③]莱辛把幽默同

① 《论特征》，I。

* 指《论崇高》。——译者

② 见莱辛：《汉堡剧评》，74，75。

③ 《给奥里维特方丈的信》，1761年8月20日(引文为法文)。

德国人的 Laune[诙谐]区分开来,[1]赫尔德紧紧抓住这个区分来反对把这二个词混淆起来的李特尔[2]。——这些同时在类似的书中找到的东西,从一开始,哲学家们就对它们进行了哲学的推理,但并没有想到给它们引进一个逻辑必然性的巧妙联系。事实上,康德受柏克影响,在 1764 年就已经讨论过美和崇高,在逻辑学的讲课(1771)中,他简单地指出,美和审美并不是同一的,因为"崇高也属于美学";[3]在《判断力批判》里,他只是在一旁涉(他最佳的心理分析之一)中论述过喜剧;[4]他把"崇高"的分析直接放在"美的分析"之旁,好像它们是一样似的。[5] 在这里,应提醒一下这个转变,在康德的第三批判发表之前,海登赖希就已经完成了同样的崇高说,它包括了康德的这个学说。[6] 难道康德从未想到把美和崇高真正融合在一起,并从唯一的一个概念去推论它们吗?他似乎并未想到这一点。当康德宣称美的原则应从我们之外寻求、崇高的原则应从我们心中寻求时,他就默认了这两个概念的根本不同。较晚,谢林主义者阿斯特才断言超越康德的美和崇高的二元论的必要性;[7]其他人责备康德不是以形而上学的方法,而是以心理学的方法来探讨喜剧。关于喜剧、伤感、朴素、崇高、忧伤、平庸、卑微、威严、秀美和它们的多样性,关于吸引人的、庄严的、严肃的,席勒有一系列论述。

① 《汉堡剧评》,93;见《全集》,已引用的版本,卷 12,第 170-171 页注。

② 《批评之林》;见《全集》,已引用的版本,卷 4,第 182-186 页。

③ 见已引用的施拉普的著作,第 55 页。

④ 《判断力批判》,§54。

⑤ 同上书,卷 2,§23-§29。

⑥ 《美学体系》,前言,第 34 页注。

⑦ 《艺术学说的体系》;参看已引用的哈特曼的著作,第 387 页。

另一个艺术家让·保罗·李希特也大量论证过兴致和幽默，他称它们为“浪漫的喜剧性”，“反面的崇高”（*umgekehrte Erhabene*）。[①]

根据形式主义的原则，赫尔巴特宣称，所有这些概念都外在于美学，他把它们归于艺术作品，而不是归于纯粹美。[②] 施莱尔马赫以更坚实的道理，靠他对艺术的健全理解，也把它们从他的美学中排除出去。施莱尔马赫指出："美和崇高一般是作为艺术完善的两个属类被提出来的，人们越是习惯于这两个概念的统一，就越要尽力让人相信它们很少是能被调和的，就像让人们相信它们对艺术完善的概念不是决定性的一样”。他抱怨说，就连最优秀的美学家对此也未说清，而是进行了夸大其词的评述，“事情没有任何正确性”（*keine Richtigkeit*）；所以，像排除自然美一样，他也把这第二位的材料从他的美学中排除出去。[③] 但其他的哲学家却坚持这些概念的统一，并求助于辩证的思维。当时所有的人都染上了用在经验概念上的辩证法，当求助“在规则中迷失是为了重新找到规则”[④]的公式来解释美中各种观念的统一时，甚至能在辩证法的大敌赫尔巴特那里，找出一些东西来。谢林说，崇高是在有限中的无限，美是在无限中的有限；他又说，崇高在它的绝对中理解美，美在绝对中理解崇高。[⑤] 上面提到的阿斯特也谈过阳性的、正面的因素，崇高和阴性的、反面的因素，秀美或愉快；谈到了它们之间的冲

---

① 《美学讲座》，第 6-9 章。

② 参见本书第 10 章。

③ 《美学讲座》，第 204 页以后。

④ 参见齐默尔曼《美学史》，第 788 页。

⑤ 《论康德哲学》，§65-§66。

突和斗争。体系化和辩证化一直在不断发展着，到了 19 世纪中叶，它们取得了两种稍许不同的形式，这是值得叙述一下的。

这个理论的两种形式。丑的被征服。佐尔格、韦塞和其他人 第一种形式可称为丑的被征服。崇高、喜剧、悲剧、幽默都是由丑发动的一场反对美的战争，并且美战胜了丑才产生出来的；正是由于这场冲突，美才总是上升为更高更复杂的表现。第二种形式是从抽象到具体的过渡：如果美不具体化为喜剧、悲剧、崇高、幽默或具体化为它的转化中的另一个转化物，那么，美就不会从抽象中脱离出来。第一种形式可在浪漫主义的“滑稽说”的倡导者佐尔格那里，找到足够的解答；但它的历史前提却是施莱格尔首先草创的丑的美学理论（1797）。众所周知，对施莱格尔来说，现代的艺术原理不再是美，而是特征和利害关系；所以，他重视热辣的、印象深刻的（*frappant*）、冒险的、凶恶和丑的东西。[①] 在这样的基础上，佐尔格探求了他自己的辩证的构成：如果有限和尘世的要素在神的要素中能被解体和消失，就产生悲剧；如果神的要素完全被尘世的要素侵蚀掉，就产生喜剧。[②] 在佐尔格之后，韦塞（1830）和鲁格（1837）继续在这条路上前进。韦塞认为，丑是在崇高和喜剧的东西中被征服的“美的直接存在”。鲁格（Ruge）认为，崇高是从靠近得到理念或从理念寻求自身的努力中产生的；丑是从这个寻求中没有找到反而失去理念的努力中产生的；喜剧是从再次获得自身的理念和从丑那里产生的新的生命[③]。罗森克兰茨（Rosenkranz）

① 参见哈特曼：《论康德以来的德国美学》，第 363-364 页。

② 《美学讲座》，第 85 页。

③ 《美学新讲座》，哈勒，1837。

写了整整一部《丑的美学》(1853)[①],他把这个概念(丑)表现为美和喜剧的中间物,他从这个概念的开始一直到它的“完善的种类”——它被称为撒旦——都研究了。他从一般的(*gemeine*)丑,小弱低和从低的亚类,一般的低、根本的低、随意的低、粗糙不成形的低出发,转向描写令人憎恶的丑——它三分为呆、死或空、恐怖;恐怖的三分为荒谬的、令人恶心的、恶的;恶的三分为犯罪的、幽灵的、魔鬼的;魔鬼的三分为附魔的、巫婆的、撒旦的。他反对一般的理解:在艺术中丑是为反衬美的。他解释说,丑的引进是由于艺术在它的整体中表现理念显现的需要。可相反,他又断言,丑不能在美的同一条腿上找到,如果美能单独站立,丑却不能,丑应总是在美那里反映出自己来。[②]

从抽象到具体的过渡。费舍尔 第二种形式是与费舍尔的著作一起流行起来的。“理念(他说,这等于它构成的证明)从它与形象融合在一起的无冲突的统一中挣脱出来,在有限的形象面前进一步确立了自身的无限”;这个挣脱和超越就是崇高。“但美要为打乱的和谐要求全面的补偿:形象被侵犯的权力应重新被确立起来,这只有通过一个新的矛盾才能发生,即通过否定的(相反的)位置才能发生:形象抓住了理念,它抗拒和理念的相互渗透,它是作为没有理念的整体的自我确定”;这第二个阶段就是喜剧,它是否定之否定。[③] ——同样的过程在策依辛格那里表现得更为丰富和复杂。他把美的转化比为颜色的屈折:美的三种主要转化,崇高、

① 罗森克兰茨:《丑的美学》,哥尼斯堡,1853。

② 《丑的美学》,第36-40页。

③ 《美学》,§83-§84,§154-§155。

引人、幽默，符合三种主要的颜色，紫罗兰色、橘黄色、绿色；三种次要的转化，纯粹美、喜剧、悲剧，符合红黄蓝三色。这六种转化中的任何一种转化品(和罗森克兰茨的丑的程度一样)又像焰火一样爆出三支火箭：纯粹美为装潢的、高贵的和令人愉快的；引人的为秀美的、感兴趣的和刺激的；喜剧为可笑、好玩和戏谑的；幽默的为巴洛可式的、诙谐的和忧伤的；悲剧为动人的、悲伤的和附魔的；崇高的为光荣的、庄严的和伟大的。①

"纯粹美骑士的传说"　那时，美学的所有书籍都充斥着这样的传说，"纯粹美骑士"的歌(*Chanson*)或传奇(*roman*)及他的奇特历险。对这些历险有两种说法。一种是：由于丑，魔鬼靡菲斯特的引诱，"纯粹美骑士"被迫挣脱他所喜爱的闲散，经历了一系列险恶的历程，但他总是从那里胜利地离去，他的胜利和前进[他的马伦戈(Marengo)、奥斯特里茨(Austerlitz)和耶拿(Jena)]被称为崇高、喜剧和幽默。另一种解释是："纯粹美骑士"厌恶孤独的生活，为了消遣，他从自身那里寻求对手和敌人，并被他们所战胜；但在他被战胜时，他战胜了战胜者(*ferum victorem capit*)，他把他的敌人改造成自己，并让他们反射出他的光彩来。除了这类人为编造的神话、这个毫无真理的传说、这些文字的成品和这类平庸低下的胡扯之外，要想在德国美学家们精心炮制的美学——美的转化说中，找到任何其他东西，都将是徒劳的。

① 《美学研究》，第413页。

第十四章　19世纪上半叶法国、英国和意大利的美学

法国的美学运动。库申和儒弗鲁瓦　从18世纪最后二十五年至19世纪上半叶，德国思想的作品尽管含有一些使其逊色的错误——这些错误很快便引起了剧烈和过分的反对——，但就其整体而言，是颇堪重视的；它们理所当然地在欧洲思想的一般历史中和在美学的特殊历史中占据第一位，而使其他民族的哲学退居第二位、第三位和不重要的地位。19世纪初，法国仍是孔狄亚克感觉论的俘虏，根本无力阐明艺术的精神活动。卡特勒·德·昆西(Quadremére de Quincy)——在他的理论里有文克尔曼的抽象唯心主义的一些反映——在批判理想美的批判者、自然的摹仿说的倡导者埃梅尔·达维德(Emeric David)①时认为，就对象而言，素描艺术有着纯粹美而没有个人的特点，是抽象的而不是具体的哪个人的特点。② 一些感觉论者，如邦斯泰唐(Bonstettlen)，为明了生活和艺术中幻想的特殊进程也做了很多并未取得成果的努力。③ 法国大学的唯心主义(精神论)的追随者们一般把1818年，

① 达维德:《关于古人雕刻的艺术研究》，巴黎，1805(意文译本，佛罗伦萨，1857)。

② 德·昆西:《论美的艺术的摹仿》，1823。

③ 《关于自然和想象的规律之研究》，1807。

即维托里奥·库申(Vittorio Cousin)首先在巴黎大学举行论真善美讲座(其后,他用相同的标题把它整理成书,此书曾多次印刷[①])的那一年,视为法国美学革命和法国美学创建的开始。但库申的讲座只是拾了康德的一些牙慧,仍是很可怜的东西。他不承认美和愉快、效用的同一,而是以物质的、知性的和道德的美来代替美和愉快、效用的同一;他认为,在物质的、知性的和道德的美中,只有道德的美才是植根于上帝那里的理想美;艺术乃是表现理想美、无限和上帝的;天才是创造性的能力;鉴赏力是想象力、情感和理性的混合物。[②] 这些学院式的、华丽而空洞的句子在当时颇为流行。——儒弗鲁瓦(Teodoro Juoffroy)于 1822 年举行的、一开始听众很少的《美学讲座》较有价值(讲稿于他死后的 1843 年发表[③])。儒弗鲁瓦认为,在艺术中如同在自然中一样,存在着一个表现的美;一个从确实物那里产生的模特儿的摹仿的美;有着强化模特儿的一种特殊品质,并使这种特殊品质再现和成为更有意义的理想化的美;最后是一个可归于力量(物质的、感性的、知性的、道德的)的、并且作为力量唤起同情的、看不见的或内容的美。这个同情美的否定就是丑;崇高和秀美是同情美的转化品或属类。由此可见,儒弗鲁瓦在他的分析中既未能单独论述审美事实,也未能创造出科学的体系,只是关于词汇的用法提出了一些或多或少的解释。他并不知道也不真正理解,表现、摹仿和理想化都是一个东西:艺术活动。此外,他还有一些怪僻的观念,特别是对表现而

① 《论真善美》,1818,曾多次修改(第 23 版,巴黎,1881)。

② 同上书,第 6-8 讲。

③ 《美学讲座》,达米龙版,巴黎,1843。

言。他说，如果我们在路上看到一个带有明显征兆的醉鬼，在那里又看到一块不成形的石头；那么，我们会喜欢醉鬼，而不喜欢那块石头。因为前者有所表现，而后者却没有任何表现。——先撇开儒弗鲁瓦不谈，他的错误和不成熟的理论也表明了一种研究精神；现在我们趁便提及一下拉梅内(Lamennais)①。拉梅内与库申一样，视艺术为通过有限的无限的表现，通过相对的绝对的表现。以德·博纳尔德(De Bonaild)、德·巴朗特(De Barante)和史达尔(Stäel)夫人为代表的法国浪漫主义认为，文学是"社会的表现"；在德国的影响下，它推崇特征和怪诞，②用"为艺术而艺术"的公式宣布了艺术的独立性。但在哲学上讲，法国的浪漫主义用很少确定的或格言式的论断并没有超过老的"自然的摹仿说"。

英国的美学　在英国，联想心理学在继续着(在那里就从未间断过)；这个联想心理学无力从感觉论中摆脱出来，也无力理解幻想。杜加德-斯图尔特(Dugald-Stewart)用一种简单的方法确定了联想的两种形式：③偶然联想的形式和在人的本性中固有的、共同的因而也是所有人的联想的另一种形式。如人所知，英国也同样受德国的影响，如柯尔律治(Coleridge)便提出了诗的一个健康概念及诗与科学的区分④[与之为伍的有诗人华兹华斯(Wordworsh)]。卡莱尔(Carlyle)赞扬了知性之上的幻想，"神的器官"。那时英国最

① 《论艺术和美》，1843-1846。

② 雨果：《克伦威尔的序言》，1827。

③ 杜加德-斯图尔特：《人类精神哲学要素》，1837。

④ 盖莱-司各脱：《导论》，第305-306页。

著名的美学著作可能是雪莱(Sheller)的《为诗一辩》(1821)了。[①]关于理性和想象、散文和诗的区别,关于原始的语言和诗——它包括并保留了"最幸福、最优秀的灵魂处于最美好、最幸福时刻的那一刹那的记录"——的客观化的能力,这本书包括着深刻的看法,尽管是不成体系的。

意大利的美学 在意大利,无论是帕里尼(Parini)还是福斯科洛(Foscolo)[②],都未能从旧学说的暴政下挣脱出来(尽管后者在他后期的著作中是受尊敬的文学批评的革新者)。19 世纪头十年发表的很多论文和美学论述,大部分遵循着孔狄亚克的感觉论的方向,至今这个方向在我们这里仍占优势。而德尔菲科(Delfico)、马拉斯皮纳(Malaspina)、奇科尼亚拉(Cicognara)、塔利阿(Talia)、帕斯夸利(Pasquali)、维斯康蒂(Visconti)和帕那奇(Bonacci)的著作则属于特殊的历史,或者说属于意大利的哲学轶事。但有时在他们的著作里,也可找到一些不太坏的说明,如德尔菲科在他的著作里于各处游移了一阵之后,解释了表现的原理(1818)。德尔菲科指出:"如果能证明表现是构成美的成分,那么把表现看成是美的真正特征——即看作一个条件,没有这个条件,美就不可能存在或者说不可能在我们心中引起产生美感的那个愉快的转化——将是一个正确的结论。"他企图拓展这个原理。他认为,所有其他的特征(秩序、和谐、比例、对称、单纯、整一、多变)只有被表现的原则制约时

① 雪莱:《为诗一辩》(见《全集》,伦敦,1880,卷 7)。

② 帕里尼:《应用到美的艺术中的文学原理》,1773;福斯科洛:《论文学的起源和职能》,1849;《批评文集》,于英国写成。

才有意义。[①] 批评家马拉斯皮纳不同意前者关于美的定义——"从一表现那里产生的愉快";也不同意当时把美三分为感性的、道德的和知性的习惯性分法。他说,如果美是表现,那就不能理解为什么还存在着一个心智的而非表现的知性美了。[②] 值得提一下一位医学科学家巴莱斯特列里(Pasquale Balestrieri),他探讨了实验的或数学的美学的一个属类,像很多著名的外国倡导者一样,他既未完全成功,也未完全失败。他指出:在把他的代数符号翻译成数字时,那些一般的公式只能以"变量系列的无穷性来满足它们的目的";在艺术中也存在着一个要素X,"它不是随意确定的,却是不可知的"。[③] 当时,德国的著作被翻译了,一些作品并多次再版,如施莱格尔兄弟(A. G. Schlegel 和 F. A. Schlegel)的一些作品。康德和席勒的信徒博乌特韦克(Bouterweck)的《美学》也被阅读和讨论了。[④] 科莱基(Ottavio Colecchi)卓越地阐述了康德的美学学说。[⑤] 一个叫利希滕塔尔(Lichtenthal)的人于1831年还为意大利读者改写了弗兰茨·菲克尔(Francesco Ficker)的《美学》,[⑥]这部著作后来被其他人全文译出。当时也翻译了谢林的一些东西,如造型艺术和自然关系的论文。

罗斯米尼和焦贝蒂 不能说在由于加卢皮(Gallupi)、罗斯米尼(Rosmini)和焦贝蒂(Gioberti)的努力而发生的意大利哲学思

① 德尔菲科:《关于美的新研究》,那不勒斯,1818,第9章。

② 马拉斯皮纳:《美的规律》,米兰,1828,第26、233页。

③ 巴莱斯特列里:《美学基础》,那不勒斯,1847。

④ 博乌特韦克:《美学》,1806,1815(第3版,哥廷根,1824-1825)。

⑤ 科莱基:《哲学问题》,卷3,那不勒斯,1843。

⑥ 利希滕塔尔:《美学或美和艺术的理论》,米兰,1831。

辨的复苏中，美学取得了与之相适应的进展。加卢皮对美学的论述实在是偶发的和平庸的。[①] 罗斯米尼的哲学体系包括着本体论科学——"它探讨本体的完善和取得、创造或失掉本体完善的方式"——的一个分支，但那个被命名为"卡洛罗基亚"(Callologia，美的学说)的"在普遍性中的美"的分支包括在本体论的科学里；而涉及"在感性中的美"的美学只构成"卡洛罗基亚"——它确定"本体的主型"——中的一个特殊部分。[②] 在一部视为是自己的美学纲领的长篇文学论述中[③]，在他的《论田园诗》的论文[④]中，罗斯米尼宣称，艺术的目的既非自然的摹仿，也非主型的直接直觉，而是自然的物品到它们分为自然的、知性的和道德的三个理想的主型的转化。焦贝蒂明显地受德国唯心主义的影响，[⑤]他认为，美是"通过想象成就的心智典型和幻想要素的个体的结合"，用亚里士多德的方式来讲，幻想提供材料，心智的典型提供形式；[⑥]由于理念的因素涵盖感性的和幻想的因素，所以艺术是达到真和善的入门。他认为，黑格尔把自然美排除在美学之外是毫无道理的，因为完善的自然美是"感性现实和提供给这种现实以形式及表象的理念的全面吻合"。这种全面的吻合，"在创世的六天中，在被摩西详尽描述的混沌时代的第二阶段，就在感性世界里显现出来了"；只

① 《哲学要素》(第5版，那不勒斯，1846)，卷2，第427-476页。

② 《罗斯米尼-塞尔巴蒂的哲学体系》(都灵，1886)，§210。

③ 《关于理念起源的新论文》，卷5，第4部分，第5章。

④ 《论田园诗和论意大利的新文学》(哲学丛书，卷1)。

⑤ 焦贝蒂：《论善和论美》(佛罗伦萨版，1857)。

⑥ 《论美》，第1章。

是由于原罪，自然界中才有了丑和不完善。[①] 毫无疑问，艺术是自然美的补充，它代替自然美的沉沦，是涉及对世界原初的追忆，同时又是对世界末日的预言。在末日审判之后，才有着完善的美：它是“有机的归原，它使再生者能凝神观照感性世界中的心智和精炼所有它们的能力，将使审美享受更为纯粹和精美。这个完善的美的凝神观照将是幻想的真福，是基督超然神化为天庭灿烂之光的美时可视地显现给他的门徒的对这个真福的不可名状的验证”。[②] 和谢林一样，焦贝蒂承认一个异教艺术和一个基督教艺术，一个和“正教美”相较的不完善的“异教美”(东方的艺术和希腊-意大利的艺术)；在二者之间，有一个“半正教的美”作为基督教艺术的起步。[③] 他还探讨了美的转化，把崇高归于美的创造者部分。美是被想象力理解的被造物的相对的心智；崇高是在幻想的力量面前被表象出的时间、空间和无限力量的绝对的心智。他说：“被翻译成美学语言的理想公式是：本体创造实有：本体通过力量的崇高创造美，通过数学(数量)的崇高包容美。这个公式向我们表明了在第一科学中美学的心理学和本体论的联系。”丑进入美，或由于它给予反衬，或由于它产生喜剧，或由于它描绘善恶之争。艺术美的基督教的理想是上帝-人的形象，它是崇高和美两种形式的绝对联合，是人显示出的圣容和神的光照的表现。[④] ——如果去掉和摆脱焦贝蒂思想里这类犹大-基督的神话形式，那就不会得到任何有

① 《论美》，第7章。
② 同上书，第7章。
③ 同上书，第8-10章。
④ 同上书，第4章。

科学价值的东西。

意大利的浪漫主义者:艺术的独立性　从另一方面讲,如果说那个时代的意大利文学运动更新除旧了一些特殊的批判观念,那么,由于明显的社会和政治原因,它还倾向把文学视为历史的、科学的、宗教和道德的真理的实践和普及的工具。1816年,贝尔凯特(Berchet)写道:"诗旨在提高人们的习俗,满足人们幻想和心灵的需求,因为诗的倾向和其他希冀一样,在我们心中引起道德的需求。"[①] 1818年维斯康蒂在他的《调解者》中说:"审美的目的应从属于所有学习的高贵目的,从属于人类的完善、公众的善和个人的善。"后来,曼佐尼(Manzoni)用罗斯米尼的原理对艺术也进行了哲学思考。曼佐尼在《论浪漫主义》的信(1823)中说:"一般地讲,诗和文学的目的应是有益的,题材应是真实的,手法应是令人感兴趣的。"[②]尽管他指出诗的真实的概念是不可确定的,但他总是倾向于(如在他的《关于历史小说的论文》中所见的那样)把诗的真实同历史和科学的真实同一起来。[③] 马龙切利(Pietro Maroncelli)用"建立在灵感之上,以手法为美,以善为目的"的公式——它被命名为可尔孟达李斯姆(Cormentalismo)——代替"建立在摹仿之上的,以娱乐为目的"的古典艺术公式;以此,他反对为艺术而艺术的命题;这个命题在A. G. 施莱格尔和维克多·雨果那里都可以找到。[④] 托玛塞奥

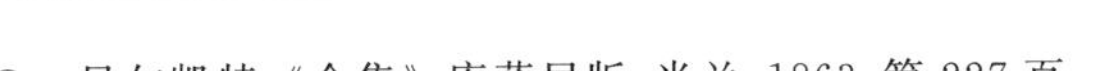

① 贝尔凯特:《全集》,库萨尼版,米兰,1863,第227页。

② 这些话在1870年的版本中被删掉了。

③ 《通信集》,斯福尔察版,卷1,第285、306、308页;《关于历史小说的论文》,1845,《论创造》(对话)。

④ 《我的牢笼之附编》,1831(见贝里科《散文》,佛罗伦萨,1858);参见关于《调解者》的章节。

(Tommaseo)给美下的定义是:通过情感力量而形成的“很多真实在一个概念里的统一”。[①] 朱塞佩·马志尼(Giuseppe Mazzini)也总是把文学理解为普遍观念和知性概念的媒介。[②] 在莱奥帕迪(Leopardi)那里,“抒情诗”的一个非常深刻的意义,一个既是古典的、又是伤感的永恒特点,才显示出诗的真正和纯粹的形式;他在这方面的思想是最近才被发现的。[③] 虽然意大利的浪漫主义者给衰弱的文学以内容和严肃性,但在理论上,由于他们天生的顽固性,他们总是不断地反对肯定艺术独立性的任何学说。

① 《论美和崇高》,1827;《哲学研究》(威尼斯,1840),卷2,第5部分。

② 参见德·桑蒂斯《19世纪的意大利文学》,克罗齐编,那不勒斯,1896;第427-431页。

③ 参看他的《杂感》,1898年后发表,以《齐巴尔多纳》(Zibaldone)著称。

第十五章　弗朗西斯科·德·桑蒂斯

弗朗西斯科·德·桑蒂斯。他的思想的发展　在意大利，艺术独立的肯定性论断见于弗朗西斯科·德·桑蒂斯(Francesco De Sanctis)的评论性著作。德·桑蒂斯于1838年至1848年在那不勒斯开办教授文学的私人学校，1852年至1860年任教于都灵和苏黎世，1870年以后为那不勒斯大学教授；在此期间，他在评论文章中，在对意大利作家的专门论述中，在他的经典著作《意大利文学史》中，提出了他的学说。早年，德·桑蒂斯受的是普奥蒂学校*的老式文化的教育，由于天生的思辨追求，他已经开始研究语法学家和修辞学家的学说，目的是把这些学说归纳成体系；但他却由此转向批判和超越（这些学说）。他认为，福尔图尼奥(Fortunio)、阿卢诺(Allunno)、阿卡里希奥(Accarisio)、科尔索(Corso)是“经验论者”；在语法学中引入“方法”——它后来被布翁马泰(Buonmattei)、科尔蒂切利(Corticelli)、巴尔托里(Bartoli)所完善——的本博、瓦尔奇、卡斯泰尔韦特罗、萨尔韦阿蒂(Salviati)稍许高明一些。他称弗朗西斯科·桑切斯，《智慧》一书的作者，

* 指普奥蒂(Basilio Puoti，1782—1847)在那不勒斯从1825年至1847年开办的文科学校。此校宗旨为用古代意大利语的纯洁性来指导意大利语。——译者

“语法学家中的笛卡尔”。接着,他称赞了18世纪法国作家和迪·马尔赛斯、博泽、孔狄亚克及热拉尔的哲学语法,在他们的影响下,他追求过莱布尼茨的理想,*曾设想过一个“逻辑的语法学”;但在这样的努力中,他发现把语言的差异性转换成逻辑原则是不可能的。如果在法国理论家那里,他觉得应该赞赏那种追溯到语言的简单原始的能力,从“我爱”追溯到“我是爱的”那里,那么,他对一些东西是不满意的;他说:“那个从‘我爱’到‘我是爱的’分解使言词僵化并抽掉了言词所要实现的心愿的动态。”[①]同样,对修辞学和诗学的专论作家,如对16世纪的卡斯泰尔韦特罗、塔索(他大胆地把塔索称为“平庸的批评家”,引起了那不勒斯文学家们极大的反感)、后来的穆拉托里、“尖刻而非真正的”批评家格拉维那,18世纪的巴蒂内里、阿尔加洛蒂(Algarotti)、切萨罗蒂等人,都进行了研究和批判。他不喜欢冷冰冰的理性规则,教诲青年人要把文学作品读透,并从那里得到纯真的印象,只有在这些印象中,才存在着评论的必然和唯一的基础。[②]

黑格尔主义的影响　在意大利南方,从未中断或未完全过时的、在那个时代处于复苏过程中的哲学研究带来了对美的理论——它已深入到阿尔卑斯山之外——和焦贝蒂及其他人的意大利新理论的热烈探讨。[③] 对维柯的研究重新出现了。由贝纳尔

---

* 指建立一个普通语言学和具有普遍特点的艺术。见本书第4章《关于语言的思辨》节。——译者

① 《学校片段》,见《批评新论文》,第321-333页;《德·桑蒂斯的青年时代》(自传),第62、101、163-166页(见《德·桑蒂斯全集》,那不勒斯的定型版本,12卷)。

② 《德·桑蒂斯的青年时代》,第260-261、315-316页。

③ 《批评论文》,第534页。

(Bénard)译成法文的黑格尔《美学》各卷(第一卷于1840年译成,第二卷于1843年、其余的分别于1845年和1852年译成)在那不勒斯也开始流行起来。热衷于知识更新的青年开始学习德文。德·桑蒂斯本人在监狱(作为自由主义者,他曾被波旁政府关进监狱)里,翻译了黑格尔的《大逻辑》和罗森克兰兹的《文学史》。新的批判方向被称为"哲学论",它是和古代语法及浪漫主义的那个不确定的、夸大其词的、不连贯的批判方向相对立的。德·桑蒂斯是接近哲学论的。作为他倾注到黑格尔精神里的标志是,他在读完贝纳尔的最初译本之后,在其余的译本还未发表之前,他就已经猜测出并在学校里阐明了这部著作*的续篇。[①]

在德·桑蒂斯的早期著作中,可以看出形而上学的唯心主义和黑格尔主义的影响;在他的后期著作中,这种影响还常常存在于他使用的术语里。1848年前,他在一个哲学学校的演讲中提出了批评的正确方法,即在文学作品中要研究"那个绝对的部分……,那个激动伟大作家灵魂的不确定的理念,这个理念在未显现之前,总是穿着一件极美的外衣,但这件外衣永远不会比理念自身更美"。[②] 1850年,他在席勒戏剧集的前言中写道:"理念不是思想,诗也不像一位现代诗人所津津乐道的那样是唱出的理念;理念既是必然,同时又是自由;既是理性,同时又是情欲。戏剧中理念的

---

* 指黑格尔的《美学》(或《美学讲演录》)。——译者

① 德·梅伊斯(De Meis):《德·桑蒂斯评述》(见《回忆录》卷,那不勒斯,1884)第116页。

② 《杂著录》,克罗齐编,卷2,第153-154页。

完善形式是动作(情节)。”[①]在其他地方,他暗示了由于哲学的进展而造成的信仰和诗的死亡。我想(一些年后他说),这是由于“黑格尔把他那无所不能的思想强加给了我们这一代人”。[②] 1856年他还给幽默下过定义:“它是一种艺术形式,就它的意义讲,是以它破坏的意识进行的界定的破坏。”[③]为了不把自己牵扯到其他特殊的问题里,德·桑蒂斯在他所有著作中都坚持了想象力和幻想的区别。他认为,幻想是诗的真正和唯一的功能,这肯定是受了谢林和黑格尔的想象力(*Einbildungskraft*)与幻想(*Phatasie*)的启示;正像他有时使用的“散文内容”、“散文世界”等词是受他们的启示一样。

对黑格尔主义的不自觉的批判 但是,对德·桑蒂斯来说,黑格尔的美学只是为了克服过去意大利学派之间的论战和概念及把自己提高到更高程度的助手和工具。一个像他的那样的新颖和透彻的思想是不可能从语言学家和修辞学家的任意中堕入那个不能很好理解艺术、为了使艺术进入他们的略图而苛待艺术的、形而上学学者的任意中去的。虽说他从黑格尔那里汲取了所有精华部分,并对黑格尔学说进行了概括的解释;但他总是持怀疑态度,最后便公开反对黑格尔著作中所有诡辩的、形式主义的和学究气的东西。

我们现在举几个归纳和概括的例子,这些归纳和概括是实质性的校正和改变。“信仰逝世了,诗歌死亡了”(这是他1856年写

---

① 《批评论文》,第18页。

② 同上书,第226-228页;《杂著录》,卷2,第185-187页。

③ 《批评论文》,第91页。

的，实质上是黑格尔说法的回声）；“但说得确切些（在这里，是他在不断校正），信仰和诗是不会死亡的；说它们死亡了，指的是它们存在的一种特殊方式。今天，信仰是从信念中产生的，诗是从沉思中闪烁出的火花：它们没有死亡，只是被改变了。”[①]虽然他区别了想象力和幻想，但他认为，幻想不是超验统觉的神秘功能，德国形而上学者的知性直观，而是和想象力——它集中了一些材料和特殊的东西，总是需要一些机械套规的——相对的诗人综合和创造的简单功能。[②] 当他听到把维柯和黑格尔的理念介绍为对艺术中的概念之赞扬时，他回答说：“在自然、艺术和历史中，概念是不存在的：诗人无意识地创作，他看不到概念，概念包裹在形式里，几乎已经迷失。如果一个哲学家通过抽象把它从形式中抽出，并在它的纯然中对它沉思的话，那么，这个过程也正好是和艺术、自然和历史的过程完全相反。”他劝告人们不要误解维柯，当维柯从荷马史诗中抽出概念和标准的典型时，他已经不是艺术评论家，而是文明的历史学家了：阿喀琉斯是艺术的阿喀琉斯，不是力量和其他的抽象。[③] 起初，德·桑蒂斯的论战针对他所说的对黑格尔思想的误解，可是这场论战本身正是他以或多或少意识到的方式对黑格尔真正思想的校正。在德·桑蒂斯的晚年，他可夸耀的是，即使在那不勒斯的对黑格尔的狂热阶段中，在“黑格尔是战场上主人的时代”，他就已经提出了“对他的保留，没有接受他的先验论，他的三

① 《批评论文》，第 228 页；参看《杂著录》，卷 2，第 70 页。

② 《文学史》，卷 1，第 66-67 页；《批评论文》，第 98-99 页；《杂著录》，卷 1，第 276-278、384 页。

③ 《德·桑蒂斯的青年时代》，第 279、313-314、321-324 页。

位一体,他的公式"。[①]

对德国美学的批判 德·桑蒂斯对德国其他的批评家和美学家也持独立态度。A. G. 施莱格尔的方法在它产生的时代是进步的,可是对德·桑蒂斯来说却已经过时了。1856 年德·桑蒂斯写道:施莱格尔竭力把自己"抬高到一般批判之上,但他至多停留在语句、诗句和修辞上,很快就迷失了道路,未能和艺术相遇:他研究了可然性、修饰、道德,研究了所有东西,就是未研究艺术"。[②] 德·桑蒂斯猝然离开德国之后,来到苏黎世大学任教并与费舍尔同行(请想一想!)。德·桑蒂斯能给这位经过千辛万苦的研究——这是我们已经知道的——来嘲笑诗、音乐和衰弱的意大利种族的难以忍受的黑格尔派的学究什么样的估价呢!!!!"我(德·桑蒂斯说)是带着我的意见和推论到那里去的,我暗笑他们的嘲笑。我认为理查德·瓦格纳(Riccardo Wagner)是音乐的败坏者,费舍尔的美学根本就不是美学"。[③] 为了纠正费舍尔、阿多尔夫·瓦格纳(Adolfo Wagner)、瓦伦丁·施密特(Valentino Schmidt)和德国其他评论家、哲学家的歪曲,他于 1858—1859 年在苏黎世为各国听众举办了阿里奥斯托和彼特拉克的讲座:我们的这两位诗人被那些评论家们完全错误地对待了,因为他们是不能用哲学来解释的。当时,在他的头脑里已勾画出德国批评家的典型,他与在不同方面同样不足的法国批评家的典型相反。"法国人不会在理论上停留,他径直走向主题,你可感到在他的推论中印

① 《杂著录》,卷 2,第 63 页,参看第 274 页。

② 同上书,卷 1,第 228-236 页。

③ 《论彼特拉克》,克罗齐校刊版,第 309 页以后。

象的炽热和观察者的敏捷，他不会离开具体，他猜测巧智和作品的质量，通过理解作家来研究人”；但他的错误在于用作家的研究和时代的历史研究来代替艺术的研究。“德国人却相反，他常常通过操纵它的途径，在你面前对它进行曲解和嘲笑：他堆积起黑暗，让极强的光亮不时从它内部闪烁出来，在它内部存在着难产的真理之基础。在艺术作品面前，他想抓住最易消失和最不易捉摸的东西；没有任何人像他在分析、分解、综合、概括生命和生命世界时那样欢欣；这样，特殊在被摒除之后，就能为你显示出这个过程最终（表面上的最终，实际上是先验的立意）的结论，对所有脚的一个形式，对所有衣服的一个尺寸”。“在德国学校里，占统治地位的是形而上学，在法国是历史”。[①] 大约那个时候（1858），他还为皮埃蒙特的一份杂志写过详尽论述叔本华哲学的文章，[②]当时，他正在朋友和同志之间征集去瑞士流亡的同伴。对这篇论文，叔本华认为，在各方面，“那个意大利人”都吸收了他的精华（*Succum*）和血液（*Sanguinem*）[③]。但是，德·桑蒂斯并不认为叔本华关于艺术所做的敏锐推论有什么重要性。他在说明了叔本华的理念说之后，只用寥寥数语提了一下第三本书，“在那里边，你只能找到一种言过其实的美学理论”。[④]

① 《批评论文》，第361-363页；参看《杂著录》，卷1，第32-34页。

② 《批评论文》（《叔本华和莱奥帕迪》），第246-299页。

③ 叔本华：《通信集》，格里泽巴赫编，第405-406页，参看第381-383、403-404、438-439页。

④ 《批评论文》，第276页注[当时，为此他批判了黑格尔的美学，其章节并未发表，1914年由我发表了《德·桑蒂斯的美学片段》，收在彭特学会的文献录里，第44卷]。

对形而上学的美学的最终反叛 可是,他对概念的追随者,对意大利道德论者和神秘主义的浪漫主义者[他批判了曼佐尼、马志尼、托玛塞奥和坎图(Cantu)[①]]的抵制和温和的反对,在关于彼特拉克的一篇专论(1868)中终于变成公开的反叛;他以最锋利的方式指明了那个错误方向的特征并讽刺了它。他说:"据这个学派(指黑格尔和焦贝蒂学派)认为:现实的东西、有生命的东西,只有超越过它们的形式和显示出概念或理念时,才成为艺术;美是理念的显现;艺术是理想,一个确实的理念。在艺术家的静观面前,物体模糊了,变成了心灵的影子、美的罩纱。诗的世界充满幻象。诗人是永恒的梦幻者,作为半醉的人,他看到物体在他面前晃动和改变着外表。不仅物体变成了模糊的形式或幻象;而且形式和这些幻象本身变成了任何理念和任何概念的自由显现。理想被推演到它的最后的胜利,推演到了幻象本身的消失,推演到了作为概念的概念;形式则变成了单纯的附属。""这样,艺术的形式就有幸成为虚幻、不可确定、摇动、蒸气、天上、空气、含糊、天使般的东西;而在批评中,美、理想、无限、天才、概念、理念、真、超知性、超感觉、个体、存在和被扔到粗俗公式——几乎就像经院哲学的公式一样——里的一般总则就流行起来,我们花费了多大气力才摆脱了它们。"所有这些东西不仅没有抓住艺术的特征,反而描绘出了艺术的反面:它的变化无常和虚弱无能,它无力扼杀掉抽象和抽出生命来。如果美和理想意味着那些哲学家主张的东西,那么,"艺术

① 参看《杂著录》,卷 1,第 39-45 页;《19 世纪的意大利文学》,教材,克罗齐编,第 241-243、427-432 页。

的实质既不是理想也不是美，而是有生命的东西，是形式；丑也属于艺术，正像自然里丑也有生命那样，只有在艺术的王国之外，才有无形或畸形。当贝阿特丽齐*是纯粹的寓言和符合抽象的撮合时，马莱博尔杰的塔伊德比贝阿特丽齐更美和更具有诗意。美吗？那你们就告诉我，是否存在像伊阿古一样的美的东西。伊阿古是从现实生活中最深处抽出的形式，如此丰满、如此具体，在它的所有部分，在它的所有有限的程度上，都是诗的世界中最美的创造物里的一个”。如果“关于理念、概念，关于知性的、道德的和现实的美还在争论，还在把哲学和道德的真与审美的真相混淆”，还在说，“丑是诗歌世界中的一个重要部分，人们只是把丑作为美的反衬、对立和强调才给丑放行，人们接受的魔鬼靡菲斯特是浮士德的反衬，伊阿古是奥赛罗的反衬”；那么，在这种情况下，就像是说：“在那个时候（*in illo tempore*），善良的人们相信，星宿在上是为了给地上以烛光。”[①]

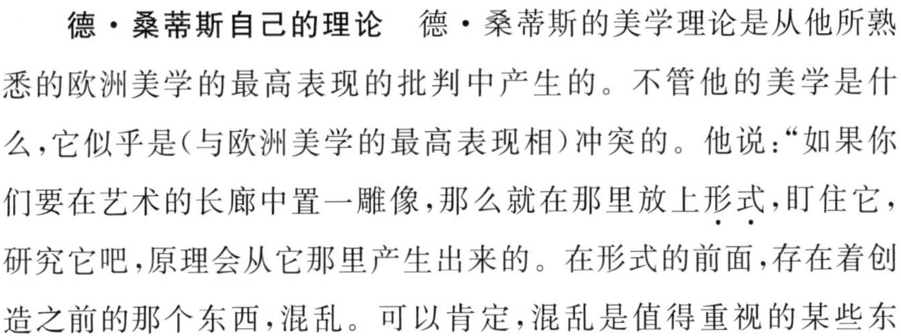

德·桑蒂斯自己的理论　德·桑蒂斯的美学理论是从他所熟悉的欧洲美学的最高表现的批判中产生的。不管他的美学是什么，它似乎是（与欧洲美学的最高表现相）冲突的。他说：“如果你们要在艺术的长廊中置一雕像，那么就在那里放上形式，盯住它，研究它吧，原理会从它那里产生出来的。在形式的前面，存在着创造之前的那个东西，混乱。可以肯定，混乱是值得重视的某些东

* 贝阿特丽齐（Beatrice），但丁《神曲》中引但丁进天堂者，但丁的意中人；马莱博尔杰的塔伊德（Taide di Malebolge），但丁《神曲》中所描述的地狱第八层中受罚的荡妇。详见但丁《神曲》。——译者

① 《论彼特拉克》，前言，第17-29页。

西，它的历史是很有趣的，对于正在酝酿着要素的前面的这个世界，科学是不能下结论的。艺术也有着它的前面的世界：因为艺术也有着昨天刚刚诞生和勾画出的地质学，即非批判也非美学的关于种类的科学。当形式出现的时候，美学才出现；在形式中，艺术的前面的那个世界是低垂的、溶化掉的、被忘却和被丢弃的。形式就是它自身，就像个人就是他本身一样；既不存在艺术毁灭的理论，也不存在不断充斥我们耳朵里的美、显现、外表、光、真实或理念的罩纱。审美世界不是幻象，而是现实的东西，甚至现实的东西，有生命的东西就是它；审美世界的标准和它存在的理由只存在于这样的一句话里——我生活着。"①

形式的概念　但是，德·桑蒂斯的形式既不是"直至18世纪末期所理解的学院式的意义"，即那个首先击中肤浅观察者的言词、一句诗、一句话和单个意象的那个意义；②也不是赫尔巴特意义上的形式，那个形式的形而上学的独立体。"形式不是先验的，也不是本身就能存在的或有别于内容的、作为内容的修饰、外表、幻象和附加物的某种东西；相反，形式是从内容——它在艺术家的头脑中是主动的——中产生出来的：有什么样的内容，就有什么样的形式"。③ 内容和形式之间既有相同性又有不同性。在艺术作品里可以找到在艺术家的心灵中已被混合过的内容，"这个内容不再是原来的内容，而是已经变成的内容了，以它的价值、它的重要性、它的在那个变化中被丰富的和没有被剥夺的自然的美来判断，

① 《论彼特拉克》，第29页以后。

② 《杂著录》，卷1，第276-277、317页。

③ 《批评新论文》，第239页和240页注。

它总是一个整体”。所以，内容对创造出具体的形式是必要的；但内容抽象的质并不能决定艺术形式的质。“如果美的、重要的内容在艺术家的头脑中是不起作用的、无力的、被损坏的，如果它没有充足的生命力量，如果它在形式中是软弱的、虚假的和错误的；那么，唱它的颂歌有什么用呢？在这种情况下，内容对它自己可能是重要的，但作为文学和艺术，它没有任何价值。相反，内容可能是不道德的、荒谬的、虚伪的、轻佻的；但是，如果在一定时间内和在一定的条件下，它能在艺术家的头脑里强有力地活动并变成一个形式的话，那么，那个内容便是不朽的。荷马的诸神死了，《伊利亚特》却流传下来。关于意大利和圭尔夫(Gulfi)、吉贝利尼(Ghibellini)* 的任何回忆都是能够消失的，《神曲》却永存。内容受制于历史事实，产生着和死亡着，形式却是永存的”。[1] 他坚定地主张艺术的独立性，舍此不能有任何美学；但他又认为为艺术而艺术的公式太过分了，它会使艺术家脱离生活，使内容变得残缺不全，使艺术成为纯技巧的练习。[2]

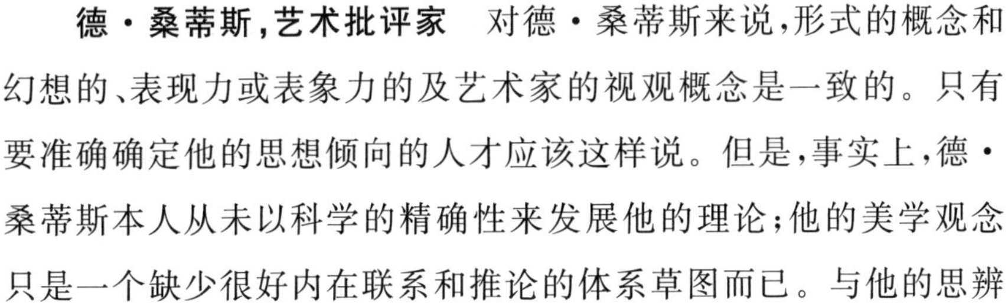

德·桑蒂斯，艺术批评家　对德·桑蒂斯来说，形式的概念和幻想的、表现力或表象力的及艺术家的视观概念是一致的。只有要准确确定他的思想倾向的人才应该这样说。但是，事实上，德·桑蒂斯本人从未以科学的精确性来发展他的理论；他的美学观念只是一个缺少很好内在联系和推论的体系草图而已。与他的思辨

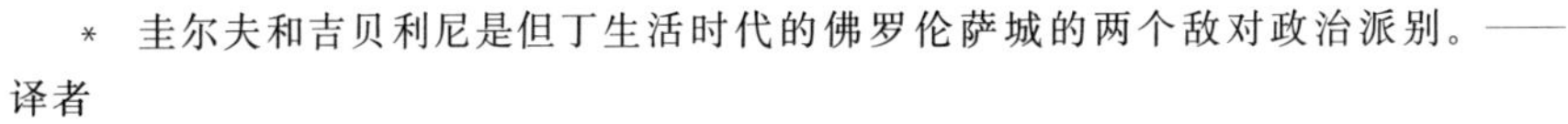

* 圭尔夫和吉贝利尼是但丁生活时代的佛罗伦萨城的两个敌对政治派别。——译者

① 《批评新论文》，第 1 章。

② 参看《论彼特拉克》，第 182 页；《杂著录》，卷 1，第 209-212、226 页。

需求一样，他还有着其他更为迫切的需要：了解具体，鉴赏艺术和恢复真正的艺术史；他还投身于现实生活和政治生活中，他当过教师，政治鼓动家，记者和国家要员。“我的思想注重具体”，他常常这样说。为了弄清艺术、历史和生活问题，他也对必要的问题进行了哲学的思考；一旦在理智上弄清之后，一旦找到方向，并对自己的所为在良心上感到宽慰之后，他便立刻投入到特殊的和特定的事物之中。他把在更高和更一般的原则中寻求真理的极强能力同他的对理念的苍白王国——在它里边，哲学家像苦行僧一样徘徊着——的同样强的憎恨结合起来。作为文学评论家和文学史家，他是无与伦比的。有人把他比为莱辛、麦考莱(Macaulay)、圣佩韦(Sanite Beuve)或丹纳(Taine)，只是文字上的平行而已。福楼拜(Gustavo Flaubert)在给乔治·桑(Giorgio Sand)的一封信中写道：“在您的最后一封信中，您对我谈起文学评论，并告诉我，它将很快地消失。相反，我却相信，这个评论刚刚从地平线上升起。现在人们的评论只是与最初的相反，仅此而已。在拉阿尔普(Laharpe)时代，评论家是语法学家，在圣佩韦时代，评论家是历史学家。[①] 什么时候评论家是艺术家，只是艺术家和真正的艺术家呢？您知道一种以非常强烈的方式对艺术作品本身感兴趣的评论吗？人们非常仔细地分析作品产生的历史环境和产生它的原因。但是无意识的诗学呢？它是怎样产生的呢？构成呢？风格呢？所有这些都从未被研究过。对于这一类评论，需要巨大的想象力和巨大的诚意，我指的是总是准备好了的一种少见的灵感的

① 参看本章德·桑蒂斯关于法国评论家的看法。——译者

能力，一种鉴赏力，这在优秀的评论家那里也是一种少见的品质，何尝人们不再谈论它了呢”。[①] 福楼拜所希望的这种理想的评论家，只有一位评论家（我们说，其他评论家只是对伟大作家和文学的完整阶段作出解释），德·桑蒂斯，是当之无愧的。在德·桑蒂斯的《意大利文学史》和他的其他评论性著作中，意大利拥有如此完善地反映它的文学发展之镜，这是任何其他文学都无法相比的。

德·桑蒂斯，哲学家　但作为艺术的哲学家、美学家和他作为文学评论家、文学史家是无法相提并论的。前者相比是次要的，后者才是主要的。在他的论文和专论中，分散的和格言式的美学研究只是由于偶然才一会儿从这方面、一会儿又从那方面被阐述，并且这些研究是用不太固定的、常常是比喻性的词汇表现出来的；这就让人相信，他的论述是矛盾的、左右摇摆的；但实际上这些矛盾和摇摆在他的思想深处并不存在，只要思索一下他面临的特殊情况，这个表面现象便会消失了。但是，形式、诸形式、内容、有生命的东西、美、自然美、丑、想象力、情感、幻想、现实、理想和所有的他在各种意义上采用的其他词汇，都需要一个能够让这些词汇得以依附和来源的一门科学；谁要是对这些词汇缜密思考，就会从各方面看出疑问和问题来，看出空泛性和缺陷来。和少数美学哲学家相比，德·桑蒂斯在分析、论述的次序上都表现出了不足之处；他所下的定义也是不准确的。但是，这些缺点被他关于艺术的实在和具体的作品所维系的和读者的不断接触，被他从未抛掉的真实

① 《给乔治·桑的信》，巴黎，1884（1869年2月2日）第81页。

情感完全抵消了。他具有某些作家的吸引力，这些作家除了他们提出的问题以外，还让人看到应夺取的新的财富。活的思想是对活人的，他们准备吸收这种活的思想并发展它。

第十六章　后继者们的美学

赫尔巴特美学的复兴　在德国，有人刚刚高呼“不再要形而上学”，掀起对后期黑格尔主义者把他们关于科学、历史的思想主要成分都沉浸其中的巫女节之夜*式的那个属类的猛烈反击时，赫尔巴特的门徒们便冒了出来，似乎献媚地问道：发生了什么事情？反对唯心主义和形而上学吗？这正是赫尔巴特半个世纪前要做并已独自做过的事情！现在，我们，赫尔巴特的合法继承人，在这方面可以和你们结成联盟。我们的形而上学与原子论一致，我们的心理学与机械论一致，我们的伦理学和美学与享乐主义一致。——很可能赫尔巴特本人（如果他在1841年以后还活着的话）也将厌恶地推开他的这些门徒，因为他们庸俗地狂蹦乱跳，使形而上学成为廉价的东西并自然主义地解释他的现实、表象及他的观念和所有最高级的发现。

在形而上学学派得势的阶段，赫尔巴特的美学也曾企图变得有血有肉和圆润强壮，以便它在那些唯心主义者给世界提供的巨大“科学形体”之旁不至于过分地丢脸。这个美学的看护人和抚育

* 据德国民间传说，4月30日晚和5月1日晨为巫女和魔鬼相会庆贺他们节日的时候。此处是指后期黑格尔主义者的唯心主义形而上学的各种各样的喧嚣，参看本书第13章。——译者

者是齐默尔曼(Roberto Zimmermann)。他先是布拉格大学、后是维也纳大学的哲学教授。经过多年的劳作,他写出了一部大部头的《美学史》(1858),随后又发表了(1865)《作为形式科学的一般美学》①。

齐默尔曼 这个注定前途不佳的形式主义的美学是表面虚假的可信性和内在的不可信性的奇怪样例。齐默尔曼从伦理学和美学统一于或从属于一般美学出发,认为一般美学是"探求诸方式——通过这些方式,任何一个内容都有可能被通过或不被通过——的科学"(所以,它是有别于形而上学的现实的科学,有别于逻辑学的直接思维的科学);这些方式存在于形式中,存在于形式诸要素的相互关系中。事实上,空间中一个简单的数学的点,听觉和视觉的一个简单印象、一个简单的声调,都谈不到快感和非快感;比如音乐就表明,美和丑的判断总是至少要落实到两个声调的关系上。对这些关系,即一般令人愉快的诸形式,是不能通过归纳法经验地收集到的,而是通过演绎法获得的。用演绎法才能确定一个形象的各种要素,而反过来说,一个形象的各种要素就是各种表象;这些表象或根据力量(数量)或根据特征(质量)构成了关系;所以,存在着两组形式:量的审美形式和质的审美形式。根据第一组形式,人们喜欢靠近弱(小)的强(大),不喜欢靠近强(大)的弱(小);根据第二组形式,人们喜欢由于质占优势的同一性(和谐)的东西,不喜欢不同性(不和谐)占优势的东西。但是同一性的占优

① 《作为形式科学的一般美学》,维也纳,1865;参看迈耶:《会话-辞典》(第4版)中的"美学"词条(齐默尔曼写)。

势不能成为完全同一，如果这样，和谐本身就不复存在了。从和谐的形式中才演绎出特征或表现的快感，如果一种东西和它的模特儿之间不存在着占优势的同一性关系，那么特征或表现还能存在吗？但是，如果在区别中占优势的类似变成了一致（*Einklang*），那么，作为这样的质的不和谐形式就是非快感的，而消除掉这种非快感就势在必行了（人们很容易发现，齐默尔曼用一种方法使特征进入纯粹的形式关系中，这样他就根本地改变了赫尔巴特原来的思想；用一种方法在纯粹美中引入了美的多样性和转化，这有利于被他所轻视的黑格尔的辩证法）。如果这种消除是靠用另外的一种东西来人为地取代非快感的形象而发生的，如果肯定能去掉非快感的原因和确立起和平共存（不是一致，*nicht Einklang*）来，那么，这仍然是校正的简单形式：需要通过一个真正的形象来超过这个校正的简单形式，以实现均衡（Ausgleichung）的形式，只有当真正形象本身也是快适的时候，一系列可能的形式与被确定下来的均衡（*abschliessende Auseleichung*）的最终形式才得消失。说到底，什么是美呢？美就是所有这些形式的结合：是一个有着尺度、完满、秩序、一致、校正和被确定下来的均衡的模特儿（*Vorbild*），而这个模特儿在特征的形式中是以副本（*Nachbild*）显现给我们的。

我们不去考察齐默尔曼所确定的崇高、喜剧、悲剧、讽刺、幽默和审美形式之间牵强附会的联系，但要着重指出（为了认出在七重天中我们将被带到那一重）：这些一般的审美形式既包括艺术，也包括自然和道德；它们的特殊领域只有通过把这些一般审美形式应用到特殊内容上才能被区分开来。把它们应用到自然中，有自然美，宇宙；应用到表现上，有美的心灵（*Schöngeist*）或幻想；应用

到情感上，有美的灵魂(*schöne Seele*)或鉴赏力；应用到意志上，有特征和道德。所以，从一方面讲，是自然的美，从另一方面讲，是人的美。在人的美里边，一方面是表现的美，即狭义(艺术)的审美作品，另一方面是意愿和道德的美；在这两种美之间，是鉴赏力，它对伦理学和美学都是共有的。狭义上的美学，美的表现理论，决定表象的美，它三分为时间和空间承续的美(造型艺术)、感性表象的美(音乐)和思维的美(诗)。齐默尔曼用造型美、音乐美和诗歌美的三分法完成了他的理论美学，这是他的学说中被他发展的唯一部分。

费舍尔反对齐默尔曼 齐默尔曼的作品是直接对准黑格尔美学的重要代表人物费舍尔的，而费舍尔却在为自己辩解时要了个花招反过来攻击他的论战者。举例来说，费舍尔嘲笑了齐默尔曼赋予象征的意义——“美的形式依附的对象”。一个画家画出一只狐狸单单是为画出动物界的一个动物吗？根本不是，它只是一个象征，因为画家“只是为了表现线条和颜色才采用线条和颜色的”。“你相信我(被画出的动物说)是只狐狸，但请你注意一下，你错了，我是衣架，是一个被画出的具有灰白黄红各种颜色的一个展览品”。对齐默尔曼表明的对触觉的审美力量的迷恋，费舍尔的戏谑则更是显而易见的了。费舍尔说：“真遗憾，感受到如此巨大的快感是不方便的：摸摸《休息的赫拉克勒斯》雕像的背部、《米洛斯的维纳斯》或巴尔贝里尼(Barberini)的《农牧神》的苗条肢体。* 真

* 赫拉克勒斯是希腊主神宙斯之子，力大无穷，曾完成十二项英雄业绩，详见希腊神话。《米洛斯的维纳斯》指 1820 年在希腊米洛斯岛上发现的断臂维纳斯的雕像。《农牧神》是 17 世纪意大利雕刻家巴尔贝里尼雕刻的田野和羊群的保护女神的雕像。——译者

应给手一种只有聆听巴赫强有力的赋格曲和莫扎特的优美旋律时所能相比的愉快。”看来，费舍尔把形式的美学定义为“神秘主义的和数学的巴洛克式的结合”①不是不正确的。

赫尔曼·洛策　可以说，没有任何人（如果不是作者本人的话）对齐默尔曼的作品是满意的。就连不是赫尔巴特主义敌对者的洛策（Lotze）也在他的《德国美学史》（1868）和其他著作中对齐默尔曼的作品进行了严厉批评。但是，洛策只是用旧唯心主义的一个变种来反对美学的形式主义。洛策在反对形式主义者时说：“难道要我们严肃地相信，表现在外在显现上的一个相应不和谐精神的不和谐与一个和谐内容的和谐显现有着相同的价值，并且只是在这两种情况下，一致的形式关系才被遵从吗？难道要我们严肃地相信，人的形象只是由于它的立体几何的形式关系，而不是考虑到在他心中活动着精神的生命才让人喜欢的吗？法律、事实和价值的三个王国在经验现实中的显现总是不同的，尽管它们在至善、自在的善、人的上帝的生命之爱、在职责——生存的基础上是统一的。但我们的理性不能达到和认识这个统一，只有美才能把这个统一揭示给我们。美和善、神是紧密相连的，它再造出神的秩序节拍和宇宙道德的统辖。审美事实不是直觉，也不是概念，而是在最终目的的形式中提供出的一个对象的本质的理念。艺术作为美，应把价值世界包裹在形式世界里。”②——内容的美学和形式

① 《批判之路》，Ⅵ，斯图加特，1837，第6、21、32页。

② 《美学史》，综合摘引，特别是第27、97、100、125、147、232、234、265、286、293、487页；《美学的基本轮廓》（死后发表的，莱比锡，1884），§8-§13；参看作者年轻时的两部著作：《美的概念》、《论艺术的条件》，莱比锡，1845和1847。

的美学之间及其主要角色齐默尔曼、费舍尔、洛策之间的斗争于1860年至1870年间达到了高潮。

调和形式的美学和内容的美学的企图 那时，也有不少人倾向调和，但不是真正的、至少不是像年轻的博士约翰·施密特(Giovanni Schmidt)所预期的那样的真正调和。施米特在他的一篇答辩论文(1875)中，对齐默尔曼、洛策甚为尊重，但又感到二者都有错误，因为他们混淆了“美”这个词的不同意义，谈到的是自然提供出的美与丑的一个逆理和精神之外的东西。洛策追随黑格尔，又加上直觉概念或概念化直觉的另一个逆理。总而言之，作为美学问题，他们之中没有任何一人指出，不要转向抽象内容的美和丑，或转向被理解为数学关系的整体的形式的美和丑；而应转向表象的形式。形式是要存在的，但指的是“具体的、充满内容的形式”[①]。施米特的话被错误地接受了；有人针对他说，把美和艺术的完善同一起来是很容易的，但问题在于是否除了艺术的完善之外，不存在着一个取决于宇宙或形而上学最高原则的美，否则就会犯以本身尚待证明的原理作为论据议论的错误。[②] 所以，应在其他方面寻求调和，也就是说，要在根据鉴赏力做出的美食中寻求调和；在这个美食中，既要有一些形式主义，又要有一些内容主义，只是后者占优势而已。

即使在赫尔巴特主义者之间，中庸者和调和者也是存在的。不仅在齐默尔曼的严格的形式主义出时时，纳洛夫斯基

① 《莱布尼茨和鲍姆嘉通》，哈勒，1875，第76-102页。

② G.诺伊德克(G. Neudeker)：《康德以来的德国美学史的研究》，第54-55页。

(Nahlowsky)很快就抗议说,把内容排斥出美学并不是他的老师的意图,[①]而且这个学派最有才干的代表人物,比如福尔克曼(Volkman)和拉扎路斯,也选择了中庸之道。[②] ——在另一个阵营那里,卡列尔・莫里茨(Carriere Moritz)[③],甚至费舍尔本人(在他的对自己美学的自我批评中),都开始对形式的研究给予了较多的注意。在费舍尔那里,美是“和谐显现的生命”,当它显现于空间时,被称为“形式”;在任何情况下,即在时间和空间的界定之内,形式都有着尺度、规则性、对称、比例、属性(它的特征构成了数量的要点)与和谐(质的要点),形式本身就包括着多样性和冲突,它是所有特征之上的重要特征。[④]

K. 克施林　蒂宾根大学教授。费舍尔著作中音乐理论部分的合作者卡尔洛・克施林(Carlo Köstlin)也曾探讨过一个形式主义占优势的调和的美学。[⑤] 他受到过施莱尔马赫、黑格尔、费舍尔和赫尔巴特的影响,但据实而论,他并不理解他前辈中的任何一人。克施林认为,审美对象表现出三种需求:想象力的完满性和多样性,感兴趣的内容和美的形式。这三种需求中的第一种实际上就是被奇怪解释的、几乎认不出的施莱尔马赫的“灵感”(Begeisterung)。感兴趣的内容就是涉及认识还是不认识、喜欢

---

① 见《实证哲学杂志》(赫尔巴特主义者的刊物)上的论战,1862-1863,第 2 期,第 309 页以后;第 3 期,第 384 页以后;第 4 期,第 6 页以后、139 页以后和第 300 页。

② 福尔克曼:《心理学教科书》,格滕版,1884—1885;拉扎鲁施:《心灵的生命》,1856—1858。

③ 莫里茨:《美学》,1859(第 3 版,莱比锡,1865)。

④ 《批判之路》,Ⅴ,斯图嘉特,1886,第 50 页。

⑤ 《美学》,蒂宾根,1869。

还是憎恨的那些东西(所以，对个人来说，总是相对的东西，相对于他所处的条件)，他认为感兴趣的内容应附加在形式的价值里，即是说要把内容理解为第二价值；赫尔巴特就有过这样的说法。他与赫尔巴特一样，认为形式是绝对的，形式的一般特征是易直觉的，是具有令人满意的、快感的、吸引人的能力的，总而言之是美的。克施林认为，根据数量，特殊的特征是局限性、一致性、广度和深度的大和均衡；根据质量，是确然性、统一、广度和深度的重要性及和谐。但当克施林进一步经验地验证他的范畴时，他本人也感到困惑和混乱了。大产生快感，但小也产生快感；统一产生快感，多样也产生快感；规则产生快感，不规则也产生快感。——他隐约发现同时也不想隐藏的这些摇摆和矛盾本应使他得出这样的结论：他费尽气力收集起来的量和质的抽象的"美的形式"只是一个没有形体的幽灵，因为只有审美地感受到的快感才完成表现的职能。可是在说明了审美对象的三个需求之后，克施林却花费了很大的气力，根据费舍尔的模型创建了他的直觉幻想的王国，即无机自然界和有机自然界的美的王国，文明生活、道德、宗教、科学、游戏、对话、节日、筵宴甚至历史的美的王国，同时他审美地周游和评判了父系的、英雄的和历史的三个阶段。

内容的美学。M. 沙斯勒　相反，沙斯勒(M. Schasler)——和齐默尔曼一样，他也是一本大部头美学史的作者——却是从绝对唯心主义，或像他所宣称的那样，从现实主义-唯心主义出发来靠近形式主义的。他给美学下的定义是："美和艺术的科学"(一门科学不大可能是两种东西的科学)，用美并非只存在于艺术中，艺术也并非只和美有关的说法来辩解他的反序的定义。美学的领域是直觉（*Anschauung*）的领域——在它里边，认识有实践的特点，意愿有理论的特点——，是理论精神和实践精神不可分的统一和绝对调和的领域。在一定意义上讲，只有在这个领域里，人的最高活动才得以发展。美可以是理想，然而是具体的理想；所以，不能提供出没有确定性别的人形象的理想，一般地讲，也不能提供出哺乳动物的理想，而只能提供出这个属类或那个属类——如马和狗——的理想，甚至只能提供出属类被确定的马和狗的理想。沙斯勒就是以这种从较抽象的种类退到不太抽象的种类的方法，企图徒劳地抓住必然躲避他的具体。在艺术中，可以从作为自然美的典型转向作为人的情感的特征，所以，提出一老妇、一乞丐、一刺客的理想是可能的。艺术的特征和丑比起和自然美来更有着较密切的关系。说到这里，需要指出（不考虑其他，只指他在大纲中的惯常表现），沙斯勒强调的是纯粹美传说中两种解释里的这种解释："美的转化"是从丑的动作中产生的。[1] "这种思想尽管产生混乱（他说），但不要忘记，没有丑的世界，就不存在着美的世界，只有丑才刺激空洞和抽象的美，使它进入与丑的斗争，并以此方式创造出具体的美"。[2] 他竟然使另一种解释的主要代表人物老费舍尔改变了看法。费舍尔承认说："我最初以陈旧的黑格尔风格构成（我的学说），在美的本质中，我让不平静、发酵、斗争产生出来：理念占上风，压迫意象，促使意象消失在无限中便产生崇高；意象在它的有限中受到侵犯并向理念宣战，由此便产生喜剧；这样，斗争完结，美

① 参看本书第 13 章。

② 《美学》，莱比锡，1886，卷 1，第 1-16、19-24，70 页，卷 2，第 52 页；参看《美学批判史》，第 795、963、1041-1044、1028-1038 页。

从它的诸契机中回到自身并被成就。"但是现在(费舍尔继续说),"我认为沙斯勒和他的先行者韦塞、鲁格是有道理的:在这里,存在着丑的干预问题;它是运动的缘由,差异化的酵母,没有这个发酵,就不会达到美的特殊形式,这些美的特殊形式中没有任何一种形式与丑无关。"[1]

E.哈特曼 与沙斯勒的美学有紧密联系的是 E.哈特曼(Eduardo di Hartmann)的《美学》(1890),在它之前,哈特曼还著有《康德以来的德国美学史》[2]。他以批判一论战式的详尽考察坚持美是"理念的显现"(*das Scheinen der Idee*)的定义。正因为他坚持出现、显现为美的必然特点,所以他认为应把他创建的美学称为"具体唯心主义的美学",所以他宣称与黑格尔、特兰多尔夫、施莱尔马赫、多伊廷格尔、奥埃尔斯特、费舍尔、蔡辛格、默里茨、沙斯勒是一致的;与谢林、佐尔格、叔本华、克劳泽、韦塞和洛策的抽象唯心主义是对立的,因为他们认为美存在于超感性的理念里,忽视了感性要素或认为它是不重要的。[3] 又因为他坚持理念为不可少的和决定性的另一要素,他也宣称他和赫尔巴特的形式主义是对立的。美是真理,但不是历史的真理,也不是科学的和思考的真理,而是形而上学的或唯心主义的真理,是哲学的同样真理:因为"美越和任何科学及现实主义的真理相反,就越靠近哲学和形而上学的真理";"美以它的独特效能,在一个被形而上学所厌恶的和只

① 《批评之路》,V,第 112-115 页。

② 《康德以来的德国美学史》,1866(《美学》的第 1 部分)。

③ 《美的哲学》(《美学》的第 2 部分),莱比锡,1890,第 463-464 页;《康德以来的德国美学史》,第 357-362 页。

承认现实主义的真理的无信仰时代，是唯心主义之真理的预言者”。对于从主观显现到理念的存在直接产生的审美的真理来讲，还缺乏那个哲学所拥有的控制和方法；但可补偿的是：在程度的和反思的沉思中，让人相信的吸引人的力量，感性的和必从的直觉的力量却属于哲学。此外，哲学越上升，就越不需要通过感性和科学世界的程度的过渡，所以在它的进程中，把哲学同艺术分开的距离正在消失。为了它的益处，艺术在朝着理念世界旅行时有着它的机巧，正像贝德克尔(Baedeker)旅行者指南中所说的那样：不负担过重的东西(Sans trop se charger)，“不装载压断翅膀的重量和自在自为的、非本质的、无所谓的东西”。[1] 在美中，逻辑性是内在的，无意识是微观世界的理念：通过无意识，知性的直觉才能在它里边起作用，[2]通过美的植根于无意识，才存在着奥妙。[3]

E. 哈特曼和美的转化理论　哈特曼比沙斯勒更为广泛地使用了丑的刺激剂和反应剂。美的程度中的最低程度，甚至审美事实的最低界限，都是感性的快感，是无意识的形式美。但它的第一真正小的程度是第一等级的形式美或数学的快感(统一、多样、对称、比例、黄金分割等)；第二小的程度或第三等级的形式美是被动的目的论的快感，如器械和机器被使用的快感。这里须指出，哈特曼把语言也放在器械和机器之间了，他把语言比为器皿、锅和杯子；照他的说法，语言是死的东西，只有当人在讲话时，它才获得生命的表象。[4]

---

① 《美的哲学》，第434-437页。

② 同上书，第115-116页。

③ 同上书，第197-193页。

④ 同上书，第150-152页。

在洪堡德的祖国，在施泰因塔尔仍还活着的时候，语言对无意识说的哲学家来讲竟然是“死的东西”和“器械”！接着是第四等级的能动的或生命的目的论的快感；第五等级的那个形式美是与属类相符的快感；最后，在所有快感之上的是具体的美或个体的微观世界，它不再是形式的美，而是内容的美，因为个体的理念高于种的理念。由于丑的作用，从低级程度到高级程度的过渡是很自然的。可能没有任何人跟哈特曼相比，能以这样多的特殊性来使丑为美服务。对称是通过丑即通过匀等美的破坏而产生的；椭圆是通过与圆相对立的丑而产生的；一个碰碎到礁石上瀑布的美是通过数学的丑，即破坏了抛物线下跌时的美而得到的；一个心灵表现的美是通过引入一个和身体粗壮的丑相比而得到的。高级程度的美是建立在低级程度的丑之上的。当美达到了最高程度，达到了在它上面没有其他程度的个体美时，丑的要素仍继续着它的有益的刺激作用。我们知道，这个最后阶段的结果就是美的转化；即使在这部分，也没有任何人比哈特曼论述得更详尽入微，当然，他也承认，在简单的或纯粹的美一旁还有一些无冲突的转化，如崇高和秀美的转化；但最重要的转化总是通过冲突来实现的。转化有四种情况，其结果或是内在的或是逻辑的或是先验的或是结合的：内在的为抒情、忧郁、悲伤、快乐、激动、挽诗的；逻辑的为喜剧和它所有的多样性；先验的为悲剧；结合的为幽默的、悲喜混杂的和它的其他多样性。当这些结果中没有一个能成立的时候，才有着丑。当一个内容的丑是以形式的丑表现出来的时候，才有着最高的丑，一个真正的审美的魔鬼。

法国的形而上学的美学。C. 勒韦克　哈特曼是德国美学老一派的值得尊敬的最后一位代表人物，像这个学派的其他人一样，如果在成卷的著作中关于艺术不写上几千页之多的话，似乎是不合规则的；他的作品文字之多也使人惊骇。但是，凡是不害怕巨人，敢于靠近这类美学的人都会发现，这类美学宛如巨大而无用的、充满世俗偏见的、表面构成似乎很有力量的、但一只小螃蟹就会把他杀死的莫尔甘泰*。——在其他国家，形而上学的美学家寥寥无几。1857 年，在法国，科学院的道德和政治科学的一次征文引出了得到桂冠的、勒韦克（C. Leveque）的《美的科学》[①]；现在再也没人提及勒韦克了，如果不是想起他（他自认为是柏拉图的信徒）在对一朵百合花的考察中认为美有八个特点的话。这八个特点是：形式的完满尺度、统一、多样、和谐、比例、颜色的一般强烈、秀美和适中；这些特点都可归入尺度和秩序。为证明他的理论的普遍性，勒韦克把它用到三个美的事物中：和母亲嬉戏的孩童，贝多芬的音乐，一位哲学家（苏格拉底）的生命。他的一位唯心主义的同事谦恭地谈到那个学说时，忍不住谨慎地嘲笑道，让人产生这样的观念——在一位哲学家的生命里竟能存在着颜色的一般强烈——实在是令人感到困难的。[②] 贝纳尔的译作**和他的解释性文章[③]，瑞士法语区的一些作家的著作，如特普费尔（Töpffer）、皮

* 莫尔甘泰（Morgante），意大利 15 世纪作家 L. 普尔奇（L. Pulci）所写的诗（《莫尔甘泰》）中的主角，一个大众化的喜剧形象，他巨大而无能，似乎很有力量，却被一只小螃蟹咬死。——译者

① 勒韦克：《美的科学》，巴黎，1862。

② 《法国美学》（《灵魂和生命》卷的附编，巴黎，1864），第 118-120 页。

** 指他翻译的黑格尔的《美学讲演录》（《美学》）。——译者

③ 见《哲学杂志》，卷 1，2，10，12，14。

克泰(Pictet)、谢尔比列(Cherbuliez)也未能在法国普及德国的美学体系。

英国:罗斯金　英国表现得更加犹豫不定。如果在某种科学的历史中探讨罗斯金(Ruskin)不会引起一些不安的话——事实上,他所有的立意都和科学的立意相距甚远——那倒可以把罗斯金称为形而上学的美学家,当然是英国模式的。在他的言词华丽和具有灵感的著作中,艺术家的、易感动的、易怒的、易变的和情感丰富的气质给他的梦幻、任意提供了武断的声调和表面上的理论形式。但读过那些著作的人都会失敬地认为,罗斯金美学思想的所有阐述都是空泛的、散文(枯燥)的;都必然会发现他的美学思想的贫乏和不连贯。只能这样说:他遵循的是自然的合目的说和神秘的直觉说。他认为,美是神意的揭示,是"上帝给它的作品,甚至给它的最小作品"的签字。他认为,理解美的官能不是知性或敏感性,而是他所称的认识官能的一个特殊情感。当我们以纯洁的心灵静观任何一个没有被人手触及和篡改的物品时,被显现给我们的自然品大大高出艺术家的作品。就理解他的心灵中发生的心理-审美过程来讲,他也是一位非常粗略的分析者。但作为艺术家,当他倾心静观时,在任何一个不起眼的景象和一个自然的物品前,在一个鸟巢前,在一条小溪前,他都神思飞扬。①

意大利的美学家　在意大利,福尔纳里(Fornari)长老写过一本介于黑格尔主义和天主教之间的美学,在它里边,美与三位一体

① 罗斯金:《现代画家,美和想象力官能的理念》,1843-1860(第4版,伦敦,1891);参看德·拉·西泽拉纳(De La Sizerane):《罗斯金和美的信仰》,第112-278页。

中的第二位,肉身化的耶稣是等同的;[①]以此方式,他想阻止和反对德·桑蒂斯的自由批判;他从他的哲学高高的顶峰出发,认为德·桑蒂斯只是一个"精细的语法学家"。在焦贝蒂和黑格尔学派的影响之下,出现了一些不太重要的作品。德·梅伊斯(De Meis)用大量的篇幅发展了在历史的世界中艺术死亡的命题;[②]离我们较近的加洛(Gallo)所论述的美学[③]也是以黑格尔的思想为出发点的;其他人则重复了沙斯勒和哈特曼著作中已出现过的丑的被征服说。[④] 德国式形而上学美学的纯正代表人物是安东尼奥·塔里(Antonio Tari),他曾于1861年至1884年在那不勒斯教授这门学科。塔里是德国所有印刷品的细心而迷信的鉴赏者,是《理念的美学》和关于风格、鉴赏力、严肃性、游戏、音乐、建筑等论文的作者,在这些作品中,他企图在黑格尔的唯心主义和赫尔巴特的形式主义之间持中庸之道。[⑤] 他的听众极多的美学课程是当时人数众多和吵闹的那不勒斯大学所提供的奇异景象之一。塔里把他的论述分为"埃斯泰西诺米阿"(*Esitesinomia*)、"埃斯泰西格拉菲阿"(*Estesigrafia*)和"埃斯泰西帕拉西阿"(*Estesiprassia*)三部分,它们分别等于美的形而上学,自然美说和艺术说。和德国的唯心主义者一样,他把审美领域视为理论和实践的中间领域,他强调说:"精神世界里诸区域的温带正好位于思想中爱斯基摩人居住的寒

① 福尔纳里:《讲话的艺术》,那不勒斯,1866—1872,参看卷4。

② 德·梅伊斯:《桂冠之后》,博洛尼亚,1868—1869。

③ 加洛:《唯心主义和文学》,罗马,1880;《艺术科学》,都灵,1887。

④ 如F.玛西(F.Masci):《喜剧心理学》,那不勒斯,1888。

⑤ 《理念的美学》,那不勒斯,1863;《批判文集》(死后结集),特拉尼,1886。

带和行动中的巨人居住的热带之间。"他把美从宝座上拿了下来，在它那里放上了"审美"；美作为简单的"审美生命的开始，不朽的变化，花和果结合为一的花朵"，只是"审美"的第一阶段，它的紧跟着的阶段是崇高、喜剧、幽默和戏剧。但塔里课程中最有意思的地方是由"埃斯泰西格拉菲阿"构成的，它分为宇宙学、地理学和心理学。他在授课过程中，常常尊敬地提到他所称的"伟大的费舍尔"，并以费舍尔为榜样发展了美学的物理学；他以多而杂的知识和多想象的活泼（笔调）使美学的物理学生气蓬勃。您谈到过无机自然界的美，比如水的美吗？"浪（他以想象的方式说），在阳光下颤抖，这个动作便是它的微笑；汹涌澎湃了，这便是它的发怒；水花乱溅，这是它在撒娇；扬起泡沫，这是它产生了灵感"。您谈到过地质构造的美吗？"山谷，可能是人类的摇篮，它是抒情的；平原，单调和丰裕，它是教育的"。谈到过金属吗？"金子生来就是高贵的，铁经过人的加工才变得高贵；金子可夸耀的是它的出身，如果不使它蒙辱的话；经过加工的铁使人忘记它的出身"。他视植物的生命为梦幻，并重复了赫尔德的一句妙语：植物是"新生的婴儿，他偎依着自然母亲的乳房在吃奶"。他还把植物分成三种：多叶的、多枝的和伞形科的。"多叶类在热带植物中是超群拔众的，在热带，单子叶植物的王后——棕榈，代表暴政，是那些荒凉地区的人类之鞭。在那个孤独的全是冠状的尖尖的东西前，黑人就像爬虫似的在它脚下蠕动"。谈到花，丁香是背叛的象征，这是由于"它的颜色斑杂和它叶子的雉堞形状"；玫瑰花当它还是花蕾的时候，只有阿里奥斯托描写的童贞少女才能和它相比，但"当它展开花瓣和厌恶刺的掩护时，那它就成了一个女人，一个完完全全的女人了，甚至可以说是一个妓女(cocotte),一个供人廉价享受、以芳香装作爱情,以红叶装作廉耻的妓女”。他还找到和解释了一些水果和花之间的类比,如草莓和紫罗兰,橘子和玫瑰;他欣赏“茂盛的螺旋状的串式的建筑的美”;他认为橘子的形象是贵族的,因为这个东西肯花气力使自己产生出来(qui s’est donné la peine de naitre),相反无花果却是乡下佬,“愚蠢、粗俗,但多产”。在动物中,蜘蛛是原始的孤独的象征,蜜蜂是修道院式的生活的象征,蚂蚁是共和主义的象征。和米什莱(Michelet)一样,他发现蜘蛛是一个活的二律背反:没有网的帮助,它不能养育自己,但它织网并不是为养育自己。他认为鱼是非审美的,“愚蠢的外表,眼睛睁得大大的,不断地吞食,显得极为贪婪”。两栖动物却并非如此,它们能使看它们的人充满兴趣:青蛙和鳄鱼是“这个族类的阿尔法和奥米伽*,它们是从喜剧,甚至是从粗俗来达到恐怖的崇高的”。由于特质,鸟是审美的自然物,是“一个生命体三种最天才活动的所有者,爱、鸣、飞的所有者”。鸟类也表现出鲜明的不同,“和鹰,天空的皇后相比,天鹅是池塘温和的君主;和爱虚荣及放荡的公鸡相比,鸽子却是谦逊和一夫一妻的;孔雀美丽,火鸡粗俗”。在哺乳动物那里,自然戏剧般地弥补了纯粹美的缺乏,因为:如果说它们不能鸣唱,但却能发出有节奏的声音来;它们没有五光十色的羽毛,却能表现出生命的更深刻、更融和及更饱满的颜色来;它们不能飞,但在奔跑时却是强有力的。在高级的哺乳动物那里,开始显示出表情和个体的生命来。

* 阿尔法(Alfa)和奥米伽(Omega)分别是希腊文的第一个字母和最后的一个字母。——译者

"动物的史诗性在驴、蠢驴那里变成喜剧;在暗黄色的野兽那里变成抒情;在卡弗罗人的公牛那里,简直是悲剧了,这个骈蹄的科德鲁斯*心甘情愿地把自己奉献给狮子,以便挽救畜群"。像在鸟类那里一样,下面的正反对照也是很有意思的:羔羊和公山羊,可被称为耶稣和魔鬼;狗和猫,忘我和自私;野兔和狐狸,蠢货和骗子。关于人的美和人性别的美,塔里也做过很多细微的观察。他认为,女人的美在秀丽,不在体形:"最高的美是均衡,女人的身体是不均衡的,以至于在奔跑时她很容易跌倒;由于怀孕,她的腿是叉开的,她的身体不适合支撑宽阔的骨盆,弯曲的背靠丰满的胸来校正。"他还仔细考察了人体的各个部分。"卷起的头发表明体力,光滑的头发表明道德的力量";"天蓝色的拿破仑式的眼睛有着大洋的深邃,绿色的眼睛似乎被忧郁的魅力所围绕,灰色的眼睛没有个性,黑色的眼睛极有个性";"海涅(Heine)描写的一张美丽的嘴是两片极有丰韵的线条优美的唇,但对情人来说,这张嘴似乎只是贝壳,吻才是它里边的珍珠"。①

在回忆过这位善良的小老头,"一位任意的、混乱的美学的最后一位快乐的牧师"②,塔里,对德国类型的形而上学美学做过的奇怪的、几乎是土语般的概括之后,应以什么样的较好的方式向这个美学告别呢?

---

* 古雅典传说中的一位君主,他从神谕那里得知,只有他的死才能使雅典免遭敌人的入侵,于是他化装后寻敌挑衅被杀,后敌人果然退走。——译者

① 塔里:《一般美学课程》,由C.斯卡玛恰-卢瓦拉收集,那不勒斯,1884;《美学的要素》,G.托马索洛编,那不勒斯,1885。

② 参见皮卡:《远东的艺术》,都灵,1894,第13页。

第十七章　美学的实证论和自然主义

实证论和进化论　19世纪下半叶，实证论和进化论的形而上学占据了唯心主义形而上学失去的地盘。自然科学以混乱的方式取代了哲学，而唯物主义、唯心主义、机械论和目的论的概念又相混杂，这便导致了怀疑论和不可知论的胜利。这个方向典型的态度是蔑视历史，特别是哲学史；因此，它与几世纪以来思想家的努力所形成的一系列东西缺乏联系，而这个联系正是任何卓有成效的工作和任何真正进步的条件。

H.斯宾塞的美学　斯宾塞(Spencer)是当时最重要的实证论者。他在探讨美学时，全然不知他触及的问题的答案在他之前就已经全部或几乎全部被提出和被仔细地加以考察了。他在《风格的哲学》这篇论文的开头部分竟天真地说："我相信从未有人提出过写作艺术的一般理论"(这句话写于1852年!)；他在谈及美感时指出，他早已知道，关于艺术和游戏的关系，"一位他想不起名字的德国作家"(席勒!)已经提出过自己的见解。假如他的美学著作写于17世纪，那么它们可能会在最初和粗略的审美思辨的探讨中占有一席卑下的位置；但在19世纪，人们真不知该如何评价了。他在《论有用和美》的论文(1852—1854)中提出，只有当有用不再成其为有用的时候，它就变成了美；比如，一座正在瓦解的城堡，它对现代生活是毫无用处的，但却是合适的郊游地点和客厅装饰画的主题；他认为这种对立就是从有用到美的进化的原理。在另一篇论文《人的形象美》(1852)中，他把美解释为善的标志和结果。在《论秀美》中，他视秀美感为通过伴随着灵巧的力量而产生的同情。在《建筑风格的起源》(1852—1854)中，他发现建筑的美在于一致和对称，这些观念，在人那里，可能是由于高等动物身体的平衡所引起的，正像在哥特式建筑那里，是由和植物界的类比所引起的一样。在《论风格》中，他认为风格美的原因在于力的经济(节省)。在《音乐的起源和效能》中，他把音乐理论化为情感的语言，其作用在于增进人们的相互同情。[①] 在《心理学原理》中，他断言，美感源于人机体中过剩精力的发泄。他把美感分为各种程度：从简单的感觉到伴随着表象要素的感觉；由此上升到有着更复杂表象要素的感知、感动；最后上升到超感觉和感知的意识状态。美感的最完善形式是通过这三个欣赏程度的诸相应官能的全面活动所创造出的集中而得到的，它应在过度的活动中把具有痛感的一些东西避免到最低限度。但人们很少感到这种类型的强烈的审美激动。几乎所有艺术作品都是不完善的，因为在艺术作品里，反艺术的效果已经混杂到艺术的效果中去了，有时是技巧不能令人满意，有时是感动没有达到高尚的等级。所有艺术作品都应排除相对较低的程度，位于上述已被阐明的准则所制约的普遍欣赏的最高等级。“我们认为，从试图引起自我或自我-他人情感的希腊人的史诗和希腊雕刻家以类似史诗的传说提供给我们的表象的作品，到同样渗透

① 《科学、政治和思辨的论文集》，1858—1852(法文译本，巴黎，1789，3卷)。

着低级情感的中世纪文学及过去大师的作品（这些作品很少能用这些观念和由这些观念产生的情感来抵消在表象的研究中给我们精细的感觉带来的不快感），一直到现代艺术的很多光辉作品［它们的技巧超群拔众，但它们表现和引起的情感却不很高尚，如热罗姆（Geromo）的战争画面，有时充满性感，有时杀气腾腾］，都离开艺术的形式要符合美感的最高形式所要求的这种或那种品质相距甚远”。① 这些艺术批评的尖刻话语只是言词的变换而已，就像上述已阐明的理论是以“灵巧”代替“秀美”、“经济”（省力）代替美一样。如果要用某种方式确定斯宾塞的哲学立场，那只能说他摇摆于感觉论和道德论之间，还未有为艺术而艺术的意识。

美学的生理学家：格兰特·艾伦、赫尔姆霍茨及其他人　这样的摇摆也见于英国的其他作家，如萨利（Sully）、贝恩（Bain）；但在他们那里，和艺术的东西还算有着较密切的关系。② 艾伦（Allen）在他的很多论文和在《生理学的美学》（1877）中，汇集了大量的生理学经验，我们不知道它们在生理学上有多大价值，但却可以断言在美学上它们毫无价值。艾伦保留了必要的或生命的活动和过剩或游戏的活动之间的区别，认为美感是在“大脑—脊椎神经系统的外围顶端器官中活动的正常本质的内省的伴随物，这个活动不与生命机能直接地相关”。③ ——近来的一些研究者从另一方面解

① 《心理学原理》，1855，1870年重新修订（法文译本，巴黎，1874—1875），第8部分第9章，§535-§540。

② 萨利：《心理学概论》，伦敦，1884；《感知和直觉，心理学和美学的研究》，伦敦，1874；参看《大英百科全书》，“美学”词条。贝恩：《情感和意志》，伦敦，1859，第14章。

③ 《生理学的美学》，伦敦，1877；《论精神》，第3、4、5卷的各种文章。

释了生理过程，这些过程可能就是艺术快感的原因；他们断言，艺术快感“不仅依赖视觉器官及和视觉器官组合在一起的肌肉运动的活动，而且也依赖于整个机体中一些最重要机能的参与，如呼吸、循环、平衡和内侧肌的调整”。当史前的人愉快地感到，他们“不需要重新调节他们的器官便能正常呼吸时，当他们第一次在骨头上或在黏土上刻下一些间隔规则的线条时”，毫无疑问，艺术就已经发端了。[①] 在德国，赫尔姆霍茨（Helmholtz）、布吕克（Brucke）和施通弗（Stumpf）还进行了物理美学的研究；[②]总的来说，他们只阐明了艺术技巧的物理过程和视觉、听觉印象的快感的从属条件，仍紧紧局限在光学和声学的领域里，无意把美学融进物理学之中；有时甚至指出这两类研究的不同性。赫尔巴特的不肖之徒心甘情愿地把他们的老师谈到过的形而上学的关系或形式生理化了，并像人们所说的那样，向自然主义者的享乐主义大献殷勤。

美学中自然科学的方法 对自然科学的迷信常常会伴随着（在迷信中常有的事）一种伪善的东西。化学、物理学和生物学的实验室变成了西比尔的山洞，* 在那里，人们非常自信地探讨着人类精神的最高问题。许多人尽管实际上用哲学固有的方法进行他

---

① 浮龙·李和 C. 安斯特拉瑟-汤姆生（Vernon Lee 和 C. Anstruther-Thomson）：《美和丑》，见《当代杂志》，1897. 10—11 月（埃勒阿特在《哲学的十年》中概述过，见第 80-85 页）；相同作者们：《在视觉美感中运动因素的作用》；《在第Ⅳ届心理学大会上提出的问题和回忆文集》，伊莫拉，1901，第 2 版。

② 赫尔姆霍茨：《作为音乐理论生理基础的音感论》，1863，第 4 版，1877；布吕克-赫尔姆霍茨：《美的艺术的科学原理》，巴黎，1881；施通弗：《音乐生理学》，莱比锡，1883。

* 罗马神话中，埃涅阿斯曾到西比尔的山洞，请她在去地府的路上做他的向导。——译者

们的研究，却宣称（或误认为）他们遵循的是自然科学的方法。丹纳（Ippolito Taine）的《艺术哲学》[1]便是这类自欺欺人和误解的证明。丹纳说："如果通过研究各民族和各时代的艺术，能给自然下定义并确定每种艺术存在的条件，那就能对美的艺术和一般艺术有一个完整的解释，这个完整的解释就是美学。"但是，这是一种历史的、非教条的美学，可以确定特征和指明规律，"正像植物学一样，它以同样的兴趣研究橙树、桂树、松树和桦树；甚至它本身就是植物学中的一种，不过不是使用到植物上，而是使用到人类作品上的植物学"。这是一种遵循一般运动的美学，"这种运动在今天使道德科学靠近自然科学，它给一种科学提供另一种科学的原理、谨慎和指导，使它们取得同样的稳固性和保证它们得到同样的进步"[2]。这应是各种定义和学说——它们在没有掌握自然主义方法的哲学家那里，甚至在这些哲学家中的最不谨慎者那里，都是一样的——要遵循的自然主义的前奏曲。因为，据丹纳看来，艺术是摹仿，一种这样被成就的摹仿使事物的本质特征成为易感受的；这种本质特征指的是"遵循着固定的联系，为所有其他的品质或至少是其他品质中的很多品质提供本源的一个品质"。比如，狮子的本质特征是"一种大的食肉动物"，它决定了那个动物所有肢体的形状；荷兰的本质特征则是"由淤地形成的土地"。所以，艺术并不局限于现实存在的事物里，它还能像在建筑和音乐中一样，表象出和自然的现实不相符合的事物的本质特征。[3] 现在，人们要问，这些

① 《艺术哲学》，1866—1869（第4版，巴黎，1885）。

② 《艺术哲学》，卷1，第13-15页。

③ 同上书，卷1，第17-54页。

本质特征，食肉性、淤地性，如果不是例子的怪僻，那么在什么东西上与“典型”、“理念”——理性主义的或形而上学的美学总是把它们视为艺术的真正内容——不同呢？但是，丹纳本人排除了这方面的怀疑，他说：“这个特征是哲学家们称为‘事物本质’的那个东西，所以他们说，艺术的目的是表现事物的本质”；但丹纳补充说，他不想用“‘本质’这个词，因为它是技术性的”；[①]不使用这个词，而不是不使用这个词所表明的概念。两条道路（丹纳还说，正像任何一位谢林都可能说出的那样）导向人的高级生命和静观：科学之路和艺术之路；“前者研究现实的基本原因和规律，并用确切的公式和抽象的词汇表示它们；后者不再以枯燥的、一般人接受不了的、只有专门家才能理解的定义来表现这些原因和规则，它不仅指向理性，也指向最普遍人的感官和心灵，它具有既是高贵的又是大众化的属性，表现更高的东西并把它呈现给所有的人。”[②]

像黑格尔派的美学家一样，丹纳认为，艺术作品是沿着一个价值阶梯排列的。由于他开始宣称任何鉴赏力（每个人都有着他的鉴赏[③]）都是荒谬的，最后必得断言“个人的鉴赏力没有任何价值”；为了指出进步和偏差、发达和退化，为了表示赞同或不赞同，应该不过问个人的鉴赏力，而是从它那里抽取出一个共同的标准来。[④] 丹纳所确定的价值阶梯是二重的或三重的，它首先是根据特征的重要性程度或观念的较大和较小的一般性和善的效果程度

---

① 《艺术哲学》，卷1，第37页。

② 同上书，卷1，第54页。

③ 同上书，卷1，第15页。

④ 同上书，卷2，第227页。

或表象出的较大和较小的道德价值构成的(这两个程度是一个唯一品质的诸方面，是有时被视为自身力量的、有时被视为相对其他力量的诸方面)；其次是根据效果的集中程度，即根据表现的完满程度和观念与形式之间和谐的程度构成的。[①] 这个理性主义的、道德的和修辞学的理论不时地被自然主义的异议所打断："我们将从自然主义者那里根据我们的习惯，有系统地、有分析地学习所有的东西，我们企图寻求的不是颂歌，而是规律"等等；[②]这就足以改变他采用的方法的实质和他阐述的理论的实质了。丹纳甚至还热衷于辩证的论述和解释，他认为，在意大利艺术的最初时期，在乔托(Giotto)的画里，有灵魂而无躯体(命题)；在文艺复兴时期，在韦罗基奥(Verrocchio)的画里，有躯体而不再有灵魂了(反命题)；在16世纪，在拉斐尔的画里，表现和解剖学，灵魂和躯体，才和谐起来(综合)。[③]

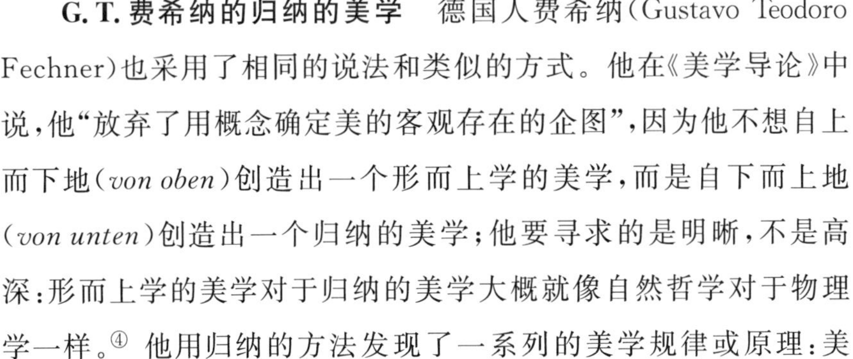

G.T.费希纳的归纳的美学　德国人费希纳(Gustavo Teodoro Fechner)也采用了相同的说法和类似的方式。他在《美学导论》中说，他"放弃了用概念确定美的客观存在的企图"，因为他不想自上而下地(*von oben*)创造出一个形而上学的美学，而是自下而上地(*von unten*)创造出一个归纳的美学；他要寻求的是明晰，不是高深：形而上学的美学对于归纳的美学大概就像自然哲学对于物理学一样。[④] 他用归纳的方法发现了一系列的美学规律或原理：美

① 《艺术哲学》，卷2，第257-400页。

② 同上书，卷2，第257-258页。

③ 同上书，卷2，第393页。

④ 《美学导论》，1876(第2版，莱比锡，1897—1898)。

学入门，美学指南或深论；多样中的统一，矛盾的不足，明确性，联想，冲突，结论性，调和，正确的方法，经济的使用，持续，改变，尺度等等。在很多章节中，都充满了这类混乱，而他对如此形而下的、混乱的解释却感到乐在其中和骄傲。此外，他还描述了他建议要进行的这类试验：——取十张面积相等(80 毫米×80 毫米)，但边的比例不同，从 1∶1 到 2∶5(包括黄金分割的比例 21∶34)的白色长方形硬纸，混乱地放在一张黑色的桌子上，叫一些条件和性格极不相同，但都属于受过良好教育的阶层的人来，让每个人用选择的方法(不考虑它的一个确定的用处)指出这些长方形中哪个长方形在他心里产生了愉快的印象，哪个长方形产生了最不愉快的印象。记下人们的答案，按男女分类，用这样得到的结果做出数目表格，然后再进行观察。——费希纳承认，在这类试验里，被询问者经常有所保留，不能当机立断地回答愉快或不愉快；有时则拒绝回答；他们的判断似乎是不确定的和疑虑的。在第二次观察中，从同样人中所得到的回答和在第一次观察中的回答根本不同。但错误可以得到补偿；那些表格在任何情况下都表明，大多数人喜欢接近正方形的长方形，而不太喜欢正方形，对 21∶34 这个比例的长方形则更为喜欢。[①] 这个方法被确切地定义为“任意数目的、任意选择的人的任意判断的一个平均数”的方法。[②] 费希纳还介绍了(仍是通过表格)他的一项统计结果，这项统计是从不计其数的绘画陈列馆的目录中得到的，与画幅和实物的大小和面积有关。[③] 然而，

① 《美学导论》，卷 1，第 19 章。

② 沙斯勒：《美学批判史》，第 1117 页。

③ 《美学导论》，卷 2，第 273-314 页。

他在说明什么是美的时候，仍须求助于老的思辨的方法，不管他对这个方法使用得好不好，也不管他怎样把下述不同说法——美的概念对他来说，只是“适用于语言使用的一个纯粹的应急之法，是为了简要指出直接快感的主要条件”[①]——置于思辨的方法之前。他区别了“美”这个词的三种意义：广义的美，即一般的快感；狭义的美，即较高的快感，但仍是感性的；最狭义的美，或曰真正的美，即“不只使人感到快感，而且有权利使人感到快感，在快感中有其价值的东西”，在这种快感中，美的概念（令人愉快）和善的概念相交叉。[②] 总而言之，美就是客观上让人感到快感的东西，作为这种快感，它与行为的善相符。“善（费希纳说，他现在成为诗人和艺术家）像一位严肃的人，是家庭内部生活的发令者，他权衡现在和将来，竭力从所有的事件中获益；美是善艳丽之妻，她关心现在，考虑到丈夫的意愿；快感是孩子，只知感知和游戏；功利（有用）是佣人，他给主人干活，只有干得好时才得到面包。最后是真，他仿佛是家庭中的教士和教师，宣传信仰，教授知识；他照料善，帮助功利（有用），为美持镜。”[③]说到艺术，他把艺术的基本规律或规则概括如下：1）艺术应选择表象一个有价值的或至少是有益的观念；2）艺术应用最适合它的内容的方式、用感性的材料来表现观念；3）在各种合适的表象方法中应选择那些比其他方法更能引起快感的方法，这些方法本身就包含着快感；4）同样的过程应在所有细节中见出；5）在这些规律出现冲突时，要使一个服从另一个，以得到尽可能大

① 《美学导论》，前言，第 4 页。

② 同上书，卷 1，第 15-30 页。

③ 同上书，卷 1，第 32 页。

的并最富有价值的快感(das grösstmögliche und werthvollste Gefallen)。[①] 但是,费希纳在完成了这个如他所称的享乐主义的美和艺术的理论[②]之后,为什么又不辞辛苦地列数原理和规则,进行一些对表明和显示这个理论毫无益处的试验并造出那些表格呢?人们不禁要想,那些伪科学的试验过去对他以及现在对他的追随者们来说,只是一种娱乐,并不比一个人玩牌或集邮更为重要。

恩斯特·格罗塞。思辨的美学和艺术科学 对自然科学迷信的另一个例子也可以在格罗塞(Ernesto Grosse)教授的《艺术起源》[③]一书中见出。格罗塞蔑视关于艺术的所有的哲学研究,把它们一律称为"思辨的美学";他要求的是一门艺术科学(*Kunstwissenschaft*),这门科学应从迄今为止收集到的历史事实的总体中挖掘出规律来。为此,他认为应把人种学和史前的材料结合起来,因为据他看来,局限于文明民族艺术的研究不能取得真正的一般规律,"正像起源理论只建立在哺乳动物起源的形式上是不完善的一样"。[④] 但和丹纳、费希纳一样,格罗塞在表明了对哲学的厌恶和他作为自然主义科学家的立意之后,也很快陷入了进退维谷的境地。没有别的出路:为了研究原始的和野蛮的民族的艺术事实,必然要从艺术的任何一个概念出发。格罗塞所求助的自然主义的所有比喻和言语的和缓并不能掩盖住他所采用的方法的本质;很不幸,他采用

① 《美学导论》,卷2,第12-13页。

② 同上书,卷1,第38页。

③ 《艺术起源》,弗赖堡,1894。

④ 同上书,第19页。

的方法和他蔑视的思辨美学的方法极其相似。“作为一位要探险于外国的旅行家，如果不了解这个国家的概况和他的行程方向，就会担心瞎走一阵；所以，我们在投入研究之前，应掌握并注意关于诸现象本质的一般和初步的方向”。“至多在研究的终结时（这些研究还尚未开始），对这个问题将有一个确切而详尽的解答。开始时被研究的特点……在结束时很可能将发生明显的改变”。噢！这可不是摹仿过去的美学家，而只是“提出一个定义来，这个定义就像在建筑物盖成之后应被推倒的脚手架一样”。[①] 废话，废话，还是废话；格罗塞书中的那一点点观念和艺术规则，不是靠研究了旅行家关于野蛮民族的证据后发现的，而是对精神的诸形式进行思辨后发现的；说得更正确些他是用其中的一种来解释另一种的（舍此又能怎样呢?）。格罗塞后来接受的定义是：艺术是一种在其过程及结果中存在着情感（*Gefühlswerth*）的直接价值的活动，它本身就是目的；实践活动和审美活动是两个对立面，游戏活动作为中介被置于二者之间。游戏活动作为实践活动也有一个外在目的；但它作为审美活动时，不会在平庸地无意义的目的中得到享受，而是在本身的活动中得到享受。[②] 在他那本书的结尾部分，他指出，原始民族的艺术活动很少是不伴随着实践活动的；只是在文明时代，社会的艺术才开始变成个人的艺术。[③]

社会学的美学　丹纳和格罗塞的美学也被称为社会学的美学。但是由于社会学作为科学不被人们所知为何物，人们就倾向

① 《艺术起源》，第 45-46 页。

② 同上书，第 46-48 页。

③ 同上书，第 293-301 页。

于迷信它，正像人们曾迷信自然主义的科学一样；所以，我们应抛开前言和不能实现的立意来观看一下，它们的作者由于客观的必然性到底肯定了什么东西，赞同哪些可能的方向，在哪些方向上持怀疑态度。在这样的考察中，我们要把并非不常见的情况放到一边，但也不是要创造出一个美学来，而是把关于艺术史和文明史的事实简单地收集到一起。一些社会改革者，如普鲁东(Proudhon)，在我们时代恢复了柏拉图的责难，或者说恢复了古代及中世纪的被缓和了的道德论。普鲁东不承认为艺术而艺术的公式，他认为：艺术是感性的和娱乐的，但应从属于法律和经济的目的。对他来说，诗歌、雕刻、绘画、音乐、小说、故事、喜剧、悲剧、除了劝善离恶外，不担负其他使命。[1] 据那个被视为社会学美学的创始者看来，艺术的职能在于拓展社会的同情；据某些法国批评家的看法，美学史的第三个阶段是和居约(M. Guyau)一起开始的；也就是说，理式说始于柏拉图，知觉说始于康德，而“社会同情的美学”始于居约。居约在《现代美学问题》(1884)一书中，反对游戏说，用生活说代替了它；在他死后发表的作品《社会学方面的艺术》(1889)中，他更确切地承认，他所说的生活是社会的生活。[2] 美如果是知性的快感，那便不能和只是快感的研究——功利(有用)相等同；但功利(有用)并不总是排除美(这样，他认为他纠正了康德和进化论者)，相反，往往形成了美的低级程度。艺术研究并不全部而只是“大部

---

① 《艺术原理及其社会目的》，巴黎，1875。

② 居约：《社会学方面的艺术》，1889(第3版，巴黎，1895)；《现代美学问题》，巴黎，1884；参看富莱(Foullès)对第一本书写的前言，第41-43页。

分”包括在社会学里；[①]原因在于艺术的研究有两种目的。第一种目的是创造出愉快的感觉（颜色和声音），这会涉及大部分无可争辩的科学规律，为此，美学和物理学（光学、声学等）、数学、生理学和心理学发生关系。事实上，雕刻学主要是建立在解剖学和心理学之上的；绘画是建立在解剖学、生理学和光学之上的；建筑学是建立在光学（黄金分割）之上的；音乐是建立在生理学和声学之上的；诗歌是建立在韵律学之上的，它的最一般规律是声学和生理学的规律。艺术的第二种目的乃是创造各种心理的归纳现象，这些现象导致性质最复杂的观念和情感的产生（对表象出人物的同情、兴趣、恻隐之心、义愤等），总而言之，导致所有社会情感的产生，使艺术成为“生活的表现”。在艺术中，有两种倾向应被研究：一种研究和谐、共鸣和所有使眼耳感到欢愉的东西；另一种研究旨在把生活注进艺术领域。天才、真正的天才，必定会平衡这两种倾向；但颓废派和失去平衡的人却使艺术缺乏同情的社会目的，用审美的同情反对人的同情。[②] 我们可以把这些翻译成现代熟悉的语言：居约承认一个纯粹享乐主义的艺术和在它之上的、也是享乐主义的、但靠近道德论的另一个艺术。——另一位作家诺尔道（Nordau）也对颓废派、失去平衡的人和个人主义者进行过同样的论战。他认为艺术的职能就是在以片段化和专门化为特点的工业社会中重新确立起完整的生活；他说，为艺术而艺术，内心状态简单表现的艺术和艺术家情感的客观化，在世界上是存在的，但这是“第四纪的人的

① 《社会学方面的艺术》，前言，第 47 页。

② 同上书，综合摘引，特别是第 4 章，参见第 64、85、380 页。

艺术，穴居人的艺术”。[①]

自然主义。C. 隆布罗索 从天才作为蜕化的学说中得出的美学可称为自然主义的美学，它的流行归于隆布罗索(C. Lombroso)和他的学派。这个学派的主要观点在于如下的推论：——思想的巨大努力和对掌握住的思想的全部吸收往往在机体那里产生生理的混乱和生命其他功能的偏差和萎缩。这样的混乱应该包括在疾病里，包括在蜕化、疯狂的病理学的概念里，也就是说，天才和病态、蜕化、疯狂是等同的。——从特殊到一般，从这些术语中的一个术语到另一个术语的这种三段论法，至少根据传统的逻辑学是不能得出结论的。但是，我们和诺尔道式的社会学家以及以隆布罗索为首的学派一起却走到了极端，在这里，体面的错误和粗俗的错误分野。——科学分析和历史研究或描写之间的互换也见于社会学家和人种学家的研究里，比如，见于卡尔·比歇尔(Carlo Bücher)的研究里。比歇尔在研究了原始人的生活后指出，诗歌、音乐和劳动皆源于一个行为，即诗歌和音乐都用于调节劳动的节奏。[②] 这在文化上可能是真的，也可能是假的，可能重要，也可能不重要，但跟美学科学毫无关系。安德鲁·朗格(Andrea Lang)同样认为，艺术作为摹仿功能的无利害冲突的表现起源于一种所谓原始的、装饰的而非表现的艺术。[③] 这种说法不能得到证明，否则，作为一个应解释的事实的原始艺术仿佛可以转化为解释的标准了。

语言学的退步 被误解的自然主义在语言学中也产生了不好

① 诺尔道：《艺术的社会职能》，第2版，都灵，1897。

② 比歇尔：《劳动和节奏》，第2版，莱比锡，1899。

③ 《习俗和神话学》，第276页，见奈特(Knight)：《美的哲学》，第9-10页。

的影响。在离我们较近的年代里，要求像洪堡德和施泰因塔尔先后进行的对语言学的深刻研究是徒劳的，就语言学来讲，并没有形成一个真正的学派。人们熟悉的、没有得出精确结论的马克斯·缪勒(Max Müller)认为，言语与思维是不可分的，他混淆了，或至少没有区分开逻辑思维和审美思维，尽管偶尔他也指出，名词的形成和洛克所理解的巧智存在着比和判断之间的关系更紧密的关系。此外，他还认为语言科学不是历史的科学，而是自然的科学，因为语言不是人的发明："历史的"和"自然的"这种双关论法曾在各种意义上成效甚少地被辩论和被解答过。[①] 另一位语言学家惠特尼(Whitney)反对缪勒的"神奇"说，否定思维和语言的不可分性。他指出，聋哑人不讲话，但能思维；思维不是听觉神经的功能。这样，惠特尼就重新回到言语作为人的思维表现的符号或工具的古代学说中去了。人的思维表现受制于意志，是各种官能综合的结果。[②] 哲学精神在保罗(Paul)的《语言史原理》[③]中复活了，尽管他想避免哲学化的可怕责难，并寻求出一个新名称来躲避那个威信扫地的"语言哲学"的名称。但是，如果说保罗对逻辑学和语法学之间关系的研究还仅是怀疑的话，那么他在恢复洪堡德关于语言起源和语言本性问题的同一性方面却建树了功勋；他再次肯定每次讲话时，语言都有它的起源。他的另一个功绩是，他以最终的方式批判了施泰因塔尔和拉扎鲁施的民族心理学，并指出，一个集体的心理学实体是不存在的；如果没有个体的心理实体，就不会有

① 《语言科学教程》，伦敦，1861—1864(法文译本为《语言科学》，巴黎，1867)。

② 惠特尼：《语言的生命及发展》，伦敦，1875(意文译本，米兰，1876)。

③ 赫尔曼·保罗：《语言史原理》，1880(第2版，哈勒，1886)。

语言。而冯特(Wundt)却把语言、神话、习俗归于那个并不存在的民族心理学;[①]正因如此,他在后期涉及语言学的著作[②]中,错误地重复了魏特尼的谵语,嘲笑了由赫尔德或洪堡德开创的"神奇论"的光辉学说,并把它指责为"神秘的黄昏"(mystische Dunkel);这个学说(冯特说),只有当进化论的原理一般地、完全胜利地应用到有机自然界和特殊地应用到人身上时,才有着某些为它存在辩解的理由。他对幻想所起的作用及思维和表现之间真正的关系毫无所知,也未能看出自然主义意义上的表现及语言和精神意义上的表现之间本质的不同。语言被他视为一个独特的、特殊的发展形式,一个生理、心理的根本表现形式,一个动物的表现运动的形式;从这些事实中,语言以不间断的方式得以发展。所以,除了表现运动(Austrucksbewgung)的一般概念之外,"不存在着任何以非任意形式来确定其界限的特殊说明"。[③] 冯特的哲学暴露出了自己的弱点:它没有能力驾驭语言和艺术问题。在他的《伦理学》中,审美事实被表示为逻辑要素和伦理要素的一个混杂物;他否定美学的特殊的规范科学;"规范科学"不是由于充足、真正的理由并不存在,而是由于(冯特说)这个科学将会融进到逻辑学和伦理学之中;[④]这等于断言美学并不存在和否定艺术的起源。

① 冯特:《论民族心理学的途径和目标》,莱比锡,1886。

② 《论语言》,莱比锡,1900,2卷本(《民族心理学》的第1部分:《对语言、神话和习俗的探讨》)。

③ 同上书,综合摘引,参看卷1,第31页以后;卷2第599,603-609页。

④ 同上书,斯图加特,1892,第6页。

第十八章　美学的心理学主义和其他近期趋向

新批判主义和先验论　新批判主义或新康德主义运动，尽管在入侵的自然主义和唯物主义中企图更好地挽救精神的概念，但并未成功地阻挡和制止住对艺术的享乐主义的、心理学的和道德论的研究。[①] 对于创造性的幻想，新批判主义从康德那里继承了很少的智慧遗产；除了理性主义的认识形式之外，它似乎对其他的认识形式一无所知。

基希曼　在德国，基希曼(Kirchmann)是赞同感觉论和美学心理学主义的有些影响的最初哲学家之一，是所谓的现实主义的推动者和《建立在现实主义基础上的美学》[②]一书的作者。在他的学说中，审美事实是一个现实的形象，然而是一个有情感的(*seelenvolles*)、纯粹和强化了的，即理想化了的形象；它分为快感的形象——美，和痛感的形象——丑。美有三重的不同性或转化，根据内容，它被确认为崇高的、喜剧的、悲剧的等；根据形象，它被确认为自然美和艺术美；根据理想化，它被确认为理想主义和自然

① A. F. 朗格：《唯物主义史及其现今意义的批判》，1866。

② 基希曼：《建立在现实主义基础上的美学》，柏林，1868。

主义的,形式的和精神的,象征的和古典的。由于基希曼并没有深入到审美客观化的特质之中,所以他只是提出了理想的或显现的情感——这些情感是由艺术的形象引起的,是现实生活的情感的弱化——的一个新的心理学品类而已。①

翻译成心理学的形而上学:F. T. 费舍尔 接近心理学的唯心主义者的一个类似的进化或退化说与赫尔巴特主义者的进化或退化说是一致的。在他们之间,我们首先要提及的是老费舍尔。他自己在发表的一篇自我批评中把美学视为"摹仿与和谐的结合"(*vereinte Mimik und Harmonik*);把美视为"宇宙的和谐",它从不现于事实而只现于无穷上,当人们觉得在美中抓住了这种和谐时,得到的只是一种幻象,一种先验的幻象,在它里边才隐藏着审美作品的实质。② 老费舍尔之子,罗伯特·费舍尔,为了指出人是借助审美过程把生命灌输到自然物品中去的,采用了"移情"(*Einfuhlüng*)一词。③ 浮尔克特(Volkelt)在论述《象征》④和把象征说同泛神论结合起来时,反对联想律,赞同美的内在的自然的目的论。赫尔巴特主义者西贝克(Siebek)抛弃了形式说(1875),企图用人格化显现的概念来解释美的事实。⑤ 他区别了只通过内容(感官的愉快)让人感到快感的东西,只通过形式(道德事实)让人感到快感的其他东西,以及通过内容和形式的结合(器官的事实和

① 《建立在现实主义基础上的美学》,卷 1,第 54-57 页;同时参看克罗齐《美学原理》,第 10 章。

② 《批判之路》,V,第 25-26 页和 131 页。

③ 罗伯特·费舍尔:《视觉的形式感》,莱比锡,1873。

④ 《最新美学史的象征概念》,耶拿,1876。

⑤ 《美学观念的本质,心理学研究及美和艺术的理论》,柏林,1875。

审美的事实）让人感到快感的东西。在器官的事实中，形式不是在内容之外的，而是二者相互作用的和它们构成要素相互结合的表现；反之，在审美事实中，形式是在内容之外的，几乎是内容的表面，它不是达到目的的手段，而是它自身的目的。审美直觉是感觉和心灵、材料和精神的关系，所以，它是人格化的显现形式。审美快感是从心灵在感性中找到自我的意识中产生的。如果说在自然物品中，人格化是由静观的人引入的，那么相反，在人的形象中，人格化是由他本身引入的。西贝克还从唯心主义者的形而上学那里抄袭了美的转化说，只有在这些转化中，美才被具体地显示出来，就像人只有作为被确定的种类和民族的人才能被具体地显示出来一样。崇高是有限的形式阶段消失在美中的那个属类，所以是无限，是广度和深度的无限的一个属类；悲剧是从和谐并未被提供出时产生的，它是冲突发展的结果；喜剧是渺小对伟大的一种关系，等等。鉴于这些唯心主义的痕迹，鉴于他坚定地认为康德主义和赫尔巴特主义的鉴赏力判断的绝对性，我们并不认为西贝克的美学是纯粹心理学的和先验的，也不认为它没有任何哲学的要素。在同样情况下，迪茨(Diez)在《作为美学基础的情感说》[①]中，也企图说明艺术活动是导向情感理想(*Ideal des fühlenden Geistes*)的，它和科学（思维的理想）、道德（意愿的理想）、宗教（人性的理想）是平行的。但这祥的情感到底是什么呢？是不能转变成理想的心理学家的先验的情感，还是和无限及绝对共通和结合的神秘官能呢？是费希纳的荒谬的“快感价值”还是康德的判断力(*Urtheilskraft*)呢？

① 迪茨:《作为美学基础的情感说》，斯图加特，1892。

可以说，这些和另一些被形而上学倾向所驾驭的作者们缺乏提出自己观点的勇气；他们感到了环境的敌对，话只讲一半，或者说企图妥协。心理学家约德尔(Jodl)承认赫尔巴特发现的审美基本情感，认为这些情感"不是建立在联想或再创造或想象活动上的直接情感"，尽管，"归根结底，它们应导向同样的原理"。[①]

心理学的趋向。特奥多尔·立普斯 纯粹心理学的和联想律的方向在立普斯(Teodoro Lipps)和他的学派那里是明确的。立普斯批判和反驳了下述美学学说：1)游戏说；2)快感说；3)艺术是现实生活——尽管不产生快感——的再现说；4)激情刺激和震荡说；5)混合说，即艺术既是游戏和快感，又是其他目的(承认生活的现实，个性的揭示，激动，摆脱一个负担，幻想的自由发展)的一个结果。从根本上讲，立普斯的理论与儒弗鲁瓦的理论并没有太大的不同，这是因为，概括地讲，他认为艺术的美就是移情的美。"移情的对象是我们的对象化了的、转变成他人的、所以能在他人那里找到的自我。在他人那里，我们感到我们自己，在我们这里，我们感到他人。在他人那里，我们感到我们是幸福的、自由的、舒展的、高尚的或所有这些东西的反面。移情的美感不仅是审美享受的一种方法，而且是审美的同样享受。归根结底，任何审美享受都唯一地、单纯地建立在移情之上；就连提供给我们线条、几何图形、建筑、地球外壳结构、陶器和类似东西的形式的审美享受亦是如此"。"在艺术作品中，总是要遇到人格化(这不是人的弱点，而是人的积极方面)，它与我们的生命和生命活动的可能性、倾向性是一致的，

① 约德尔：《心理学教程》，斯图加特，1896，§53，第404-414页。

或是能在它们中间得到共鸣；我们总是要遇到人的积极的、对象化了的、纯粹的和与在艺术作品之外的所有现实利益无关的东西。这种人格化，只有艺术才能表象，只有审美观照才要求。一致、共鸣，幸福地充斥于我们心中。人格化的价值是伦理价值。除了人格化，不存在伦理的其他可能性和确定。所以，一切艺术和一般的欣赏就是对于一种具有伦理价值（*eines ethische Werthvollen*）——它不是作为整体的要素，而是作为审美直觉的对象——的某些东西的欣赏。"①

K. 谷鲁斯　由此看来，审美活动缺少任何自身的价值，它只是从道德那里得到的一个价值的反映。——我们没有必要在立普斯的门徒们（斯特恩（Stern）和其他人②）和其他类似方向的思想家们[其中有神、人同形同性和普遍隐喻的理论家比塞（Biese）③，艺术是有意识自蹈幻觉的捍卫者朗格④]身上花费时间，而只介绍一下谷鲁斯（Carlo Gross）教授。谷鲁斯以一些方式重新靠近了作为理论价值的审美行为的概念。⑤ 在意识的两极，感性和知性之间，绵延着各种不同的中间程度，直觉或想象就归其中；直觉和想象作为产品就是形象和显现，感性和概念的中介。形象作为感觉是丰满的，作为概念是被整之有序的：形象没有感觉的无穷尽的丰富性，但也没有概念的贫弱和赤裸性。审美事实是形象和显现，它

① 《喜剧和幽默，心理学的美学论证》，莱比锡，第 223-227 页。

② 斯特恩：《最新美学入门和联想律》，1898，收在《美学论文集》里；立普斯和 R. M. 魏尔纳版（安堡-莱比锡）。

③ 比塞：《美学中的人类学和联想律》，1890；《隐喻的哲学》，汉堡-莱比锡，1893。

④ 朗格：《有意识的自导幻觉是艺术享受的核心》，莱比锡，1895。

⑤ 谷鲁斯：《美学导论》，盖森，1892。

不是在质上，而是在强度上有别于简单的和常见的形象；因为当同样简单的形象把握住意识的最高点时，审美的形象就是这个简单的形象。表象通过意识正像人们因为急着办自己的事情而匆忙通过一座桥一样；然而当行人在桥上停留以观风景时，那就是欢乐的日子，那时就产生了审美的作品。它不是被动，而是活动；是内摹仿（*inner Nachahmung*）。[①] 对他的理论应批驳的是：所有形象，如果要看成真正的形象，就应该至少在一瞬间内，把握住意识的最高点；简单的形象要么是与审美活动相等活动的产物，要么就不是真正的形象。还需反驳的是：作为把握住一些感觉和一些概念的某种东西的形象确定，能导向知性的直觉和形而上学家的其他神秘官能——谷鲁斯承认是厌恶它们的。更为不幸的是，他再次把审美作品分为形式和内容，并承认内容有四个等级：联想的（狭义上讲）、象征的、古典的和个体的。[②] 在他的学说中（它没有这样的必要），他还引入了人格化的灌输和游戏的概念。对于后者，他指出："内摹仿是人的最高尚的游戏"。[③] 他还说："除了在原始的民族那里以外，游戏的概念完全用在观照上，而不是用在审美创造上。"[④]

谷鲁斯和立普斯的美的转化　谷鲁斯摆脱了"美的转化"说，因为审美活动存在于内摹仿中，所以，很清楚，那些不是内摹仿的东西是作为更多和不同的东西被排除在审美活动之外的。"任何美（在"移情"意义上的美）都属于审美，但不是任何审美事实都是

① 《美学导论》，第 6-46，83-100 页。

② 同上书，第 100-147 页。

③ 同上书，第 168-170 页。

④ 同上书，第 175-176 页。

美”。美是感官愉快的表象；丑是非愉快的表象；崇高是以简单的形式而现出的一物品的威严（*Gewaltiges*）表象；喜剧是一种低级性的表象。[①] 谷鲁斯很善意地嘲笑了沙斯勒和哈特曼用肤浅的辩证法赋予丑的职能。说椭圆和圆相比有着丑的契机，因为椭圆的对称只朝向两轴而不朝着无限，这就像说“葡萄酒相对地有着不愉快的味道，因为在它里边没有（*ist aufgehoben*）啤酒的令人愉快的味道”一样。[②] ——立普斯在他的美学著作中，还认为喜剧（对喜剧，他做了很精细的心理学分析[③]）本身不具有审美价值。但由于他的道德论倾向，后来他还是提出了和丑的被征服说相类似的一些东西：丑的被征服只是一种方法，通过它，才能达到一个最高的审美价值（移情）。[④]

E. 韦龙和美学的双重形式　不过，谷鲁斯的论著以及立普斯的部分论著有助于在内心分析的领域内消除很多错误。这个功绩也归于法国人韦龙（Véron）的一本书。[⑤] 韦龙反对学院美学的绝对美，指责丹纳混淆了艺术和科学，美学和逻辑学。他指出，假如艺术应表现诸物品的本质，唯一和主要品质的话，那么“最伟大的艺术家将是那些能够表现这个本质的人……，伟大的作品彼此之间比其他作品更为相似和显示出它们的共同的同一性，可情况正好相反”。[⑥] 但在韦龙的作品中寻找科学的方法是徒劳的。这位

① 《美学导论》，第 46-50 页和整个第 3 部分。

② 同上书，第 292 页注。

③ 参见克罗齐《美学原理》，第 12 章。

④ 《喜剧和幽默》，第 199 页以后。

⑤ 韦龙：《美学》，第 2 版，巴黎，1883。

⑥ 同上书，第 89 页。

居约的先驱者[1]认为,“说到底,艺术是两种不同的东西,是两种艺术。一种是装饰性的,它以对象为美,即是眼、耳快感,它是由线条、形式、颜色、声音、节奏、运动和明暗的确定安排而产生出来的,不需要观念和情感的必要干预,它的研究包括在光学和声学里;另一种是表现的,它提供出人的人格化的激动的表现”。他认为,在古代世界占上风的是装饰性的艺术,在现代占上风的是表现的艺术。[2]

这里,不可能介绍文学家和艺术家的所有美学理论:如左拉写实主义中人的证明和试验的历史主义和科学的预定概念,或斯堪的那维亚学派的艺术-问题的道德论。关于艺术,波德莱尔(Carlo Baudelaire)在一些文章和分散的论著中[3],以及福楼拜在他的通信中[4],比他们国家里的所有哲学家和评论家论述得都要深刻。在韦龙和韦龙对美的概念的憎恶的影响下,列夫·托尔斯泰写出了关于艺术的论著[5]。这位伟大的俄国作家认为,艺术传达情感,如同语言传达思想。但以什么方式理解它,要看他关于艺术和科学所做的比较。他认为:“艺术的职能是使在论证的形式下不可能被同一的东西成为可同一的和感性的东西”,“真正的科学研究在一定的社会和特定的时代里被视为重要的真理,使这些真理渗透到人的意识之中;而艺术在人的意识中却使这些真理从知的领域

① 参看本书第 17 章。

② 《美学》,第 38、109 和 123 页以后。

③ 《浪漫主义的艺术》(约 1860);见《全集》,1887。

④ 《通信集》,1830—1880,4 卷;巴黎新版,1902—1904。

⑤ 法文译本名为《什么是艺术》,巴黎,1898。

转向情感的领域”。[1] 所以，根本没有为艺术而艺术，正像没有为科学而科学一样。任何人的作品都应旨在增进人的道德和压抑暴力。可以说，直至今日，世界上所有的艺术都未能表现出这个真理。埃斯库罗斯（托尔斯泰说）、索福克勒斯、欧里庇德斯、阿里斯托芬、但丁、塔索、弥尔顿、莎士比亚、拉斐尔、米开朗琪罗、巴赫、贝多芬的“美名都是评论家人为造成的”。[2]

尼采　我们还应在艺术家而不是在哲学家之间提及一下尼采（Federico Nietzsche）。但对他来说（正像对罗斯金说过的一样），如果我们要用科学的术语来展现他的美学论断，并把这些论断置于它们在这方面很容易引起的批评之下，那就错了。尼采在他的所有著作中，甚至在容易产生误解的第一本书，《悲剧的产生》中[3]，从未真正地提出过艺术理论；似乎是理论的东西，只是作者倾向性和情感的流露。此外，在他那里，还可以发现关于艺术的价值和目的，关于艺术与科学、哲学相比的低级性和高级性问题的忧虑，这是浪漫主义阶段的真正忧虑，而在很多方面，尼采都是这个阶段的最后和光辉的、最值得尊敬的代表人物。他思想的构成要素除了可追溯到叔本华那里以外，还可追溯到浪漫主义那里；由此，阿波罗式的艺术（肃穆静观的艺术，如史诗和雕刻）和酒神艺术（如在音乐和戏剧中的情感激动和震荡的艺术）之间的区别具体化了。这些学说是不严格的，所以是不能常存的；但它们却是高尚的希冀，它们把（美学）思想引向精神领域，其高度是19世纪下半叶

① 法文译本名为《什么是艺术》，第171-172页，308页。

② 同上书，第201-202页。

③ 《悲剧的产生》，1872（意文译本，巴里，1921）。

几乎从未企及的。

在那个时代，美学方面著名的一些思想家们可能就是一些试图建立艺术特殊理论的人。可是据我们所知，[①]艺术的特殊的哲学理论和规则是不能被理解的，被那些思想家所表明的观念应该只是(事实上也是)美学的一般性结论。在他们之中(除了已谈到的波德莱尔、福楼拜之外)，我们首先要提及的是一位敏锐的波希米亚的批评家汉斯利克(Hanslick Eduardo)；1854年，他发表了《论音乐美》一书，此书多次再版并被译成各种文字。[②] 汉斯利克反对理查德·瓦格纳，一般地讲，也反对在音乐中找到概念、情感和其他确定内容的企图。“在一架好的显微镜下也不会发现任何东西的最无意义的音乐作品里，如果封面有勇气断言乐曲的题目是《战前之夜》、《挪威的夏夜》、《海的畅想》或其他荒谬的东西，那么，人们也会马上相信的”[③]。他激烈地反对那些心灵柔弱的人，他们不是鉴赏音乐，而是从音乐中抽出情致激动的和实践活动的病理效果。如果希腊音乐真能产生这种效果，“如果佛律癸式[*]能激励战士英勇对敌，如果多利斯式[**]能保证远离丈夫的妻子的忠贞，那么，希腊音乐的散佚肯定会使将帅和丈夫们痛苦了；但美学家和音乐家却没有抱怨的理由”。[④] “如果每首缺少意义的安魂曲，每首喧闹的丧礼进行曲和每首哀怨的缓板都能使我们悲伤，那

① 参见克罗齐《美学原理》，第15章。

② 《论音乐美》，莱比锡，1854；第7版，1885(法文译本，巴黎，1887)。

③ 同上书，第20页。

* 古希腊激昂和战斗意味强的音乐。——译者

** 古希腊简单而严肃的乐调。——译者

④ 《论音乐美》，第98页。

谁还能准许这些情况存在呢？但是，一部真正的音乐作品在用美的明亮和光辉的眼睛看着我们，我们感到被它的不可战胜的魅力联系在一起了，尽管它的材料有着1世纪中的所有痛”。[①] 音乐的唯一目的（这是汉斯利克所持的原理）是形式，音乐美。由于他的这个论断，赫尔巴特主义者对他甚为友好，把他当作意料之外的和强有力的联盟者；汉斯利克也以同样的方式回报赫尔巴特主义者，以至于他觉得有义务在他的著作的最后几页中提一下赫尔巴特和他的忠实门徒齐默尔曼，后者（汉斯利克说）“充分发展了形式美学的伟大原理”。[②] 但这个人的赞赏和那个人尊敬的颂扬却是从相互误解中产生的，因为“美”和“形式”以一种方式被赫尔巴特主义者所理解，以另一种根本不同的方式被汉斯利克所理解。对称、纯粹的声学关系、耳朵的快感，据汉斯利克看来，不会构成音乐美；[③] 数学对于音乐的美学则根本是无用的。[④] 音乐美是精神的和表意的；它有着思想，但却是音乐的思想。“声音的形式不是空洞的，而是完善丰满的；它们不能和简单的线条、空间的界定相比；它们取得形体，并从同一形体中挖掘出它的形体化的精神。音乐比阿拉伯式网状花纹更进一步，它是图画；但不是一幅能用言语表达主题的图画，也不是一幅囚禁在概念里的图画。音乐中存在着意义，存在着内在联系，但却是特殊化的音乐本性的联系：音乐是我们理解

① 《论音乐美》，第101页。

② 同上书，第119页注。

③ 同上书，第50页。

④ 同上书，第65页。

和讲话的一种语言，但我们不能把它翻译出来”。[①] 汉斯利克承认，音乐如果不描写情感的品质，那肯定会描写情感的音调，或曰充满活力的侧面；如果它里边没有名词，那肯定会有形容词；如果它不是“低吟的柔情”或“勇猛的果敢”，那它肯定是“低吟的”或“勇猛的”[②]。汉斯利克著作的主旨在于否定在音乐中把形式和内容割裂开的可能性。“在音乐中，不存在与形式对立的内容，所以也不存在内容之外的形式”。“随便拿出一首乐曲来吧。内容是什么？形式是什么？形式从哪里开始，内容在哪里结束？内容到底是什么东西呢？声音？……好吧，但它们已经接收了一个形式。形式到底是什么东西呢？也是声音？但它们已经是丰满的形式了，也就是说，它们已是包含着内容的形式了”[③]这些观点都表明了对艺术本性的一个尖锐而深刻的理解，虽然它们并未形成严格的公式，也未被连接成一个体系。汉斯利克本人也认为，这些观点只具体地表明了音乐的特点，而不是泛泛地表明所有艺术形式共同的、根本性的特点[④]。这无法使他看得更远。

象征型艺术的理论家。菲德勒 另一位特殊美学的专门家是菲德勒(Corrado Fiedler)。他写过一些关于象征型艺术的著作，其中最重要的是《艺术活动的起源》[⑤](1887)。当他在对艺术和语言进行比较时，可能没有任何人比菲德勒更好、更雄辩地强调艺术

---

① 《论音乐美》，第 50-51 页。

② 同上书，第 25-39 页。

③ 同上书，第 122 页。

④ 同上书，第 52、67、113 页。

⑤ 菲德勒：《艺术活动的起源》，莱比锡，1987，及他的其他著作(见《艺术论文集》，H. 马尔巴赫编，莱比锡，1896)。

的能动主义特点的了。“在直觉(感觉)结束的地方,艺术才真正开始。艺术家与其他人的区别不是由于他的特殊的感觉的天赋使得他能更多、更强烈地发现或在他的眼中拥有选择、收集、改造、崇高化和表明的特殊力量,而是由于他的一种特殊才能使他能从感觉直接过渡到直觉的表现:他和自然的关系不是感觉的而是表现的关系”。“一个正在被动观看的人,相信自己掌握了作为一个无限的、多样的、极其丰富的整体而存在的视觉世界;他毫不费力地与视觉印象的无穷尽的多样性发生了关系,快速地通过意识的表象使他确信自己处于一个巨大的可视世界之中,尽管他还不能在单一的阶段中把世界作为一个整体呈现出来。但是,艺术的力量所企图严肃掌握的是这个巨大的、丰富的、无穷的世界消失的那一瞬间。为了达到视觉的明确性,缩小可视物品的范围已经是脱离黄昏状况的首先尝试了。艺术活动可被理解为意识的那种集中的继续,以达到导向明确性的第一步,这种明确性只是随着它的自身限定才实现的”。在这里,心灵的进程与形体的进程是同一件事情。“那个活动(艺术活动)正因为是心灵的,它就应存在于被确定的、可触及的、可感觉地表明的形式中”。艺术对科学的关系不是从属的关系。像科学家一样,艺术家企图从自然的感觉状态中脱离出来并拥有世界;但有很多领域是思维形式和科学所不能进入的,而艺术却能进入。艺术不真正是自然的摹仿,这是因为,如果自然不是感觉的和表象的以及被表明的表象的贫乏而混乱的堆积物,那它又是什么呢?但就另一种意义讲,也可以说艺术是自然的摹仿,因为艺术的目的不是提出概念或引起激动,即创造出知性的价值或情感的价值。如果愿意,也可以说艺术既产生出知性的价值又产生

出情感的价值，但是存在于已完成的视感中的一个真正品质的价值。——在这里，我们在汉斯利克的作品中看到的那种对艺术本质的健康理解和深刻的掌握又以更严格的哲学方式出现了。希尔德布兰德(Adolfo Hildebrand)和菲德勒是一致的，在他的理论著作中，尤其是在他所从事的艺术——雕刻术——的著作[①]中，他也坚持艺术的能动主义的特点，(他说)这个特点是建筑式的，不是摹仿的。

这些理论狭窄的局限 在菲德勒和具有相同倾向作家的作品中，人们希望找到的对审美事实的理解是：审美事实不是具有特殊天赋的人的特殊产品，而是人的每一瞬间的活动；否则，人就不能在表象一表现中，在他所认识和所创造的世界中，真正地掌握他现在所掌握的一切。[②] 语言不是艺术的比较项，艺术也不是语言的比较项，因为比较是在至少一方面是不同的东西中进行的，而艺术和语言是同一的。同样的批评也适用于法国哲学家柏格森(Bergson)，他在《论笑》[③]一书中提出的艺术理论在很多方面都类似于菲德勒的理论，他在把艺术官能理解为和日常的语言相比的不同和特殊的官能时，也犯有同样的错误。柏格森指出，在日常生活中，事物的完满个体性消失了，人们只看到那些实际需要的事物。语言对这个简化是认可的，因为名词，除了专有名词之外，都是性名词和类名词。但逐渐地几乎是由于消遣，自然才引出不同的和与一般人相脱离的人(艺术家)来，他们找到和揭示了隐藏在苍白符号和日常生活"商标"下的丰富性，以帮助其他人(非艺术

① 《雕刻中的形式问题》，第 2 版，1898(第 4 版，斯特拉斯堡，1903)。

② 参见克罗齐《美学原理》，第 1 章。

③ 柏格森：《论笑，关于喜剧意义的论文》，巴黎，1900，第 153-161 页。

家）看到他们看到的一些东西；为此，他们才采用颜色、形式、言语的节奏联系和那些对人来说是更为亲切的生命的和呼吸的节奏，即音乐的声调来。

回到鲍姆嘉通的企图。C. 赫尔曼　在艺术的普遍性里思考艺术的概念，并使这个概念同真纯的直觉认识相吻合的需要，可能有利于在唯心主义形而上学的废墟上健全地回归到鲍姆嘉通，即是说，通过已取得的新概念，有利于那位 18 世纪的老哲学家所探求的"美学的逻辑学"的复活并校正它。但赫尔曼（Corrado Hermann）却在 1876 年宣称回到鲍姆嘉通，[①]给本来可能不太坏的事情帮了倒忙。他认为，美学和逻辑学都是规范科学；在逻辑学中，像在美学中一样，不存在着"以特殊方式单独地适用于思维官能的外部对象的一个确定品类"；另一方面，"科学思维的作品和结果并不都像艺术创造的作品和结果一样，是外在地、感性地直觉的"。无论是逻辑学还是美学都不属于人的感性和经验的思维，而是纯粹的和绝对的思维。艺术成就的东西是介于特殊和普遍之间的一种表象。美表现事物属类的完善，真正的特征，也可以说，美表明事物应该有的（*seinsollend*）的特征。形式是"感性的外在界限或一事物的显现方式，它和这个事物的核心，和主要的和本质的内容是相对立的"。形式和内容都是审美的，审美的利害关系不需要一个特殊的器官，像思维需要语言一样。美学家如同辞典的编辑者，他的任务是编辑出一部声音和颜色以及声音、颜色所能接受到的各种意义

① 赫尔曼：《美学在历史中的地位和作为科学体系的美学》，莱比锡，1876。

的辞典。[①] 此外，人们还可看到，赫尔曼还收集了大相径庭的意见。他甚至收集到了黄金分割的审美规则，并把它应用到悲剧中去：一根线条中的较大部分是悲剧英雄；这位悲剧英雄遭受的打击（整根线条）是和他离开一般尺度（一根线条中的较小部分）成比例的。[②] 这大有开玩笑的意思。——在一位名叫维利·内弗（Willi Nef）的人所写的可怜的一本小册子[③]中（1898），被他视为美学的改革，“直觉认识的科学”，也被提了出来，但它与鲍姆嘉通并无直接联系。维利·内弗认为动物也有“直觉认识”；在这个直觉认识里，他又区别开了形式（直觉）方面和内容或材料（认识）方面；认为人们之间的正常交往、游戏和艺术也属于直觉认识。

折衷主义。鲍桑葵 英国的美学史家鲍桑葵（Bosanquet）企图用一些方式调和表现统一性中的内容和形式（1892）。他在《美学史》导论中说：“美是对感觉和想象力有个性特征的表现，同时又受其手段的一般或特殊的表现条件的制约。”在其他章节，他指出：“真正美学的难点是说明在特征表象中各种修饰形式的结合，为了强化它们的内在的本质特征，从一开始就要使它们从属于一个中心意义，它对它们的复杂的结合就像它们的抽象意义对它们中的每个单独的结合一样。”[④]但我们仍觉得，由德国美学的两个学派（内容主义和形式主义）之间的对立所引起的问题并未得到解决。

表现的美学。现状 在意大利，德·桑蒂斯还没有形成一个

① 赫尔曼：《美学在历史中的地位和作为科学体系的美学》，综合摘引。

② 同上书，§56。

③ 维利·内弗：《作为直觉认识科学的美学》，莱比锡，1898。

④ 《美学史》，第4-6、272、291、447、458、466等页。

美学科学的学派。他的思想很快就被那些企图窜改他的思想、并回到艺术既在于内容又在于形式的修辞学的陈腐理解中去的人误解和弄得贫乏了。只是在最近的十年中,关于历史的本性,[①]关于它和艺术、科学的关系之辩论才引出了具有哲学特点的研究,这个研究在关于德·桑蒂斯后期著作的论战中得到了发展。[②] 在德国,历史和科学关系的同一问题,它们二者的不同和对立又再次出现了,但并没有把这种现象和美学问题正确地联系起来。[③] 据我们看来,这些探讨和由赫尔曼·保罗等人的著作带来的充满哲学的语言学的复苏,提供了更有利于美学科学发展的基础,高深的神秘主义和低下的实证主义及感觉主义并未获益。

① 克罗齐:《转变为艺术一般概念的历史》,1893(现收在《最初的论文集》里,巴里,1919)P. R. 特罗亚诺(P. R. Trojano):《作为社会科学的历史》,那不勒斯,1897;G. 詹蒂莱(G. Gentile):《历史的概念》[收在科里韦鲁奇(Crivellucci)编的《历史研究》里];参看 F. de 萨尔罗(F. de Sarlo):《美学问题》(收在《哲学论文集》里,卷 2,都灵,1897),《心理经验的数据》,佛罗伦萨,1903,总结章。

② 克罗齐:《19 世纪的意大利文学》,那不勒斯,1896;《杂著录》,克罗齐编,那不勒斯,1898,卷 2(现在请参看《爱国者的一家和历史的其他论文》,巴里,1919,第 3 部分)。

③ H. 李凯尔特(H. Rickert):《论自然科学概念形成的界线》,弗赖堡,1896—1902。

第十九章　对一些具体学说的历史回顾

美学史的结论　我们的美学史结束了。我们列数了借以达到发现美学概念的辛劳和疑难，列数了它的被遗忘、后又复活和又有新发现之变迁；列数了在确切界定美学概念时的摇摆和不足；列数了似乎已被战胜的、但又重新占上风和涌现的旧的错误。至此，我们可以做出结论——但不想摆出妄加评论的样子——，尽管在最近的两个世纪中对真正所说的美学研究深化了，可仍嫌不足。少数天才倒是抓住了要领，并充满活力地、坚持不懈地、真正有意识地来坚持它；当然，从很多非哲学家的作家、艺术批评家、公众见解甚至格言那里也能收集到很多抓住要领的真正论断；为此，那些少数的哲学家似乎并不孤立，而是和者甚众，与公众的意志和普遍的良知完全一致。但是，正如席勒所言，为了以更大的力量回归到公众见解，哲学的节拍就得暂离公众见解；很显然，这是很必要的。科学的进程，即所有科学的进程都存在于这样的离开之中。在美学的这个劳苦的进程中，有着这样的错误：它们既是对真理的偏离，又是自身的提高和对美学提高的努力。这些错误是：古代诡辩论和修辞学家及18世纪、19世纪下半叶感觉论者的快感说；阿里斯托芬、斯多噶主义、罗马折衷主义、中世纪作家和文艺复兴时期专论作家的道德论的快感说；柏拉图、教会神父、中世纪还有极近

代的一些严格主义者的禁欲主义和由之而来的快感说，如首次随同普罗提诺出现的、在德国哲学古典阶段最后和较大成果中断断续续再现的美学神秘主义。在这些充斥思想领域的各个方面的不同错误中，由亚里士多德敏锐的经验论，由维柯的深刻理解，由施莱尔马赫、洪堡德、德·桑蒂斯和以较弱的声音附和他们的一些其他人的分析形成的思想就像是一条金色小溪。这些思想家本应足以让人认识到再也没有什么可被发现的了；但这些思想家是如此之少，并常常被错误地评价，不被人所知或甚至被人反对。这就让人做出结论，美学科学才刚刚开始。

科学史和对具体错误的科学批判史　一门科学的诞生犹如一个有生命物的诞生一样，它的进一步发展，像任何有生命物一样，都在对困难和对从各方面包围着它的一般和特殊错误的斗争中进行。错误的形式，错误形式之间的混杂及它们和真理的混杂是多种多样的；除掉一个错误又冒出另一个错误；那些被除掉的错误也还会不断地冒出来，尽管外貌从不相同。所以，科学批判的必要性是永存的，一门科学建立在作为已完成的、最终的和不再被探讨的一些东西之上是不可能的。这些一般的错误，艺术本身概念的否定，在这本美学史中，我们已经逐次地提到过；从这本美学史中，我们亦可得知，对相关领域的一个广泛的知识也并不是总能引出对真理的真正断言。现在，我们就转向所说的特殊的错误。如果杂乱的混杂物能被分解，如果它们伪装的想象形式能被克服，那么，很清楚，这些错误据其在《美学原理》中被批判的那样，可归纳为三组。这些错误是：1）与审美事实特点的质相对立；2）与特殊的质相对立；3）与一般的质相对立：即与构成审美事实的直觉的、认识的、

精神的活动相矛盾。在这些属于不同范畴的错误中，我们将简短地指出有过较大重要性和仍在持续的错误的历史。所以，与其说是一部历史，不如说是阐述其历史的一篇论文。这也表明，即使在对特殊错误的批判中，美学科学也仅仅是开始。如果说那些错误中一些错误已不再流行或几乎被忘却了，但也不能讲它们已经死亡或注定要由科学的批判使之合法地死亡。忘却或本能地排斥并不是科学的否定。

I

修辞学或修饰形式的理论

从重要性的顺序出发，不能不在这个列举中把修辞学或修饰形式的理论放在首位。

古代意义上的修辞学　但首先指出，现代被称为修辞学或曰修饰形式的理论比起古代对这个词的理解包含着更多或更少的意义是相宜的。在现代意义上讲，修辞学主要是指演说术的理论，但演说术只构成古代修辞学的一部分，而且还不是首要部分。在其整体上，演说术只被视为律师和政治人物的教科书和袖珍手册，它包括两类或三类（法律类、建议类、示现类），给那些想要通过言词产生确定效果的人提出建议和标准。这门科学的发明者，西西里最早的修辞学勒恩培多克勒（Empedocle）的门徒们［科拉克斯（Corax），提西亚斯（Tisias），高尔吉阿］的定义一直是很确切的：修辞学是说服人的本领。在它里边，探讨的是使用言词来说服他人或使他人进入到一种确定的心灵状态的方法：为此，就“要使弱的部分成为强的部分”，“要根据需要扩展和节缩”。高尔吉阿指出：“如果论敌严肃地对待一件事情，你就要把它变得可笑；如果论敌把一件事情变得可笑,你就要严肃地对待它。"[①]类似的说法也很著名。可这样做的人不只是一个能美地说出自己意思的审美的人,而且首先是一位追求实践目的的实践的人。但一位这样做的人,是不能逃避他这样做所要承担的道德责任的:这就涉及柏拉图主义者对修辞学、政治空谈家、律师和没有良心的记者之论战。柏拉图把修辞学正确地谴责为(已经把它同善的目的分开了)一种应予以指责的、卑劣的艺术;其目的在于激起情欲,相当于损坏胃口的食品和损害面容的胭脂。虽说修辞学已和伦理学调和,变成了灵魂的真正指南;虽说柏拉图只批判修辞学的滥用(亚里士多德指出,除了德行,其他所有的东西都可以被滥用);虽说修辞学可以被净化——像西塞罗所说的那样:"演说家不应从修辞学的制造厂而应从学院里培养出来"[②],或像昆体良强加给演说家的那样:"演说家应是善者和讲话的专家"。[③] ——但是,修辞学永远不能成为有规律的科学,因为它是由不同质的知识混杂形成的。这些知识是感情和情欲的描述,政治和法律的原理之比较,是简洁三段论或二段论的、关于可然东西之验证的、教育的和大众化表现的、文字雄辩的、朗读的、摹仿的和增进记忆的理论。

中世纪和文艺复兴时期修辞学的变迁　古代修辞学[由于泰姆诺斯的赫尔马戈拉斯(Ermagora di Temnos),在纪元前2世纪时达到了它的繁盛阶段]丰富的和不相同的内容随着古代世界的崩溃和政治条件的改变逐渐地被削弱了。在这里,我们不去追寻

① 引自亚里士多德《修辞学》,Ⅲ,第18章。

② 西塞罗:《为布鲁图姆的演说》,引言《引文为拉丁文》。

③ 昆体良:《演说术原理》,XIL,第1章(引文为拉丁文)。

中世纪修辞学的变迁和它在程式及讲话艺术(Artes dicendi)中的部分替换(如后来在关于布道艺术的论文中一样),也不想转述帕特里齐、塔索尼等作家关于修辞学在他们那个时代的世界之所以变成陌生东西之研究;[①]这个历史是值得叙述的,但在这里叙述是不合宜的。我们只要说明,当现实条件从各方面都在裂解那个知识的躯体时,路易吉·维韦斯(Luigi Vives)、拉穆斯(Pietro de la Ramus)和帕特里齐本人却把它作为体系加以批判。

维韦斯、拉穆斯和帕特里齐的批判 维韦斯强调了无所不论(*omnia*)的古代专论作家的惊人混乱。他在把成为善者(*vir bonus*)的义务强加给演说家的同时,把演说术同道德结合起来。他还把古代修辞学的五部分中的下述四部分作为外来的东西而加以推拒:记忆对所有艺术都是必要的;创意是所有特殊艺术的材料;朗诵是非本质的部分;剪裁配置是相对创意而言的。他只保留了演说术,它探讨的不是说出什么(*quid dicendum*),而是怎样说出(*quemadmodum*)。这样,演说术不仅包括三类,而且也扩展到历史、寓言、书信、传奇和诗歌中去了。[②] 在古代,当这种扩展企图刚刚出现于一些胆怯地把历史和书信类包括在修辞学里的修辞学者那里时,便遇到了反对和与实践情况无关的无数的纯理论问题。[③]其他人与西塞罗一样,[④]他们认为,当较难东西的艺术,法庭上的

① 帕特里齐:《论修辞学,十篇对话》,威尼斯,1562;第 7 篇对话;塔索尼:《杂感灵》,卷 10,第 15 章。

② 《论艺术腐败的原因》,1531,卷 4;《论讲话的理性》,1533。

③ 西塞罗:《论演说术》,Ⅰ,第 10-11 章;昆体良:《演说术原理》,Ⅲ,第 5 章。

④ 《论演说术》,Ⅱ,第 16-17 章。

演说术被说明时，其余的就易如游戏了（Ludus est homini non hebeit，游戏是属于聪明人的）。——拉穆斯和他的门徒奥梅·塔龙（Omer Talon）指责亚里士多德、西塞罗和昆体良混淆了辩证法和修辞学，把创意和剪裁配置归于前者，把唯一的、一般所理解的“演说术”归于修辞学。[①] 这样，他们和维韦斯就一致起来了。但帕特里齐却否定辩证法和修辞学的科学特点，只承认它们是不占用特殊材料（也不承认三类）的简单学科，它们的区别在于辩证法是通过对话和探讨必然性的东西显示的，修辞学是以扩展的讲话和让人相信可探讨的东西来显示的。此外，帕特里齐还发现，所有的人，包括历史学家、诗人和哲学家，都同样使用演说家的“结合的讲法”，由此，他也接近了维韦斯的结论。[②]

近代的残存　可是，修辞学学说仍顽固地存在于学校里，帕特里齐是不被重视的，如果拉穆斯和维韦斯有一些追随者[如弗朗西斯科·桑切斯和凯克尔曼（Keckermann）]的话，那么，他们所起的作用也只是遭到传统主义者的中伤。甚至尊敬修辞学的哲学家亦是如此。康帕内拉在他的理性哲学中给修辞学下的定义是：“在某种方式上的‘魔幻术’（Magiae）的一部分。它改变人的感情并通过这些感情迫使意志追寻或躲避人所需要的东西。”[③]鲍姆嘉通的分为美的思维创造、审美方法论和美的思维的意义（创意、剪裁配置、演说术）的美学就是从修辞学中推论出来的。这种分法又传到

① 拉穆斯：《辩证法原理》，1543；《自由艺术的学校》，1555；塔龙：《演说术原理》，1545。

② 《论修辞学》，第10篇对话及综合摘引。

③ 《理性哲学》，第3部分：《修辞学》，巴黎，1836，第3章（引文为拉丁文）。

了迈尔那里；迈尔在他众多的著述中，还著有被他视为美学心理学导论的小册子，《感情激动的理论说》[①]。相反，康德却在《判断力批判》中指出，作为演说的艺术（*ars oratoria*）及作为借助美的表象和辩证形式的艺术，应与美的讲话区分开来，因为为自己的目的而利用他人弱点的演说艺术"丝毫不值得尊重"（*gar keiner Achtung Wurdig*）。[②] 但修辞学在各个学校采用的著名教科书中仍然存在，如法国耶稣会士多米尼科·德·科洛尼阿（Domenico de Colonia）的著作直至几十年前在学校仍被采用。即使在今天，在所谓的文学原理中，特别是在关于演说类的章节中，人们也会发现古代修辞学的残余；现在仍有人在编辑法律的和圣书的修辞学教科书[如奥特洛弗（Ortloff）和惠特利（Whately）[③]]，尽管他们的人数很少。但可以说，古代字面意义上的修辞学事实上已被排除在科学体系之外了，没有任何哲学家像康帕内拉在他的时代一样把修辞学作为理性哲学中的一个特殊部门了。

近代意义上的修辞学：文学形式的理论 在近代，演说术和美的讲话的理论在形成学说的时候，其过程是相反的。但正如人们所说，其观念仍是古代的；其阐述的方法，即双重形式说和修饰形式的概念，也同样是古代的。

修饰的概念 当人们听诗人朗诵[④]或公众集会中的辩论时，

---

① 《感情激动的理论说》，哈列，1744。

② 《判断力批判》，§ 53 和注解。

③ 奥特洛弗：《在法庭上演说的艺术》，诺伊维蒂，1887；惠特利：《修辞学要素》（意文译本，皮斯托亚，1889）。

④ 亚里士多德：《修辞学》，Ⅲ，第 1 章。

对讲的效果进行思考之后，"修饰"的概念便应很快、自然地出现在脑子里。在那里，人们事实上也感到，好的讲法有别于坏的讲法，或者说人们更喜欢的讲法有别于不太喜欢的讲法，或者说严肃庄重的讲法有别于一般和通俗的讲法。通过一个多余的东西，一个附加物，演说家有能力在一般的粗麻布上绣出花纹来。对于这样的研究，希腊-罗马的修辞学家和印度的修辞学家一样（他们采用同样的方法是很自然的），于赤裸（ψιλή）的形式或纯粹的语法形式之旁，分出了一个多余的东西，他们管它叫修饰（κόσμος）。"修饰是（只引用一下昆体良的话就足以表明他们的说法了）。让人更清楚和更可能相信的形式"。[①]

附加的和非实质性的修饰是亚里士多德这位修辞学的哲学家的理论基础；他认为，隐喻是所有修饰之王。隐喻之所以能引起巨大的快感，据他看来，是因为它靠近不同的术语和让人发现属和种的关系，产生"通过种而得到的教益和知识"以及使人感到十分甜蜜的、易于学习的东西。[②] 这也就是说，对于正在讨论的修饰概念，对于心灵的漫游和轻松愉快的训练，隐喻能添加较小的、偶然的知识火花。

修饰的分类　修饰一般可分为许多类和次类。亚里士多德把介于明了形式和赤裸形式之间的修饰语分为（在他之前，苏格拉底也与他相差无几的这样做过）方言、比喻、饰语、引申、截断、缩写、离开惯例的用法、节奏及和谐。他把比喻又分为四类：从种到属

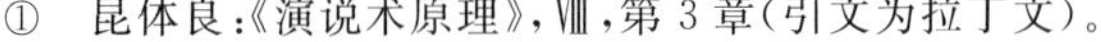

① 昆体良：《演说术原理》，Ⅷ，第 3 章（引文为拉丁文）。

② 《修辞学》，Ⅲ，第 10 章。

的；从属到种的；从属到属的；通过搭配的。[①] 泰奥弗拉斯图斯（Teofrasto）和德米特里厄斯（Demetrio Falereo）在亚里士多德之后，对修辞学进行了专门的研究。通过这些修辞学者和他们的后继者的努力，修饰语的分类固定在两种方法上：比喻和修辞格。修辞格又分为言语修辞格和思想修辞格；言语修辞格则分为语法的和修辞的，而思想修辞格则分为感动人的和伦理的。关于比喻，至少有十四种形式：隐喻、提喻、换喻、反义喻、似声喻、假借喻、倒转喻、形容喻、寓义喻、暗喻、讽喻、迂回喻、转置喻和夸张喻；每种比喻又有它的次类和相应的不足。言语修辞格有二十余种（重复法、照应法、同语颠倒复用法、层进法、接词省略法、准押韵法等等）。思想修辞格也有二十余种（疑问法、拟人法、直接描写法、激动法、拟态法、顿呼法、沉默法等等）。如果这些分法对帮助记忆有关特殊的文学形式还有一些价值，从理性上考虑却毫无价值。由于修饰语的一些类别既在比喻上又在修辞格上见出，既在言语修辞格上又在思想修辞格上见出；所以，只能说，除了如此整理和安排的修辞学家的任意和笨拙之外，不能有其他的解答。修辞品类所要完成的目的是指出一个表现同另一个表现——所喜欢采用的专用表现——的区别；[②]所以古人给隐喻下的定义是："言语或一段话语从一个意义到另一个意义的改变"；给修辞学下的定义是："非同一般的和更明显的造句方式。"[③]

适度的概念 在古代，如人所知，并未出现过对修饰说的反

① 《诗学》，第 19-22 章；《修辞学》，Ⅲ，第 2、10 章。

② 参见克罗齐《美学原理》，第 9 章。

③ 昆体良：《演说术原理》，Ⅷ，第 6 章，Ⅸ，第 1 章（两段引文为拉丁文）。

叛。尽管西塞罗、昆体良、塞涅卡(Seneca)和其他人认为:事实本身引出言词;心灵使言词雄辩并给思想以力量;真正把握住事实,言词自然紧随;词的精选便是对事物的关心;词语如与事实不符便毫无意义。但是,这些话并不包括我们现代人所要追寻出的意味深长的意义,它们只是与修饰说有冲突,而且还未被指明,所以没有效用:这只是不能打倒学校里错误学说的良知和抗议。此外,修饰说还被一个精心的装置,一个防止清楚和公开发现它的内在荒谬性的安全阀保护着。如果修饰在很多东西上都存在着,那么在什么限度内使用它才合适呢?如果修饰提供愉快,是否能做出结论,修饰使用得越多,愉快就越大呢?在这里,存在着类似的危险;所以修辞学本能地要抓住一个防卫的武器,适度(πeέπou)。修饰既不能用得太多也不能用得太少;要中庸之为德(*in medio virtus*),要适度而止。亚里士多德说,在文体中要调出"适当的剂量";修饰(他还说)应是调味品而不是食物。[①] 适度是根本外在于修饰的概念,是它的对手,目的在于排除它的敌人。适度是对什么东西而言的呢?事实上是对表现而言的;但适合于表现的东西不能被称为修饰和外来的、附加的东西,相反,它们与同一表现吻合。尽管修辞学家让修饰和适度一起和平共处,可并未产生过把它们组合成一个第三概念的想法。只有伪朗吉努斯(pseudo-Longino)针对他的前辈开什琉斯的研究——不应在同一个地方使用两或三个以上的比喻——才回答说:需要在感情像河流一样奔腾的地方

① 亚里士多德:《修辞学》,Ⅲ,第 2 章;《诗学》,第 22 章。

使用比喻,感情会把众多的必要比喻带出来的。[①]

中世纪和文艺复兴时期的修饰理论 保留在古代后期著作[多纳图斯(Donato)、普里西安(Prisiano)的著作和卡佩拉(Marciano Capella)的卓越的寓言专论]中和保留在毕达(Beda)、拉巴诺·马乌鲁斯(Rabano Mauro)手稿中的修饰理论延续到了中世纪,在此期间,修辞学、文法和逻辑学仍是学校里必须教授的三门科目。当时,修饰理论之所以在一定方式上被偏爱,是由于作家和文学家都使用着一种死去的语言*;是由于美的形式不只是自然的东西,而且是一种纹饰和后加的工作的这种看法得到了加强。文艺复兴时期,它仍占有重要地位,关于它的古典源泉也进行了再次的研究:除了西塞罗的著作,还有昆体良的《原理》、亚里士多德的《修辞学》和一系列不大知名的拉丁及希腊修辞学家的著作,在他们之中,赫墨根尼斯(Ermogene)的著作被朱利奥·卡米尼奥(Giulio Caminio)所偏爱;后者以他的著名著作,《论观念》,使赫墨根尼斯的著作流行起来。[②]

即使那些大胆批判古代修辞学体系的作家也没有批判修饰理论。当然,维韦斯抱怨过"希腊人的过于精细";[③]但在这方面,他未深入研究,便把区别搞得杂多化了,但并未断然采取反对修饰理论的立场。帕特里齐对古人是不满意的,因为他们并未很好地确

---

① 《论崇高》(收在《希腊修辞学》里,斯宾杰尔编,卷1),§32。

* 指拉丁语。——译者

② 卡米尼奥:《论埃尔莫耶内的观念》(《全集》,威尼斯,1560)。埃氏意文译本,乌迪内,1594。

③ 《论艺术腐败的原因》,第1章。

定什么是修饰;而他却承认修饰和比喻,甚至承认七种“结合的讲法”:叙述法、证明法、铺张法、指小法、反面修饰法、抬高法和降低法。[①] 拉穆斯学派继续把“思想的美化”归于修辞学。由于16世纪文学和生活面的大大扩展和深入,人们很容易收集到一些句子——它们像我们在谈到古代时举出的例子一样,断言言词对所要表达的事物的紧密从属性——,也很容易收集到反对学究和反对美的讲法的学究及法定形式的激烈言词。但修饰理论为什么还存在呢?这是因为它存在于暗处,被所有的人作为不需要再讨论的东西而默认了。胡安·德·瓦尔德斯(Juan de Valdés)在表白他的文体的想法时说:“我只注意到使用一些词,这些词能很好地表达我要说出的话,并尽可能地把话说通顺、说明白,因为我认为,在任何语言中都不存在着矫揉造作。”他还写道:美的讲法是:“用比你能用的还要少的话说出你想说出的事情,这样一来……,你就不能伤害一句话,或伤害其增长和文雅。”[②]从这里可以看出,增长和文雅是外在于句子和内容的。——在修辞学家费尽心机搞出各种修饰品类之前,蒙田(Montaigne)灵机一现,他指出:“听人说到换喻、暗喻、寓喻和语法的另一些名词时,您觉得它们不会是少见和奇怪的一些语言形式吧?它们是您的女佣人饶舌时所用的品类。”[③]也就是说,从道理上看,它们完全不是过时的语言。

① 《论修辞学》,第6篇对话。

② 《关于语言的对话》(马扬斯和西斯卡尔编,《西班牙语的起源》,马德里,1873),第115、119页(引文为西班牙文)。

③ 《试笔集》,第1集,第52章(加尔内编,第1集,第285页);第10、25、39章;第2集,第10章。

17 世纪的归谬 当文学创作变成空洞形式的游戏，当“适度”在实践上被侵犯、在理论上被抛弃或被忽视及被视为强加给修饰理论的人为限制时，修饰理论的不可维持性在 17 世纪的意大利文学衰落过程中开始显示出来。概念论或 17 世纪文风*的反对者(马泰奥·佩莱格利尼、奥尔西等人)感到了当时文学创作的缺点，隐约地看出了文学已不再是内容的严肃表现；但他们受到了鉴赏力不佳的修饰理论的支持者——他们表示，事情完全符合修饰的文学理论，它是争论双方的共同基础——的干扰。前者徒劳地使用了“适度”、“中庸”、“不要矫揉造作”和作为“调味品而不是食物”的修饰及所有各时代的一切可能办法(在各时代中，雄健的艺术生命力和可靠的审美鉴赏力是各种错误学说的自然中和剂)。其他人却回答说，当人们手头上掌握着修饰时，没有道理不去使用这些修饰；当巧智能无限度地进行炫耀时，没有道理不去进行炫耀。②

关于修饰理论的论战 对滥用修饰和对“西班牙式和意大利式概念”(它的理论家是西班牙的格拉西安和意大利的泰绍罗)之论战也在法国出现了。“让意大利以它的光辉和高雅的文风去发疯吧”；“你对一样东西心中有数，你就能把它清楚地表达出来，要找到表达这样东西的词是很容易的”。③《在精神作品中好的思维

---

* 17 世纪时意大利流行的一种文学理论。当时大多数的文学家认为：文风的高雅及其产生的效果取决于奇特的逻辑联想(概念)。因而，当时很多的文学作品都构思奇巧，文字华丽，而缺乏严肃的内容。这个理论的代表人物是马里诺和阿基利尼等人。——译者

② 克罗齐：《概念论的意大利作家》，第 8-22 页(收入《美学问题》里，巴里，1900)。

③ 布瓦洛：《论诗艺》，第 43-44、153-154 行(引文为法文)。

方法》一书的作者，前面提到过的耶稣会士布乌尔是概念论最尖锐的批判者之一。当时，围绕着修辞形式进行了热烈的辩论；布乌尔的论战者，民族主义者奥尔西认为(1703)，所有巧思的修饰都依赖于一个中项和导向修辞的三段论法，其巧思性在似假的真和似真的假。[①] 那些论战在当时虽未产生出伟大的科学成果，却大大地解放了人们的思想，正像我们所知的那样，[②]它们对维柯并不是没有影响的。维柯在提出他的诗的幻想的新概念时清楚地发现，修辞学理论已经因此而被彻底更新，修辞格和比喻不再是"喜愉的任性"，而是人类头脑的必然"。[③]

迪·马尔赛斯和隐喻　相反，修饰的修辞学理论却被鲍姆嘉通和迈尔谨慎和不合时宜地保留下来。可是，在法国，迪·马尔赛斯却猛烈地动摇了这些理论。迪·马尔赛斯1730年发表了《论隐喻》(《一般语法》[④]的第七部分)。他所阐述的关于隐喻的看法，是蒙田已经提出过的；也可能他从蒙田那里受到启发，尽管他未提及他。有人说(迪·马尔赛斯指出)修辞格是说话方式和远离一般及通俗的表现的迂回；这实在是无意义的，这几乎等于说"比喻和非比喻是不同的；修辞格是修辞格，它不是非修辞格"。从另一方面讲，断言修辞格远离通俗的说法这一点也是不确切的；因为"再也没有什么比修辞格更自然、常见和通俗的了：在集市上，在广场上

① 奥尔西：《对好的思维方式之考察》，1703(1735年再版，摩德纳，附所有有关的论战)。

② 同上书。第253-254页。

③ 同上书。第248-249页。

④ 《论隐喻或用一个语言的一个词可以表达不同的意义》，巴黎，1730(《迪·马尔赛斯全集》，巴黎，1791，卷1)。

一天所用的修辞格要比在学术会议上许多天所用的修辞格要多得多”；一段话语，哪怕是极短的话语，只用非修辞格来表现也是不可能的。迪·马尔赛斯举出了很多明确和自然表现的例证，在这些例证中，修辞不能不承认顿呼法、堆砌法、疑问法、省略法、拟人法等修辞格：“教徒们受到迫害，但他们在耐心地忍受。还有什么东西比《圣保罗书》里的这段话更自然的呢？*Maledicimur et benedicimus persecutionem patimur et sustinemus, blasphemamur et obsecramus*［我们受到咒诅，但在祝福；遭受迫害，但在忍受；受到欺侮，但在祈祷］。教徒们使用了对偶修辞格：咒诅对祝福、迫害对忍受、欺侮对祈祷。”还有什么比这更说明问题的呢？修辞格这个词本身便是比喻的，所以也是隐喻的。——但是，迪·马尔赛斯在发表了这么多精辟见解之后，却也糊涂起来，竟然说，修辞格是“通过一种特殊的变异而有别于其他讲法的讲话方式。通过这种特殊的变异，可以使每个修辞格自成一类，使它比没有得到另一特殊变异的、表明同一思想内容的讲法更生动、更崇高、更令人愉快”。[1]

心理学的解释　修辞格的心理学解释，修辞格审美批判的起步从那时以来就从未中断过。霍姆在他的《批评的要素》中说，他在长期考虑能否将与修辞格有关的修辞学部分缩成一个理性原理之后，终于发现修辞格在于感情因素；[2]人们借助感情之光试图分析拟人法、顿呼法和换置法。雨果·布莱尔(Ugo Blair)从 1759

① 《论隐喻或用一个语言的一个词可以表达不同的意义》，第 1 部分，第 1 篇；第 4 篇。

② 《批评的要素》，卷 3，第 20 章。

年开始在爱丁堡大学讲授的《关于修辞学和美的文学课程》[①]中的精彩部分皆源于迪·马尔赛斯和霍姆；这些课程后来被整理成书，在欧洲所有学校，也包括在意大利的学校，深受欢迎；它们以理性和良知卓有成效地替代了比它们粗浅得多的其他著作。布莱尔认为，一般地讲，修辞格是“想象力和感情提示出的语言”[②]。在法国，马蒙特尔（Marmontel）在他的《文学的要素》[③]中也宣扬过类似的观念。在意大利，切萨罗蒂把修辞部分、术语-修辞格同逻辑部分、语言的术语-数目对立起来，把幻想的修辞格同理性的修辞格对立起来。[④] 擅长心理分析的贝卡里亚（Beccaria）把文体视为“在任何话语中补充主要成分的附加观念和情感”；也就是说，他没能区别开旨在表现主要观念的理性形式和由于附加观念而不同于前者的文字形式。[⑤] 在德国，赫尔德对比喻和隐喻的解释和维柯的解释类似；也就是说，比喻和隐喻是原始语言和诗的特有属性。

浪漫主义和修辞学。现状　浪漫主义给修饰的文体理论以打击，在那个时代，这个理论在实践上已被扔到故纸堆中去了，但在严格的理论术语上讲还不能说它已被战胜和被抛弃了。美学的主要哲学家（不仅是康德和赫尔巴特——前者如人所知的那样，是机械论和修饰论的俘虏；后者关于艺术似乎只懂得音乐的一部分和修辞学的大部分——；而且还有浪漫主义哲学家谢林、佐尔格和

① 布莱尔：《关于修辞学和美的文学课程》，伦敦，1823。

② 同上书，第 14 课。

③ 马蒙特尔：《文学要素》（《全集》，巴黎，1819），卷 4，第 559 页。

④ 切萨罗蒂：《论语言哲学》，第 11 页。

⑤ 《关于文体本质的研究》（都灵，1853），第 1 章。

黑格尔)都未加仔细考察便从传统中接受和保留了转喻、暗喻、寓喻部分。以曼佐尼为首的浪漫主义摧毁了对美和高雅的言词之信仰并损坏了修辞学;然而,他已经把修辞学置于死地了吗?至少从学校用的修辞学的作者,鲁杰罗·邦吉(Ruggero Bonghi)不知不觉做出的认可看来,似乎并非如此;他在《批评信札》中,承认有两种文体或形式,即赤裸形式和修饰形式。[①] 格罗贝(Gröber)的文体理论在德国的语言学校里较为流行;它分为逻辑文体(客观的)和感情文体(主观的)。[②] 这是古代的错误,只不过被从当时大学所时髦的心理学哲学那里借来的术语掩盖着罢了。较近的一位专论作家把比喻和修辞格的学说命名为"审美统觉的形式说"。他把这个学说分为四个品类(古代的丰富性消失在这个可怜的数目里):拟人的,隐喻的,对偶的和象征的。[③] 比塞写了一本论述隐喻的书,对这个范畴进行了严肃认真的美学分析。[④]

最好的修饰理论的科学批判可能是散见于德·桑蒂斯著作中的那种批判了。如他所说,他在教授修辞学的同时,提出了反修辞学。[⑤] 但是,这个批判也并非是以哲学和系统化的标准进行的批判。我们认为,真正的批判不应脱离审美活动的本性,它(审美活动)是不可分的,它不是A式和B式的活动,不能一会儿用这个形

① 邦吉:《批评信札》,1856(第4版,那不勒斯,1884),第37、65-67、90、103页。

② 格罗贝:《罗曼语及生理学概论》,卷1,第209-250页;福斯勒(K. Vossler):《生活中的切里尼的文体》,哈勒,1899;参见福斯勒的自我批评:《语言科学中的实证论和唯心主义》,海德堡,1904(意文译本,巴里,拉泰尔查,1908)。

③ E. 埃内斯特(E. Ernester):《文学原理》,哈勒,1897,卷1,第359-413页。

④ 比塞:《隐喻哲学》,汉堡-莱比锡,1893。

⑤ 《德·桑蒂斯的青年时代》,第23,25章;《杂著录》,卷2,第272-274页。

式，一会儿用那个形式表现一个相同的内容。这样，只能摒除一对怪物，即摒除缺少幻想的赤裸形式和相对于赤裸形式的包含着多余东西的修饰形式。[①]

Ⅱ

艺术种类和文学种类的理论

艺术种类和文学种类的历史，每个单项固有规律和规则的历史，几乎总是和修辞理论休戚相关的。

古代的种类。亚里士多德　史诗、抒情诗和戏剧的三分法在柏拉图那里已现端倪；根据种类的程式，阿里斯托芬也特意提出过批评的标准。[②] 但是，古代留给我们的种类说的著名论述却是悲剧说，它构成了亚里士多德诗学残篇的主要部分。亚里士多德认为，悲剧是对于一个严肃、完整、有一定长度的动作的摹仿；它的摹仿是借助动作，而不是采用叙述法来表达的；它能引起怜悯和恐惧并使这些情感得以净化。[③] 亚里士多德详尽地论述了悲剧六个部分的品质，特别是寓言和悲剧人物的品质。他探讨的是诗的本性和诗的特殊形式，并未想到制定出规则来，这曾被人多次指出（如16世纪的文森佐·马吉奥）。可当时（16世纪），皮科洛米尼却说"所有这些和那些被说明和被陈述的东西都接近于另一目的，即是说，要让人看出它们的规律和规则中有什么应被注意和使用"，正

① 克罗齐：《美学原理》，第9章。

② 柏拉图：《理想国》，Ⅲ（309）；参见缪勒《艺术史》，卷1，第134-206页，卷2，第238-239页注。

③ 《诗学》，第6章。

像人们制造锤子或锯子，要首先指出它们是由哪几部分组成的一样。[1] 以亚里士多德为代表的错误在于把抽象和经验的分析变成理性的概念：这在美学研究之初几乎是不可避免的。梵文的诗学也出现了这种情况，比如，它确定和提出过戏剧的十个主要种类和十八个次类；这些种类拥有四十八个男主角和更多的女主角。[2]

中世纪和文艺复兴时期 在古代，于亚里士多德之后，诗的种类说似乎并未得到广泛和丰富的发展。在中世纪，“韵律的艺术”和“吟游诗的缘由”也许能归于这类探讨。只是由于阿维罗伊的解说，亚里士多德的诗学残篇才首次为人所知；但令人惊奇的是，种类说以奇怪的方式被塞了进去：悲剧是赞美的艺术，喜剧是谴责的艺术，也就是说，前者是颂词，后者是讽刺。阿维罗伊认为，突然转变就是冲突，所以，在描述一件事情时，要从相反的东西入手。[3]对于一个处于与希腊世界根本不同的时代、对希腊世界缺乏足够认识的思考者来讲，只通过纯粹的逻辑方法是无法断言这些种类真正历史本性的。文艺复兴时期，在亚里士多德的原文被解释、歪曲和重新被思索的同时，一系列被严格限定和置于不可更改的规则之下的诗的种类和次类也逐渐确定下来。当时，关于理解史诗或戏剧诗的统一的方式；关于进入这部或那部诗中人物的道德品质和社会地位；关于动作本身和动作是否应包括情欲、思想和抒情诗应包括在真正诗歌范围之内还是应排除在外；关于悲剧的材料

① 《注释》，引言。

② 关于印度的诗学，参见 S. 列维(S. Levi)《印度的戏剧》，第 11-152 页。

③ 参见梅嫩德斯-佩拉约(Menendez y pelayo)《美学思想史》，卷 1，第 126-154 页(第 2 版)。

是否应是历史的；喜剧能否用散文对白；悲剧是否应有一个愉快的结局；悲剧人物是否应是一个完美无缺的人；关于在诗中应该用多少对白和哪些对白，它们应该怎样和主要动作衔接，等等，都出现过争论。但在亚里士多德著作中出现的那个神秘的净化规则却一直是一个难以搞清的问题。塞尼(Segni)曾天真地希望能出现悲剧的十全十美的表演，以便看出亚里士多德谈到的“净化”，即“在心灵中产生出的宁静和对任何骚动清洗”的效果来。[①]

三一律　16世纪的批评家和专论作家在很多事情中得出结论的那件最著名的事情是时间、地点和动作的三一律的确定。不知为什么它们被称为统一，当时，至多谈的是时间的短暂、地点的紧凑和对一个动作着的确定阶级的悲剧题材的摹仿。众所周知，亚里士多德只规定过动作的统一。他指出，把时间限制在一天之内只是戏剧界的习惯。根据亚里士多德的这种看法，16世纪的批评家们出于个人偏好，把时间限为八小时或十二小时；有人甚至提出二十四小时，把夜晚——夜晚特别适合于表现悲剧中常见的凶杀和暴行——也包括在内。最后和最奇怪的统一是地点的统一，它是在卡斯泰尔韦特罗、里科博尼(Riccoboni)和斯卡利杰罗的著作中逐渐形成的；直至1572年，法国人德·拉·泰莱(Giovanni de la Taille)才把它作为第三个统一加在其他二个统一后面；1598年，安杰罗·因杰涅里(Angelo Ingegneri)才更明确地把地点的统一提了出来。

种类和规则的诗学。斯卡利杰罗　在整个欧洲，意大利的专

① 《诗学译本的引言》。

论作家们普遍被人所知并有着影响，他们引出了法国、西班牙、英国和德国的诗学的最初探讨。他们的代表人物是斯卡利杰罗，他被视为（有些夸张）假古典主义或法国新古典主义的奠基人，（有人说）“他奠定了古典巴士底的第一块基石”。但是，他不是第一个、也不是唯一一个以种类的详细划分和分类、以强加给种类的不可逾越的界线、以对自由的灵感和幻想的不信任，在使“文学作品中理性至上的主要结论成为有系统的学说方面”作出有效贡献的人。[①] 斯卡利杰罗的后继者中，除了达尼埃尔·黑因休斯（Daniele Heinsius），还有奥比纳克、拉潘（Rapin）、达西厄尔和雄踞法国文坛和剧坛的其他人，如布瓦洛就用优雅的诗句阐述过新古典主义的规则。莱辛也是同样的（正像有人正确指出的），他对法国人的规则之反对［是用规则反对规则，在这方面，意大利的作家们已先行一步，如卡皮莱奥（1732）］是很不彻底的：他认为，高乃依和其他作家歪曲了亚里士多德，但莎士比亚的戏剧却是合乎亚里士多德规则的。[②] 这说明，莱辛既不想取消所有规则，也不赞同那些高呼“天才、天才”和认为天才超越所有规则或天才所为就是规则的那些人的说法。他说：正因为天才是规则，规则才有价值，才能被确定；否则规则就等于把天才局限在它的最初的努力上，这样的样例和练习是毫无用处的。[③]

妥协和扩充 几世纪以来，只是由于各种精细的解释、类比的扩充和或多或少变相的妥协，“种类”和“界定”说才得以维持下来。

---

① 兰蒂阿（Lintilhac）：《政变……》第 543 页。

② 《汉堡剧评》，第 81、101-104 注。

③ 同上书，第 96、101-104 注。

文艺复兴时期的意大利批评家以亚里士多德为榜样撰写他们的诗学时，遇上了骑士诗，他们只好草草对此进行解释，把它归入古人没有遇到的诗的种类中去[吉拉尔迪·钦蒂奥(Giraldi Cintio)]。[①]诚然，一些严格主义者一直表白，传奇不是与英雄体诗不同的属类，而是"撰写得不好的一种英雄体传奇"(萨尔韦阿蒂)。由于无法把但丁的诗排除在意大利文学之外，雅各布·马佐尼在《为但丁辩护》中再次修改了诗学的范畴，以便把《神曲》包括在诗学里。[②]也有人开始写趣味剧。切基(Cecchi)宣称(1583)："趣味剧是悲剧和喜剧之间的第三种戏剧。"[③]既非悲剧也非喜剧而是悲喜混杂剧的瓜里尼(Quarini)所写的《忠实的牧羊人》也应运而生了；可是，亚松·诺莱斯(Iason Nores)却谴责这位闯入者，因为他不能把它归入由道德和文明哲学推论出的种类之中。不过，瓜里尼却勇敢地捍卫这部他所喜爱的、作为第三个种类的、混合的、符合生活现实的作品。[④] 另一位严格主义者费奥莱梯(Fioretti)也在攻击悲喜混杂剧，他说："它是巨大的和凭空拼造出的恶魔，就连半人半马、半鹫半马、狮头羊身蛇尾的怪物都比这个恶魔要可爱和完善……，它与缪斯和诗根本对立，是本身就不和谐的、敌对的、无法忍受的成分的大杂烩。"[⑤]尽管如此，谁又能把脍炙人口的《忠实的牧羊人》从诗歌爱好者的手中夺走呢？马里奥的《阿多内》也遭到了同

① 吉拉尔迪·钦蒂奥：《论小说、喜剧和悲剧》，1557(达埃里编，1884)。

② 雅各布·马佐尼：《为但丁的喜剧辩护》，切塞纳，1587。

③ 切基：《罗曼曲》，序言，1585。

④ 请参见《真正的文献录》；《悲喜混杂剧的纲领》，威尼斯，1601。

⑤ 《诗的诞生》，1627，佛罗伦萨，卷3，第130页。

样的命运，沙普兰（Chapelain）说它只是一首“和平的诗”，而另一些捍卫者却称之为“史诗的一种新形式”；[①]同样，艺术喜剧、音乐剧的命运亦是如此。高乃依由于为《熙德》辩护而遭到斯居代里（Scudery）和法兰西学院的猛烈攻击；他根据亚里士多德的原理在论及《悲剧》时指出，“为了不再非难在我们的舞台上取得很大成就的诗作，进行一些修改和有利的解释……”是必要的。但他在另一处又说，“我们很容易做到和亚里士多德一致”：这种文字上的伪善令人想起伪君子（Tartuffe）的一句口头禅“我们和上天一致”[②]来。18世纪，除了一般被承认的种类之外，又加上了市民悲剧和伤感喜剧，反对者嘲讽地称其为泪剧；它遭到了德·沙西龙（De Chassiron）的攻击，[③]狄德罗、热莱尔（Geller）和莱辛却为之辩护。[④] 就这样，种类说继续受到压抑，它的声名仍是不佳的，但在这种逆境中，它如果不能保持住高位的话，却仍能保持住起码的一些权力；正像绝对君主由于时代的必然变成了立宪君主，把民族的意愿同神赋的权力勉强调和起来一样。

对一般规则的反叛 但是，如果从16世纪起开始听到的对所有规则和对一般规则的时强时弱的反叛声取得优势，那么，那位君主要保持住权力将会是更加困难的。皮耶特罗·阿雷蒂诺（Pietro Aretino）在嘲讽最神圣的规则时说：“如果你们（他以滑稽的口吻在他的一部喜剧的前言中说）看到在一场戏中角色上台的

① 参见贝洛尼（Belloni）《17世纪》，米兰，1898，第162-164页。

② 《试笔集，论戏剧诗、悲剧和三一律》。

③ 《关于流泪喜剧的思考》（莱辛版，《全集》，已引用的版本）。

④ 热莱尔：《论伤感喜剧》，1751；莱辛：《论流泪的或伤感的喜剧》（《全集》，卷7）。

次数多于五次的话，也不要发笑，因为能拴住河上磨盘的链条拴不住今天的疯子。"[①]哲学家乔达诺·布鲁诺(Girdano Bruno)坚决反对"诗的严格主义者"，他说，规则源于诗，"有多少天才和多少真正规则的属类，就有多少天才和真正的诗人"；种类的个体划分等于种类的死亡。"那么，怎样才能识别(对方间道)真正的诗人呢?""从诗句的吟唱上(布鲁诺回答说)，以吟唱的方式，他们或提供娱乐，或提供教益，或两者并重"。[②] 瓜里尼在捍卫《忠实的牧羊人》时也采取了同样的方法，他说(1588)："世界是诗人的法官，它作出不可撤销的判决。"[③]

西班牙的批评家们　对专论作家的迂腐说法抵制得最久的欧洲国家也许是西班牙了。从文艺复兴时期到18世纪，从维韦斯到费霍奥，西班牙一直是自由批评的国家；只是在其古代的精神衰弱之后，源于意大利和法国的新古典主义的诗学通过路赞(Luzán)和其他人的著作在西班牙才得以立足。[④] 规则随着时代和现实条件而变化；现代的文学要求一个现代的诗学；反对已确定的规则之创造并不意味着要从属一个高级的规则；自然应提供而不应接受规则；统一律是可笑的，就像禁止一位画家把一大片地区容纳进一幅画里一样；快感、鉴赏力、读者和观众的赞同才起着决定作用；尽管有很多音乐对位规则，但耳朵才是音乐的法官——；这些是西班牙批评家常常作出的论断。这些批评家中，有一位叫弗朗西斯

① 《女随从》，序言，1534。

② 《论疯狂的英雄》，收在《意大利作品》里，詹蒂莱编，卷2，第310-311页。

③ 《真正的文献录》(与亚松、诺莱斯的论战)，费拉拉，1588。

④ 已引用的梅嫩德斯-佩拉约的著作，卷3，第174-175页(第1版)。

科·德·贝雷达(Francesco de la Berreda)的人甚至很同情意大利的才气横溢的天才们,他们对从各方面包围着他们的规则感到害怕并束手无策。[①] 他指的可能是塔索,令人难忘的束手无策的样例。洛佩·德·维加借口他的办法是满足付了娱乐费的观众的需要,摇摆于在实践上不遵守这些规则而在理论上遵守它们之间。他说:“当我写喜剧时,我把规则锁上六道锁,为的是不让它们来指责我。”“艺术(或诗学)说出愚蠢的俗民反对的真理。”“如果我们被迫侵犯规则,那它们也会原谅的。”[②]可是,他的同代人和捍卫者却指出:“如果维加在他的很多作品中都说不必要保留古代的艺术以满足平民的鉴赏力,那他是以自然的谦虚说出这番话的,没有把无知的狡猾当作高雅,这是精明的完善。”[③]

G. B. 马里诺 马里诺也说过:“我企图知道的规则比所有学究加在一起知道的还多,但真正的规则是根据时间、地点来打破规则的,它应与流行的习俗和时代的鉴赏力相一致。”[④]西班牙戏剧、艺术喜剧和17世纪出现的文学其他新形式使上世纪明图尔诺、卡斯泰尔韦特罗和其他严格主义的专论作家的著作被视为令人可怜的“老古董”,这种说法见于即兴喜剧的理论家安德烈·贝鲁齐(Andrea Perrucci)的著作(1699)[⑤]。帕拉韦奇诺批判了那些“美的讲法的学科”的作家,因为“他们提出的训练法至多是通过经验

① 见已引用的梅嫩德斯-佩拉约的著作,卷3,第648页(第2版)。

② 《喜剧表演的新艺术》(1609),莫莱尔·法蒂奥版,第40-41、138-140、157-158行。

③ 见已引用的梅嫩德斯-佩拉约的著作,卷3,第459页。

④ 给季罗拉姆·柏莱蒂的信,收在《书信集》里,威尼斯,1627,第127页。

⑤ 《论直接的和即兴表演的艺术》,那不勒斯,1699,参见第47、48、65页。

给作家指出要达到娱乐,而不是从理性上研究符合一些情感和本能——它们是造物主作为自然放在人身上的——的东西”。[①] 格拉维纳的《论恩底弥翁》(1691)是一篇对固有种类说的挑战书,他在该文中猛烈抨击了修辞学家的“野心勃勃而又贪得无厌的规则”。他敏锐地指出:“任何没有立即被召到批评家的法庭前来考查和首先被询问出名称和性质的作品都不能问世;换句话说,人们很快将看到一场法官称之为预审诉讼和在一定阶段中关于这部作品身份的辩论,看它是诗还是小说,是悲剧还是喜剧或其他法律规定的种类。如果那部作品以某种方式背离了法律,他们就要抛弃它和永远禁止它。尽管他们发展和扩充他们的训典,但永远也不能理解所有不同的种类和人类天才多样和不断运动所能创造出的新的种类。所以,我不明白为什么不应去掉对我们的巨大想象力的轻率的限制,并给我们的想象力打开一条能渗透到里边去漫游的极大空间来。”圭迪(Quidi)的《恩底弥翁》是格拉维纳论文的论题,格拉维纳说:“我不知道它是悲剧、是喜剧、是悲喜混杂剧,还是修辞学家能梦想出的其他种类。它只是恩底弥翁和狄安娜爱情的表现。如果那些词汇能被扩充,它们肯定会把这部作品包括进去的;如果它们不能扩充,我们也会找到另一个词的,因为我们总要把没有用的事情之性能归于每个词。如果找不到词汇,我们也不会因为名词的缺乏而舍弃如此之美的东西。”[②]这些话是很进步的,但它们并未被自觉和深刻地加以思索,以至于格拉维纳本人在

① 《文体和对话的论文》,1646,前言。

② 《论恩底弥翁》(收在《意大利作品》里,已引用的版本),卷2,第15-16页。

一篇特别的专论中又解释了悲剧种类的规则。[①] 孔蒂也声称是反对规则的，但他指的是亚里士多德的规则。[②] 在由奥尔西针对布乌尔所写的著作引起的论战中，佩萨罗的蒙塔尼(F. Montani di Pesaro)伯爵写道(1705)："我知道存在着一些不朽的和永恒的规则，因为它们是建立在良知和牢固、坚定的理性之上的，只要存在着人，这个理性就不会消失。但这些有着不朽特点的、能引导我们的精神在任何时代都可以前进的规则实在是屈指可数的。我想，总是要和早已废止不用的和灭绝的老规则一致、并用它们给我们的作品提供规定实在是可笑的事情。"[③]

18世纪的批评家们　在法国，紧跟着布瓦洛严格主义之后的是杜博斯的反叛。杜博斯毫不犹豫地断言："人们总是喜欢那些感动人心灵的诗，而不喜欢那些根据规则写出的诗。"[④]还有一些同样的异端话语也是针对专论作家的。拉·莫特(1730)反对时间和地点的统一律，提出了兴趣的统一：它是较普遍的、高于动作统一的。[⑤] 巴托对规则表现得相当灵活。伏尔泰尽管反对拉·莫特，把三一律称为"良知的三大规律"，但他在《论史诗》中却表示了他的大胆的观念；他的话是这样的："除了令人生厌的种类外，所有种类都是好的"，最好的种类是"那个研究得最佳的种类"。就某些方面而言，狄德罗是一位先行的浪漫主义者；除他以外，还应提及受

① 《论悲剧》，1715。

② 《散文和诗》，前言和综合摘引。

③ 见奥尔西：《考察》，已引用的版本，卷2，第8-9页。

④ 《……思考》，已引用的版本，第34部分。

⑤ 《论悲剧》，1730。

他影响的弗里德里希·默尔希奥雷·格林(Federico Melchiorre Grimm)。在意大利,那个时代的解放的微风是由梅塔斯塔西奥(Metastasio)、巴蒂内里、巴雷蒂(Baretti)、切萨罗蒂刮起来的。博那斐底(Buonafede)在《诗学的解放之书简》(1766)中指出:"当博学者给史诗、喜剧、颂诗下定义时,有多少作品和作者,他们就想有多少定义。"①在德国,首先对规则进行论战(反对高特雪特和他的追随者)的是瑞士学派的代表人物。② 在英国,霍姆在考察诸定义——批评家似乎企图用定义把史诗同其他作品区分开——时指出:"看到很多批评家沉浸在追寻并非如此的东西中是很有趣的:他们把毫无影子的事情当成确然的东西提出来,断言它应成为把史诗同其他作品区分开的确切标准。但文学作品和颜色一样,是互相融合的;如果说那些强的色彩易于区分的话,那么,在那些具有多样性和不同形式的敏感的文学作品里,却怎么也说不出一个属类从哪儿开始,另一个属类在哪儿结束。"③

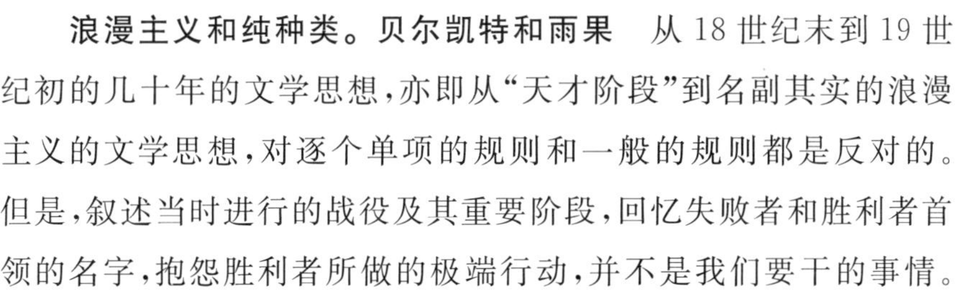

浪漫主义和纯种类。贝尔凯特和雨果　从18世纪末到19世纪初的几十年的文学思想,亦即从"天才阶段"到名副其实的浪漫主义的文学思想,对逐个单项的规则和一般的规则都是反对的。但是,叙述当时进行的战役及其重要阶段,回忆失败者和胜利者首领的名字,抱怨胜利者所做的极端行动,并不是我们要干的事情。在拿破仑(战争艺术的浪漫主义者,但却是诗歌艺术的古典主义

① 见阿加托皮斯托·科洛马齐亚诺(Agatospisto Cromaziano)编的《丛书》,威尼斯,1797。

② 但泽尔:《高特雪特》,第206页以后。

③ 《批评的要素》,卷3,第144-145页注。

者）很偏爱的纯种类[1]的废墟上，戏剧、小说和所有其他混合的种类胜利了；在三一律的废墟上，整体统一律胜利了。对种类和规则的反击起先见于1818年意大利的贝尔凯特的《格里索托姆的半严肃书简》，稍晚（1827）见于法国的维克多·雨果的《克伦威尔》的著名前言。人们不再谈论种类，而是谈论艺术。如果不是艺术——它总是"整体"的或综合的——本身的需要，那整体统一律又是什么呢？被A.G.施莱格尔提出的，在我们这里被曼佐尼和其他浪漫主义者重复的下述原理到底是什么呢？他们认为："作品的形式应是有机的而不是机械的，是从主观的自然，从它内部的进展中……，而不是从外部、非本质的印刷的印记那里产生的。"[2]

种类说在哲学理论中的持续 但是，人们如果相信种类修辞学的这种被抛弃是修辞学哲学的前提的最终被抛弃的结果或原因，那就会犯不小的错误。就连我们刚刚提到的批评家们，从纯理论上讲，也没有完全抛弃种类和规则。贝尔凯特承认四种基本形式，即诗的四个种类：抒情类、教育类、史诗类和戏剧类；他只要求诗人享有"用多种方法把基本形式统一和混合起来"的权利。[3] 事实上，曼佐尼反对的是"建立在特殊事实而不是一般原理之上的，建立在修辞学家的权威而不是推论之上的"单项规则[4]。甚至于德·桑蒂斯也满足于泛泛的概念，尽管最终他说过："最重要的规

---

① 参见利威斯(Lewes)《歌德传》(德文译本，斯图加特，1883)，卷2，第441页。

② 曼佐尼：《通信集》，斯福尔察编，卷1，第355-356页；参见《论浪漫主义的信》，第293-299页。

③ 《格里索托姆的书简》，见《全集》，库萨尼编，第227页。

④ 《论浪漫主义的信》，第280页。

则不是那些能满足任何内容的规则，而是那些从内容的深处挖掘出要义的规则。”[①]比让霍姆感到好笑还要有意思的事情，是在德国哲学中看到的种类的先验主义的分类；这种分类是取辩证法的演绎法的。对此，我们可举出两个作者的例子，他们代表了一个链条上两个极端的环节：世纪之初（1803）的谢林和世纪末（1890）的哈特曼。谢林的《艺术哲学》中有一部分被称为“诗单项种类的构成法”，他在这部分中说：如果从历史的顺序讲，史诗占第一位；但在科学的顺序里，占第一位的却是抒情诗。如果诗是有限中无限的表现，那么抒情诗——在它里边，差异、有限、主观是占主要地位的——便是诗的第一阶段，它符合理想系列的第一功能，符合反思、知和意识；而史诗则符合第二功能，符合动作。[②] 当主观性加于客观、客观性加于诗人时，便从史诗——最高的客观种类（因为主客观同一）——中产生出挽歌和田园诗来，当客观性加于客观，主观性加于诗人时，便产生教育诗来。[③] 说到史诗的区分，谢林还提出了浪漫史诗或近代史诗或骑士诗，小说和具有市民内容的史诗的探求品[如福斯（Voss）的《路易莎》和歌德的《哈特曼和多萝蒂》]；和上述所有的史诗一样，但丁的《神曲》是“自成一类的史诗”。从抒情诗和史诗、自由同必然的最高结合中才产生出第三种形式即戏剧来，它是在一个整体中的冲突的结合，是“任何艺术的自在的和实体的最高显形。”[④]——在哈特曼的《美的哲学》中，诗

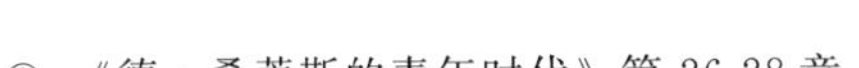

① 《德·桑蒂斯的青年时代》，第 26-28 章。

② 《艺术哲学》，第 639-645 页。

③ 同上书，第 657-659 页。

④ 同上书，第 687 页。

被分为口诵诗和目读诗。口诵诗分为史诗、抒情诗和戏剧诗：口诵史诗分为造型体史诗或真正的史诗体史诗，绘画体史诗和抒情体史诗；口诵抒情诗分为史诗体抒情诗，抒情体的抒情诗和戏剧体抒情诗；口诵戏剧诗又分为抒情体戏剧诗，史诗体戏剧诗和戏剧体的戏剧诗。目读诗主要被分为伤感的、喜剧的、悲剧的和幽默的史诗，抒情诗和戏剧诗；“一次被读完的诗”（如传奇）和“多次被读完的诗”（如小说）。[①] ——如果没有这些哲学化的陈词滥调，种类的划分也会在语言学家和文学家所写的文学原理中及在意大利、法国和德国的学校中出现；心理学家和哲学家也会写出关于悲剧、喜剧或幽默的美学来。[②] 菲尔迪南多·布吕内蒂埃(Ferdinando Brunetiere)公开提出了文学种类的客观性，他认为文学史就是“种类的进化史”，[③]他提出的这个偏见——它既未被清楚地说明，也未被严格地应用——的极端形式一直在损害着今天的文学史。

Ⅲ

艺术界限的理论

莱辛的功绩和独特的盛名在于他提出了每种艺术的特质和其不可侵越的界限理论。这个功绩不在于他所精心论述的理论——就它本身来讲是很少能成立的[④]——，而在于这个理论开始了（尽管有错误）对截至那时为止的被忽略的关于美学一个重要方面的

① 《美的哲学》，第2章，第2部分。

② 如福克尔特：《悲剧的美学》；慕尼黑，1897；立普斯：《关于悲剧的理论》。

③ 《文学史中的种类进化论》，巴黎，1890；《法国文学史手册》，巴黎，1898。

④ 参见克罗齐《美学原理》，第15章。

讨论。在杜博斯和巴托略做阐述之后，在狄德罗[①]和门德尔松[②]开辟了这个领域及迈尔和沃尔夫[③]关于自然符号和人为符号进行了广泛的研究之后，莱辛第一个明确地提出了关于各种艺术区分的价值问题。古代、中世纪和文艺复兴时期，人们就根据流行的语言称呼，列举了各种艺术；关于大艺术*和小艺术**还写出了很多技术性的著作。但是，在亚里士多赛诺斯(Aristosseno)或维特鲁威(Virtruvio)、在马尔凯特·达·帕多瓦(Marchett da Padova)或切尼尼·切里诺(Cennini Cennino)、在达芬奇或阿尔贝蒂、在帕拉蒂奥(Palladio)或斯卡斯莫兹(Scasmozzi)的著作中，根本找不到莱辛要论述的问题：那些技术性专著的精神是根本不同的。当人们发现诗和画、画和雕刻的比较和它们的先后性问题——它们可在上述著作(达·芬奇偏爱绘画。米开朗琪罗偏爱雕刻)的某些章节中见到，也是学术探讨所偏爱的一个题目——的苗头时，甚至伽利略对此也产生过兴趣。[④] 但莱辛的研究是批判斯彭斯(Spenc)和克路斯(Caylus)伯爵的错误观念的：前者认为诗画完全一致，后者认为一首诗越好就越能给画家的作品提供越多数目的图画。推动他对诗和画比较的原因还在于人们往往为悲剧最荒谬的规则辩

① 狄德罗：《关于盲人的书信》，1749；《关于聋哑人的书信》，1751；《论绘画》，1765。

② 门德尔松：《关于感觉的通信集》，1755；《沉思》，已引用的版本，1757。

③ 沃尔夫：《经验的心理学》，§272-§312；迈尔：《原理》，§513-§528，§708-§735；《基本原理》，§26。

* 指建筑、绘画和雕刻。——译者

** 指金银首饰加工、陶瓷等工艺品制造。——译者

④ 见伽利略1612年6月26日给达·乔利的信。

护：*Ut pictura poësis*[诗如画]曾是窥见诗的表现和幻想特点及各种艺术共同本性的工具，但由于肤浅的解释，却变成了理性主义和现实主义偏见的辩护词。莱辛是这样进行推论的。“既然绘画在摹仿时所用的媒介符号和诗所用的确实完全不同(也就是说，绘画用空间中的形体和颜色，而诗却用在时间中发出的声音)；既然符号应和符号所代表的事物互相协调；那么，在空间中并列的符号就只宜表现全部或部分本来也是在空间中并列的事物，而在时间中先后承续的符号也就只宜于表现那些全部或部分本来也是在时间中先后承续的事物。全部或部分在空间中并列的事物叫‘物体’，因此，物体连同它们的可以看到的属性是绘画所特有的题材。全部或部分在时间中先后承续的事物一般叫作‘动作’，因此，动作是诗所特有的题材”。当然，绘画也能表现动作，但只能通过物体，用暗示的方式去表现。诗人使用语言，即人为符号，描绘物体时，就不再是诗人而是散文家了。真正的诗人是不描绘物体的，如果它们不产生心灵上效果的话。[①] 后来，莱辛又简短地修改和扩大了这样的区分。他解释说，画里的动作或运动是后加上去的，是观看者的幻想引出来的；在画里的运动只有人能感觉到，而动物却感觉不到。此外，莱辛还研究了人为符号和自然符号的各种结合；如诗和音乐的结合(在这个结合中，前者从属于后者)；音乐和舞蹈的结合；诗和舞蹈的结合；音乐和诗与舞蹈的结合(可听的先后承续的人为符号与可视的人为符号的结合)；古人的哑剧的结合(可视的先后承续的人为符号和可视的先后承续的自然符号的结合)；哑语

① 《拉奥孔》(已引用过的意文译本)，§16-§20。

的结合(唯一地使用可视的先后承续的人为符号的艺术)；最后是不完善的结合,如绘画和诗的结合。莱辛认为,既然不是任何语言的使用都是诗,那么,也不是任何并列的自然符号的使用就都是绘画:绘画也像语言一样,有着它的散文。散文的画家不顾他们所用符号的并列性,表现先后承续的事物;人为地使用自然符号的寓意体画家则通过视觉符号描述非视觉或听觉的对象。莱辛还热心地保留了符号的自然性,他甚至指出,用和自然的巨大体积相比的缩小体积画出的事物是有缺陷的和不完善的。最后,莱辛总结说:“我认为一门艺术的目的只能是这门艺术特别适宜和唯一适宜的东西,而不是其他艺术也能做得一样好、如果不是做得更好的东西。我发现普卢塔克有一个比喻很妙地说明了这个道理。他说,谁要是用钥匙去劈柴而用斧头去开门,他不但会把这两个工具弄坏,而且也失去了它们的用途。”[①]

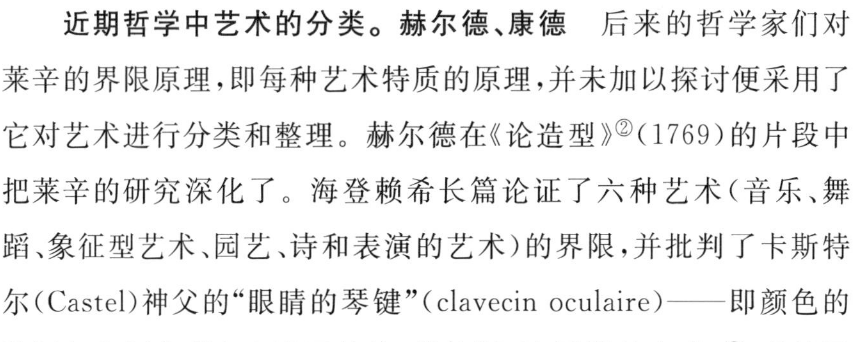

近期哲学中艺术的分类。赫尔德、康德　后来的哲学家们对莱辛的界限原理,即每种艺术特质的原理,并未加以探讨便采用了它对艺术进行分类和整理。赫尔德在《论造型》[②](1769)的片段中把莱辛的研究深化了。海登赖希长篇论证了六种艺术(音乐、舞蹈、象征型艺术、园艺、诗和表演的艺术)的界限,并批判了卡斯特尔(Castel)神父的“眼睛的琴键”(clavecin oculaire)——即颜色的协调与音调序列和和谐及旋律(的协调)取同样的方式。[③] 康德用

① 《拉奥孔》(已引用过的意文译本),附编,§43。

② 《论造型,关于从皮格马利翁神所形成的梦像中而来的形态和轮廓的一些感受》,1778(见《赫尔德选集》,收在《德国民族文学》里,卷76,第3部分,第2章节)。

③ 《美学体系》,第154-236页。

讲话人的类比，根据言语、姿势和言语艺术的声调，把艺术分为象征型的艺术和感觉的纯游戏艺术（摹拟的艺术和颜色的艺术）。[①] 谢林根据无限融合到有限或有限融合到无限（理想的艺术和现实的艺术），把艺术的同一性分为诗和狭义的艺术；在现实的序列里包括象征型艺术、音乐、绘画和造型艺术（包括建筑、浮雕和雕刻），在理想的序列里，包括与诗相应的三种形式：抒情的、史诗的和戏剧的。[②] 佐尔格用类似的方法，在普遍的艺术——诗——之旁，又提出了象征（雕刻）和寓意（绘画）的狭义的艺术；在这两种情况下（象征和寓意），才是概念和形体的统一。如果只取形体不取概念，便产生建筑艺术，如果只取概念不取材料，便产生音乐。[③] 黑格尔认为，诗把两个极端，象征型艺术和音乐，统一起来。[④] 叔本华（正像已指出的那样）去掉了艺术的习惯性界定，以便根据艺术所表象出的理念顺序重新提出它们。[⑤] 赫尔巴特保留了莱辛的同时性和承续性艺术的两组分法，认为第一组艺术是"从各个侧面都能被识别的"艺术，第二组艺术是"不能完全探求的、留在阴影处的"艺术。第一组艺术是建筑、造型、教堂音乐和古典诗，第二组艺术是美的园艺、绘画、娱乐性音乐和浪漫诗。[⑥] 赫尔巴特还坚决反对在一门艺术里寻求另一门艺术完善、"把音乐当成绘画的一个属类、把绘画当成诗、把诗当成高级的造型，把造型当成美学哲学的一个

① 《判断力批判》，§51。
② 《艺术哲学》，第370-371页。
③ 见《美学讲演录》，第257-262页。
④ 同上书，卷2，第222页。
⑤ 参见本书第10章。
⑥ 《概论》，§115，第170-171页。

属类”的那些人；[①]尽管他认为，在一个具体的艺术作品里，如在一幅画里，应包括被艺术家的才能组合在一起的绘画的、诗的和各种自然的因素。[②] 韦塞把艺术分为构成一个九章的三个三合章，因为九章让人想起九个缪斯。[③] 蔡辛格把艺术交叉地分为象征型艺术（建筑、雕刻、绘画）、音乐艺术（器乐、歌唱和诗）、摹仿艺术（舞蹈、歌唱的摹仿和表演的艺术）、大宇宙的艺术（建筑、器乐和舞蹈）、小宇宙的艺术（雕刻、歌唱和歌唱的摹仿）和历史的艺术（绘画、诗和表演的艺术）。[④] 费舍尔根据幻想的三种形式（象征型的、感性的和诗的）把艺术分为客观艺术（建筑、造型和绘画）、主观艺术（音乐）和主-客观艺术（诗）。[⑤] 盖尔贝特（Gerbet）提出要建立一门既有别于散文又有别于诗的心灵简单运动之表现的“语言艺术”（Sprachkunst），这种艺术的图式是：眼睛的艺术，1）建筑，2）造型艺术，3）绘画；耳朵的艺术，1）散文，2）语言艺术，3）诗。[⑥]

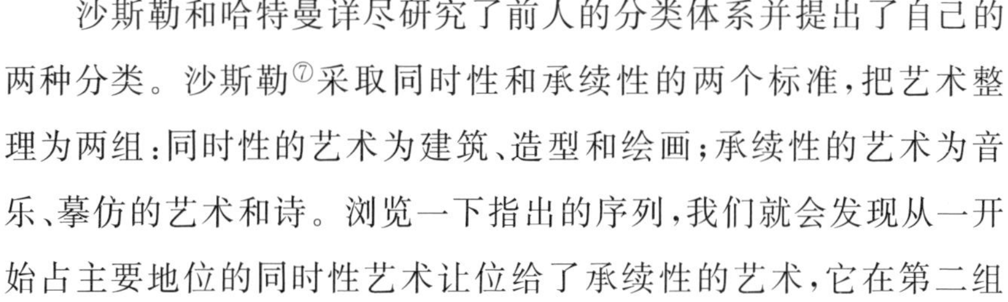

沙斯勒和哈特曼详尽研究了前人的分类体系并提出了自己的两种分类。沙斯勒[⑦]采取同时性和承续性的两个标准，把艺术整理为两组：同时性的艺术为建筑、造型和绘画；承续性的艺术为音乐、摹仿的艺术和诗。浏览一下指出的序列，我们就会发现从一开始占主要地位的同时性艺术让位给了承续性的艺术，它在第二组

---

① 《实践哲学论文集》，见《全集》，卷 8，第 2 页。

② 《概论》，§ 110，第 164-165 页。

③ 见哈特曼：《康德以来的德国美学》，第 539-540 页。

④ 《美学研究》，第 547-549 页。

⑤ 《美学》，§ 404、§ 535、§ 537、§ 838。

⑥ 盖尔贝特：《作为艺术的语言》，布龙堡，1871—1874。

⑦ 《艺术体系》，第 2 版，莱比锡-柏林，1881。

中占优势和压过了另一类艺术，但不能完全地扼杀它。与这种分法平行的还有另一种分法，它是从每种艺术的理想要素和材料要素的关系中，从运动和静止的关系中推论出的；这种分法囊括各种艺术，从“诸艺术中材料上最重而精神上最轻的”建筑一直到关系完全相反的诗。用这种方法，我们发现第一组艺术同第二组艺术惊人地类似：建筑和音乐；造型和摹仿的艺术；作为风景、种类的和历史的绘画三种形式与抒情（口诵的）、史诗（和吟游诗的）和戏剧（表演的艺术）诗的三种形式。哈特曼[①]把艺术分为感觉艺术和幻想艺术：第一组三分为空间或视觉艺术（造型和绘画）、时间或听觉艺术（器乐、语言摹仿和表意的歌曲）和空间—时间艺术（哑剧、摹仿的舞蹈、演员艺术、歌剧歌唱的艺术）；第二组只包括一个属类，诗。建筑、园艺、装潢、化装和散文类的东西不包括在这个分类体系里，它们一起被视为非自由的艺术。——与艺术分类相同的研究是这些哲学家们关于最高艺术的研究：一般人认为，最高艺术是诗；一些人认为是音乐和雕刻；其他人则认为，是混合艺术，特别是歌剧——这种说法在18世纪已被提出，[②]在我们时代又被理查德·瓦格纳所支持和发展。[③] 关于最近提出的是“单项艺术还是结合艺术有较大价值”的问题，有人回答说，单项艺术作为艺术虽有着它们的完善，但结合艺术才有着较高的价值，尽管和解与相互让步是结合强加给它们的；单项艺术被另一种方式考察时，才有着较高价值；但说到底，为了实现艺术的概念，单项艺术和结合艺术

① 《美的哲学》，第9、10章。

② 如祖尔策：《美的艺术的一般理论》中对“歌剧”的解释。

③ 瓦格纳：《歌剧和戏剧》，1851。

都是必不可少的。[①]

洛策反对分类　这些问题的任意性、空洞、幼稚及它们相应的解答本应引起反感，但是只有少数的批评家对这些问题的价值表示出胆怯的怀疑。洛策说："很难说这些努力对什么东西、对谁是有益的。指明每种艺术系统的位置很少有助于对单项艺术的规则和对其本性的认识。"他还指出，在现实和生活中，艺术是以不同方式相互结合的，但它们形不成系统的系列。在思维世界中，有最不同的安排能被编造出来，但只有这些安排中的一种才能被提出，并不是说只有这种安排才合乎规则，而是因为它是比较方便的（*bequen*）。这种安排从音乐（"由材料的法则，而不是由目的性或摹仿的一个确定任务强加的条件决定的艺术，自由美的艺术"）开始，随后是建筑（"它不是和形式的自由游戏，而只是使这些形式服务于一个目的"），接着是造型、绘画和诗；它不包括和其他艺术不能相协调的小艺术，因为它们无力以某些类似的方法来表现精神生活的整体性。[②] 最近的一位法国批评家巴施（Basch）的论述在一开始时的观点是很好的："难道没有必要表明不存在着不知根据什么样的内在规则而不相同的、绝对的艺术吗？存在的只是艺术的特殊形式或艺术家根据他们所拥有的材料媒介、以更好的方法设法翻译出在他们心灵中歌唱的理想。"但后来，他却相信艺术是能被分类的，这个分类不是"根据艺术本身，而是根据艺术家"，根据想象力的三大类型，即视觉的、运动的和听觉的想象力来进行

① 古斯塔夫·恩格尔（Gustav Engel）：《音乐艺术的美学》，1884，其要义概述于哈特曼的《康德以来的德国美学》的第579-580页。

② 洛策：《美学史》，第458-460页，参见第445页。

的;至于涉及关于最高艺术的论战,他认为应赞同音乐为最高艺术。[①]

洛策的矛盾 但是,沙斯勒在激烈地反驳洛策的批判时,在反对无区别和方便性的原理时,在指出"艺术分类应被视为真正的试金石、一美学体系科学价值的真正合适尺度,因为在艺术分类里为得出一个具体的答案,很多理论问题蜂拥而现.并且它们是必须解决"时,沙斯勒并非完全没有道理。方便性的原理,对动植物分类的近似组合是最好的原理,但在哲学上讲,是不能成立的。[②] 由于洛策和沙斯勒及其他美学家有着相同的、莱辛的、每种艺术的定性、界定和特殊本性的原理,所以洛策认为那些原理不是经验的而是思辨的概念,他不能逃避确定那些概念之间关系的义务和整之有序、确定它们的从属、协调它们、对它们进行推理和辩证分析的义务。为了去掉那些无用的分类研究和卓越的分类研究,最好是批判和取消莱辛的原理;既要保留这个原理,又要排除分类的可能,像洛策所做的那样,显然是矛盾的。然而,在很多美学家中间,没有任何人研究和考察过莱辛在他的流畅和高雅的散文[*]中所列举出的区分的科学基础;也没有任何人深入理解当亚里士多德坚持诗和散文的区分在于外在事实,在于韵律时在他那里闪现的真理。[③] 没有任何人像施莱尔马赫那样至少还指出了流行学说的疑难。施莱尔马赫指出,为了推论出艺术的所有必要的不同形式,应

① 《关于康德美学批判论文集》,第 489-496 页。

② 《艺术体系》,第 47 页。

* 指《拉奥孔》。——译者

③ 亚里士多德:《诗学》,第 1 章。

从艺术的一般概念出发，在艺术活动中找到两个方面，即找到客观意识（*gengenstandliche*）和直接意识（*unmittelbare*）。他指出，艺术不完全存在于这一意识和那一意识里；直接意识或表象（*Vorstellung*）引出摹仿的艺术和音乐，客观意识或形象（*Bild*）引出象征型艺术。后来，在分析一幅画时，他认为这两种意识是不可分的。他说："瞧，我们得到了一些正好相反的东西：我们寻求区别，却达到了一致"。施莱尔马赫也不认为同时性和承续性的艺术传统分法是坚实可行的，因为这种分法"被仔细地加以思索时，会完全消失"；即使在建筑或在园艺中，静观也是承续性的；在那些被称为承续性的同样艺术中，比如在诗中，重要的仍是并列性和组合。所以，"从这两方面看来，区分是次要的；艺术两种序列的冲突只意味着任何静观和任何创造性一样都是承续性的；但在一个艺术作品里，对这两方面进行思考时，并列性和承续性的存在对我们来说是不可分的"。他在另一处指出："作为外部显现的艺术现实受建立在物体和身体构造基础上的方式之制约，在这个方式里，内在的东西外现为运动、形式、言语……。在不同艺术中共同的东西不是外在的，这外在的东西才是分类的要素。"从他所做的艺术和技巧的明确区分的对照观察中，很容易推断出，他认为艺术的分类和单项艺术的概念没有美学价值。但是，施莱尔马赫却没有作出这样合乎逻辑的推论，他仍是怀疑和摇摆的：他承认诗中的主观和客观的因素、音乐的和象征的因素是不可分的，但却竭力给单项艺术下定义并找出它们的界限，有时甚至想从不同艺术的结合中找到一个完整的艺术。在整理他的美学课程的教材时，施莱尔马赫把艺术又分为伴奏艺术（摹仿和音乐）、象

征型艺术(建筑、园艺、绘画和雕刻)和诗。[①] 在这方面,施莱尔马赫是朦胧的、不准确的和自相矛盾的。但他却敏锐地对莱辛的理论基础产生了怀疑,并问道:有什么权利要在艺术中把特殊的艺术区别出来。

Ⅳ

另一些特殊的学说

自然美的美学理论 Ⅰ——施莱尔马赫否定自然美的概念,并为此赞扬了本不应赞扬的黑格尔,因为如前所述,黑格尔对自然美概念之否定只是文字上的而非事实上的。但不管怎样,施莱尔马赫对永存的、并非从人的精神中产生的自然美之论战的激进命题却代表了对这个严重错误的解脱;虽然这个解脱对我们来讲仍是不完替和片面的,因为它排除了那些和自然提供的对象联系在一起的幻想的审美事实。[②] 亚历山大·洪堡德在《宇宙》[③]第二卷的论述中所明显促进的被拉普拉德(Laprade)、比塞和我们时代的其他人所继续的关于"自然情感"[④]之研究,在一定方式上有助于纠正这种不完善和片面性。费舍尔在他《美学》的自我批判中,完成了从自然美的形而上学的构成到心理学的解释之过渡;他认为在他的美学的第一个体系中去掉关于自然美的论述,并把它混合

① 《美学讲座》,第 11、122-129、137、143、151、167、172、284-286、487-488、508、635 等页。

② 参见克罗齐《美学原理》,第 13 章。

③ 《关于不同时代和不同部落的自然感受》,见《宇宙》第 2 卷。

④ 拉普拉德:《基督教之前的自然的情感》,1896;《现代派》,1867;比塞:《关于希腊人和罗马人自然情感的发展》,基尔,1882—1884;《关于中世纪和现代的自然情感的发展》,第 2 版,莱比锡,1892。

到幻想的学说中才是合宜的。他说，自然美的论述不属于美学科学，而是在诸专论中应解释的——像诗人费希尔(G. G. Fischer)论述鸟类生活的专论一样——动物学、情感、幻想和幽默的混合物。① 哈特曼继承了旧的形而上学，责备费舍尔把自然美排除在美学之外，认为除了人于自然物品中引出的幻想美之外，还存在着和自然的内在目的或理念之显现相吻合的形式美和实质美。② 但归根结底，由费舍尔指出的道路才是唯一能够完成施莱尔马赫命题的道路，才能指出在什么意义上承认审美的自然美。

审美感官说　Ⅱ——存在着审美感官；审美的高级感官和美不依靠所有的感官而只依靠某些感官等说法是很古老的思想。我们已经知道③，苏格拉底在《大希庇阿斯篇》中提到美时，就把它看作是一些使“视觉和听觉产生快感的东西”。事实上(他补充说)，似乎人们也不否认以眼看到的美的人、装饰、图画、雕刻和以耳听到的美的声音、音乐、诗文和会话时产生的快感。但在那篇对话中，苏格拉底本人又以极其有力的论据反驳了这个理论。这些论据是：除了存在着不是源于眼、耳感官印象的美的事物之外，也没有道理把这两个感官的愉快构成一个特殊的等级，并把它们同其他感官的愉快割裂开来；此外，还应考虑到尖锐的哲学的反驳：在视觉中产生快感的东西不一定在听觉中产生快感，反之亦然。所以，他推论说，美的原因不能在视觉和听觉那里寻求，而应在不同

① 《批评之路》，Ⅴ，第5-23页。

② 《康德以来的德国美学》，第217-218页；参见《美的哲学》，卷2，第7章。

③ 见本书第1章。

于二者的一些东西和与二者有共同性的东西那里寻求。[①]

这个问题可能再也没有像在这篇古老的对话中那样尖锐和严肃地被提出过。18世纪时，霍姆指出，美只与视觉有关，其他感官的印象可能是愉快的，但不会是美的。他把视觉和听觉作为高级感官同纯粹身体的、不像这两个感官这样精细和高尚的触觉、味觉、嗅觉区别开来。霍姆认为，这两个感官产生的快感尽管低于理智力的快感，却高于器官的快感，它们是体面的、高尚的、甜蜜的、有节制地兴奋的、远离情欲的干扰就像远离顽疾的烦恼一样的快感，其目的在于振兴和镇定精神。[②] 赫尔德受狄德罗、卢梭和贝克莱(Berkeley)的启发，要求恢复触觉在造型中的重要性：对于这个"第三感官，本应首先加以研究，但由于把它归到粗俗的感官里，对它的研究反而比对所有其他感官的研究还要少"。当然，"触觉对表面和颜色是毫无所知的"，但是，"反过来说，视觉对形式和显形也是毫无所知的"；"如果触觉真正是其他形体的任何感觉的器官，那么触觉就不像人们所说的那样，是粗俗的感官；反而应是有着复杂而精细概念的广阔王国。正像表面是相对形体而言的一样，视觉是相对于触觉的；只是由于话语的简洁说法，人们才断言我们把形体看成是表面的，才相信那些实际上于我们童年只是以触觉逐步学习过的东西为以眼看到的东西"。形式和形体的任何美不只是可视的、也是可触的。[③] 被赫尔德以此方式确定的审美感官的

① 《大希庇阿斯篇》，综合摘引。

② 《批评的要素》，引言，并参见第3章。

③ 赫尔德：《批评之林》(《全集》，引用过的版本，卷4)，第47-53页；参见《卡里贡涅》(《全集》卷22)，综合摘引；《论造型》的片段。

三体合一(视觉对绘画,听觉对音乐,触觉对雕刻)就这样又回到了习惯的一对神祇。黑格尔说:“艺术的感性事物只涉及视听两个认识性的感觉”,嗅觉、味觉和触觉则与艺术欣赏无关。因为嗅觉、味觉和触觉只涉及单纯的物质和它的可直接用感官接触的性质(嗅觉只涉及在空气中飞扬的物质,味觉只涉及溶解的物质,触觉只涉及热冷平滑的物质,等等);所以,这三种感觉与艺术品无关,艺术品应保留它的实际的独立性存在,不能与主体只发生单纯的感官关系。这三种感觉的快感不是艺术的美。①

即使这个问题,也不像施莱尔马赫想的那样容易解答。施莱尔马赫拒绝把混乱的感觉和明晰的感觉区分开;可他又部分地承认视觉和听觉与其他感觉相比的高级性。这是因为,其他感觉“无法成为自由的活动,表象的反而是被动性的最高程度;而视觉和听觉却是一种从内心产生出的活动,它们不受外来的压力便能产生出形式和音调来”。如果眼耳只是感觉的工具,那就不会有视觉艺术和听觉艺术了;但是,眼、耳的感觉虽作为自动的运动而起作用,可仍属于感觉领域。施莱尔马赫认为,就另一方面讲,“其他感觉与视觉听觉主要是程度上或量的区别,它们也有一丁点儿独立性”②。费舍尔因袭了“两个审美感官的”传统。他认为这两个审美感官是“自由的器官,既是心灵的又是感觉的”,它们并“不涉及对象的材料构成”,而是让“这个对象以其整体性在它们之上存在和起作用”。③ 克施林认为,低级感官提供不出从它们那里分离出

① 《美学讲演录》,卷 1,第 50-51 页。

② 《美学讲座》,第 92 页以后。

③ 《美学》,卷 1,第 181 页。

的可直觉的任何东西，它们只是我们(感觉)的变化；但从另一方面讲，味觉、嗅觉、触觉也有着审美的重要性，它们给高级感官提供帮助。没有触觉，一个形象便不能给眼睛揭示出它是硬的、坚固的、强的；而没有嗅觉，某些形象便不能表象出它们是健康和新鲜的。[①]

我们没有考虑和感觉论原理有关的那些学说，[②]因为很自然，如果"审美的"等于"快感的"，那么，所有的感官都会被感觉论者作为审美器官而接受下来。只要像趣闻那样指出有一位被托尔斯泰嘲笑的克拉里克(Kralik)和他提出的味觉、嗅觉、触觉、听觉和视觉的五种艺术理论也就够了。[③] 截至目前的少量引文就足以表明这样的混乱了：给"感官"提供的"审美的"品质使思想家们以荒谬的方式被迫把感官分成这一组和另一组，或被迫承认所有的感官都是审美的和任何感官的印象都具有审美价值，因为它们都是感官的。如果人们没有看到和明确地肯定，把根本不同的观念序列——如心灵表象形式的概念，生理的特殊器官或感官印象的一特殊材料的概念——结合在一起是不可能的话，那么就不能从这样的混乱中脱身而出。[④]

文体种类的理论　Ⅲ——文体的种类或形式或方式的理论是文学种类错误的一个变种。一般地讲，古代用三分法——这似乎

---

① 克施林：《美学》，第 80-83 页。

② 如艾伦：《心理学的美学》，第 4、5 章。

③ 托尔斯泰：《什么是艺术?》，第 19-22 页；克拉里克：《世界之美》、《试论一般美学》，维也纳，1894。

④ 参见克罗齐《美学原理》，第 11 章。

可追溯到安提西尼(Antesene)那里[①]——把文体分为崇高的、平庸的和低下的三种形式;后来,这种三分法又变成了细腻的(*subtile*)、粗犷的(*robustum*)和华丽的(*floridum*),甚至扩展为四分法,或者用从历史事实中抽出的三个形容词来表示这三种文体:即雅典的、亚洲的和罗得岛的。在中世纪,三分法仍残存着,但它被错误地理解了:人们认为崇高的文体用于描述君主、王子和侯爵(如《伊尼德》);平庸的文体用于描述中等状况的人(如《农事诗》);卑下的文体用于描述底层的人(如《牧歌》;所以这三种文体也被命名为悲剧的、挽诗的和喜剧的。[②] 文体种类的理论也充斥于近代所有的修辞学中,布莱尔就区分了散漫的、简洁的、有力的、大胆的、平淡的、高雅的、华丽的等文体,并给它们下了定义。1818 年,意大利人德尔菲科在《论美》一书中,严厉批判了"文体的众多分法",即批判了"可能存在着很多文体"的偏见。他认为,"文体或是好的或是坏的"。他又补充说,对艺术家来讲,它"不可能是在他们心灵中预先想好的某个观念",但"应该是一个首要观念,是决定创意和写作构思的结果"。[③]

语法形式或话语成分的理论　Ⅳ——诡辩论者开创的(如名词的性的分类就应归于普罗泰戈拉)、亚里士多德和斯多噶派特别继续的(亚里士多德承认话语有两个成分,后者则认为有四或五个成分)、亚历山大派语法学家们在长达几世纪之久的类比推理论者和变规推理论者的论战中发展和精心炮制的语法形式或话语成

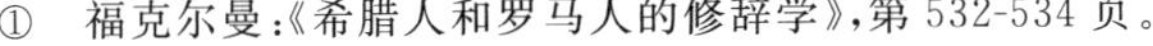

① 福克尔曼:《希腊人和罗马人的修辞学》,第 532-534 页。

② 孔帕雷蒂:《中世纪的维吉尔》,卷 1,第 172 页。

③ 《关于美的新研究》,第 10 章。

分的理论[1]与语言哲学中的错误是一致的。类比推理论者[如阿利斯塔克(Aristarco)]企图在语言事实中引入逻辑性和规律性，他们断言，那些认为语言事实不能换转为逻辑形式的人是误入歧途，并逐渐把语言事实指定为赘语、省略、换用、对句法和倒转语法。他们以此对活的语言和作家们对活的语言的使用所做的粗暴干涉正像昆体良尖锐指出的那样："一个是讲拉丁语，另一个是根据文法来讲。"[2]变规推理论者的功绩在于他们以一定方式恢复了语言的自由和幻想的运动：斯多噶主义者克里西普(Crisippo)写了一篇专论，用以表明同一事物(同一概念)可以用不同的声音来表示，而同样的一个声音可以表示不同的概念。变规推理论者、著名的语法学家阿波洛尼奥·狄斯克罗(Appolonio Discolo)不承认倒转语法、修辞格式和其他人为制造的东西，因为它们是类比推埋论者企图解释他们的图式中不能包容的东西的。他指出，把一个词当成另一个词，把话语的一个成分当成另一个成分来使用不是语法的修辞格而是错误的，并把它归于诗人，如荷马，那可是太不容易了。从变规推理论者和类比推理论者的论战中产生了语法，它从古代一直传到近代，被正确地视为是这两种对立方向的一种调和；因为，屈折修辞格如能满足类比推理论者的需要，它们的多样性就能满足变规推理论者的需要了。所以，一开始被视为类比理论的语法最后被定义为"类比和变规的理论"了。而瓦罗(Varrone)所用的企图解决冲突的、正确的约定俗成的概念——它是和上升为

① 参见克罗齐:《美学原理》,第 18 章。

② 昆体良:《演说术原理》,Ⅰ,第 6 章(引文为拉丁文)。

学说相矛盾的(正像在调和中所发生的一样)——只是一种类似于修辞学中适度修饰或文学规则中带有某种自由的种类的东西。语言如果遵从约定俗成(幻想),就不能遵从理性(逻辑);如果遵从理性,就不能遵从约定俗成。类比推理论者认为,逻辑至少在单项种类或次类中有价值,但变规推理论者表明这也是不正确的;所以瓦罗本人也不得不承认:“这部分是很难的”。[①]

语法在中世纪备受崇拜,这种崇拜几乎变成迷信。当时,话语的八个成分被认为是神启,因为“八这个数字在《圣经》中是经常出现的”;动词的三个人称是故意用“语言中存在着我们信仰的三位一体来创造的”。[②] 中世纪以后的语法学家,一方面对语言问题重新思考,一方面却滥用了省略法、填充词、破格、变则法和例外法。只是在最近的语言学里,才开始对“话语成分”概念的同一价值产生怀疑[如波特(Pott)、保罗等人[③]]。虽然如此,这些修辞手段仍继续存在,原因是:一方面在经验主义的或实践的语法中不能不使用它们,另一方面是令人起敬的古代性让人忘记了它们不合法的和混乱不清的来源。这些修辞手段的胜利只是由于对长期论战的厌倦而取得的。

审美批判的理论　V——否定艺术心灵价值的审美鉴赏力的相对性是感觉论者的命题;可是,这种相对性在其作家们那里几乎从未以真纯和明确的方式,而是以格言——说到鉴赏力无争辩可

① 对所有这些说法请参看莱尔施(Lersch)和施泰因塔尔的语言学著作。

② 孔帕雷蒂:《中世纪的维吉尔》,卷1,第169-170页(引文为拉丁文)。

③ 波特给已引用的洪堡德著作写的前言;赫尔曼·保罗:《语言史原理》,第20章。

言(*De gustibus non est disputandum*)——来表示出的(这句不知出处的格言是应加以探讨的:它是什么时候产生的,最初的意义是什么,是否人们以鉴赏指口腔的印象,后来才扩展到审美印象上的等等)。而朦胧意识到艺术高级本性的感觉论者又不甘心承认鉴赏力的全部相对性,他们在这方面的苦恼简单令人同情。巴托说:"存在着良好的鉴赏力,但只存在着良好的鉴赏力吗?它是什么?取决于什么?是源于对象还是源于在对象上起作用的天才?存在着规则还是不存在着规则?只有巧智或只有心灵是鉴赏力的器官呢,还是二者皆是?在这个如此著名的、曾被多次讨论过的、可从未被明确解释过的题目下有多少问题呀!"[①]霍姆也有着同样的疑问。他说,说到鉴赏力无可争辩,不仅是指口腔的、而且也指所有其他感官的鉴赏都是无可争辩的,在某些方面,这种说法让人感到似乎是极有道理的;但就某些方面而言,却让人感到言过其实。但是,如何追溯其根源呢?又怎么能强求一个人不去喜欢事实上他喜欢的东西呢?这样看来,那句话可能就是正确的了,但并非如此,也没有任何有鉴赏力的人会赞同。我们研究的是好的鉴赏力和不好的鉴赏力,因此,在这种区分的名义下所进行的批评怎么会是荒谬的呢?这样如此常见的提法怎么会是没有意义的呢?霍姆最后指出,要有鉴赏力的一个共同标准(standard of taste),这个标准是从人类共同生活的必要性那里,从一个"目的性的原因"那里推论出来的。因为,如果没有鉴赏力的一致性,谁还会费力创造艺术作品、豪华高雅的建筑、美的园林和其他类似的东西呢?此

① 巴托:《美的艺术》,第 2 部分,第 54 页。

外，还需指出目的性的第二位原因，即需要在共同的游戏中把不同手艺、职业和不同社会等级——正是它们把人分隔开来和企图使人变得毫不相关——的人联合起来。但是，以什么方法确定这种鉴赏力的共同标准，仍还不能肯定地说，人们已解决了这些新的疑难。正像对道德律不能向野蛮人询问建议而应向完善状况的人询问一样，对鉴赏力的标准也只能求助于少数不从事体力和卑贱劳动的、具有非腐朽鉴赏力的、不沉浸在肉欲里的人；因为他们从自然中接受了好的鉴赏力，并以教养和生活的实践使之完善。如果还有冲突，那就要借助霍姆本人在他的书中所确定的原理了。[①] 大卫·休谟的《论鉴赏力》也充满着类似的矛盾和错误循环，在这篇论文中，人们仍无法确定具有鉴赏力的、他的判断应该形成规则的人的特殊品质。尽管承认建立在自然之上的鉴赏力的一致性，不要考虑到个别人的腐败和无知，但我们还得承认，鉴赏力的不同性是无可调和的、不可克服的，而且也是无可责备的(blameless)。[②]

既承认鉴赏力的绝对性，同时又要把它化为概念和理论的另一种学说，并不能以此批判审美相对论；18 世纪就出现过很多这种错误的样例。穆拉托里就是认为存在着鉴赏力的规则和一个普遍的美并且诗学为之提供规则的最早的人之一。[③] 安德烈说："在一个艺术作品中，美不是通过心灵的官能和身体器官的特殊安排，对最初一瞬间的想象力产生的快感；而是通过其特质或其正确性——如果能用这个词的话——，通过其内在的欣赏，对理性和反

① 《批评的要素》，卷 3，第 25 章。

② 《道德、政治和文学论文集》(伦敦，1862)，第 23 章：《论鉴赏力的标准》。

③ 《论完美的诗》，卷 5，第 5 章。

思有权利产生快感的东西。”[1]伏尔泰认为，“一个普遍的鉴赏力”是“理性的”。[2] 这样认为的人为数甚多。康德既反对理性主义的错误也反对感觉论的错误；他把美视为道德的象征，并没有完成鉴赏力的幻想绝对性的概念。[3] 后来的思辨哲学对此不置一语便越过了这个难题。

这个幻想的绝对性标准或为了评价艺术作品应把自己置身于艺术家在创造时的观点和认为评价就是再创造的概念，是18世纪初期开始逐渐出现的。在意大利，在我们提到的穆拉托里那里，在英国，在蒲伯的《论批评》那里（蒲伯说：“一个完善的评价就是对每一件智慧的作品都会以与作者写作时的同样精神来进行的评价”[4]）都可看出最初的暗示。几年以后，孔蒂也承认了在第一阶段的规则中特拉松提出的评价诗的真实的那一部分；但他估计，把这个规则用到近代诗人身上比用到古代诗人身上更为容易。他说：“假如一个人的评论没有成见而且相当顺利地渗透到诗人的心灵里，那一下就可以看出一个诗人对他描述的对象是否摹仿得很好；因为，一个人如对原本——那个时代的人和习俗——有所认识，就能很容易地将副本——摹仿人和习俗的诗——和原本进行比较。”为了评价古代的诗人，路途应更长一些：“上面所说的第一阶段的某些规则在评价古诗时是用不上的；要对古诗作出评价，首先必需对古人的宗教信仰、法律、习俗、斗争和评理的方式进行长

① 《论美》，第3篇。

② 《论鉴赏力》，引用过的版本。

③ 参看本书第8章。

④ 《论批评》，1711，第11部分，第253-254行（引文为英文）。

时间的思考。一首诗的美完全和上述种种情况毫无关系的时候是很少的；因此，伟大的画家要避免这些情况，因为他要的是大自然，而不是他的观念。”[①]总而言之，那条道路应是历史之路。18 世纪末期，海登赖希相当准确地指出了相同天才的再创造的概念："艺术的哲理批评家本身就应有艺术天才，这是理性不能舍弃的必要，就像瞎子无权判断颜色一样。批评家不应强求通过理性的决定(*Vernunftschlüsse*)来感受美的引诱力；而美却应以不可抗拒的鲜明性显现于情感，被美的魅力所吸引的理性没有时间寻求一系列的为什么；效果从一开始就应以突然的、愉快的、对整个存在的侵占和对它的压倒来扼杀美的任何起因和来源问题。但这种狂热的心灵活动不能持续很长的时间：因为理性要明确地分析自身的情感，并思索于美的欣赏中持续的、而现在于记忆中又归于理性的状态……。”[②]这种健康的印象主义的理论是随着浪漫主义而占上风的，德·桑蒂斯就支持这样的理论。[③] 但当时并未产生出一个正确的批评学说，这个学说要求把正确理解艺术和理解艺术作品和它的历史的前件之关系作为批评的条件。[④] 19 世纪下半叶，在把鉴赏力同个人快感等同起来、把一个假冒的历史批评——它把作品当成外在的学问之堆积，或者说，这样的历史批评充满了实证主义和唯物主义的偏见——作为唯一的科学批评的同时，关于审美批评的这种相同的可能性也一直在争论着。而那些反对这个外在

① 给马费伊侯爵的信，见《散文和诗》，卷 2，第 70-71 页(引文为法文)。

② 《美学体系》，前言，第 21-25 页。

③ 参见德·桑蒂斯《批评论文》，第 355-358 页。

④ 参见克罗齐《美学原理》，第 16 章。

性和反对唯心主义的人的错误，一般地讲在于把理性主义教条的一种[①]或把一个空洞的唯美主义[②]当作救生圈了。

鉴赏力和天才的区别 Ⅵ——我们已经讲过，“鉴赏力”和“天才”或“巧智”在17世纪时是很流行的词汇。当时，这些词汇所标指的功能是可以互换的，并且它们都被视为具有同样的本性；有时，它们又被理解为是有区别的，天才是创造的功能，鉴赏力是审辨的功能——它被分为有生命力的和无生命力的两种。这类术语在意大利是由穆拉托里采用的，[③]在德国是由柯尼希采用的。[④] 巴托说：“天才的作品是由鉴赏力判断的。”[⑤]康德谈到过有天才而无鉴赏趣味或有鉴赏趣味而无天才，或对它们来说只有鉴赏趣味就足矣的有缺陷的作品；[⑥]有时，他把这两个概念区分为创造性的功能和审辨的功能，有时又把这两个概念理解为处于不同程度上的同一功能。鉴赏力和天才之间这种毫无根据的区别被后来的美学作家们接受下来，它的最严格形式见于赫尔巴特和他的门徒们的著作。

艺术史和文学史的概念 Ⅶ——18世纪行将结束时，艺术的进化理论才真正出现：当时，古典艺术和浪漫主义艺术的分法正在形成；后来，由于对前希腊世界和东方艺术的被引进部分的认识逐渐加深，这种分法变得更丰满了。歌德晚年对爱克曼(Eckermann)

---

① 如里卡尔多(Ricardou)：《文学批评》，巴黎，1869。

② 如孔蒂：《时间之河》(那不勒斯，1907)。

③ 《论完美的诗》，卷5，第5章。

④ 《关于好的鉴赏力的研究》，1727。

⑤ 《美的艺术》，第2部分，第1章。

⑥ 《判断力批评》，§48。

说，古典诗和浪漫诗的概念是他和席勒两人提出的。歌德主张诗的客观进程，而席勒为捍卫他所倾向的主观主义写了一篇论文，《论素朴的诗和感伤的诗》。在这篇论文中，"素朴的"(naiv)正是后来所说的古典的；"感伤的"(sentimentalisch)正是后来所指的浪漫主义。"施莱格尔兄弟(歌德继续说)拾取了这个概念，并把它加以发挥，使它传遍各处，以至于人人都在谈论古典主义和浪漫主义。这是五十年前(此话歌德说于 1831 年)根本无人想到的区别"。[①] 席勒的这篇注期为 1795—1796 年的论文[②]明显地受卢梭的影响，其中还写道："在所有地方，诗人都是自然的保存者，在他们不能完全这样做的地方，他们就在自己身上试验对人为的和任意的形式摧毁的效力或反对它们；他们或是自然的证人或是自然的追求者。所以，诗人或者是自然，或者在失去自然之后追寻自然。由此产生了两种完全不同的作诗方式，它们充斥着诗的全部领域：所有诗人，如果他们真正是诗人的话，根据诗歌兴旺条件的不同，或是属于素朴诗人的范畴，或是属于感伤诗人的范畴"。其后，席勒把感伤诗分为三个属类：讽刺诗、哀挽诗和牧歌诗。他认为，"当诗人用远离自然以及现实与理想的冲突作为题材时"，他就是讽刺诗人。这种分法的弱点在于诗的双重种类概念本身，亦即在于把单个诗人身上显示出的无穷形式减少成两个种类。如果这两个种类中的一个被理解为完善的，另一个被理解为不完善的，那就会陷入另一种错误，即把不完善的说成种类和属类，把否定说成

① 爱克尔曼：《歌德谈话录》，1831.3.21。

② 《论素朴的诗和感伤的诗》，1795—1796(《全集》，戈德克编，第 12 卷)。

肯定。事实上，洪堡德在反对他的朋友（席勒）时说，如果形式是艺术的根本，那就不能允许一首诗是伤感的或浪漫的，不能容许材料压过形式，因为这有可能使诗不再是艺术的一个种类，而是一种错误的艺术。[①] 此外，席勒并未赋予他的分法以历史的意义；相反，他说得很清楚，在使用"古代的"和"近代的"而不使用"素朴的"和"感伤的"这些词汇时，他所用的"古代诗人"这种说法的意义也指近代和当代的诗人，甚至他说这两个种类能统一在一位诗人和同一首诗作中，例如席勒本人的"维特"[②]（Werther）。这种分法历史意义的主要开创者是 F. A. 施莱格尔和 A. G. 施莱格尔：前者早在 1795 年的一篇著作中，后者于 1801—1804 年在柏林举办的文学史讲座中都使用过。这两种意义、理论的意义和历史的意义，文学家和评论家交替使用，并以不同形式互相混杂，其他人也纷纷如此，以至于有时把冷静和摹仿的诗人也称为"古典派"诗人，把有灵感的诗人称为"浪漫派"诗人。在一些国家，甚至把政治上的反动者称为"浪漫派"，而在其他一些国家，如在意大利，这些人则被称为"自由派"，等等。1815 年，F. A. 施莱格尔谈到古代波斯浪漫主义的诗歌时，我们时代的人们强调希腊、拉丁或法国的浪漫主义时，这个词便从历史的意义转到席勒最早赋予的理论意义上了。

在企图根据理念进展的纲要以构成普遍历史、因而也构成文学和艺术史的德国唯心主义中，历史的意义是占主要地位的。谢林明显区分了异教艺术和基督教艺术的两个阶段：后者和前者相

① 引自但泽尔：《全集》，第 21-22 页。

② 《论素朴的诗和感伤的诗》，已引用的版本，第 155 页注。

比是进步的，前者只是后者的低级程度。[①] 黑格尔接受了这种分法，从而引出了一种最终的退化，因为他把艺术分为三个阶段：象征型艺术（东方的）、古典艺术（希腊的）和浪漫式的艺术（近代的）。正像他使古典艺术（席勒提示给他的思想）解体为显现讽刺和其他种类（它们标志着形式和内容之间和谐的破裂）的罗马文学一样，他也看到了浪漫主义的艺术解体为阿里奥斯托和塞万提斯(Cervantes)的主体的幽默。[②] 黑格尔认为，在现代世界里，艺术是要消亡的，尽管有些解释者自相矛盾地认为，不能排除一个第四阶段，即现代艺术和将来艺术的阶段。事实上，在黑格尔的追随者中，韦塞（为了挽救三分法，他抛弃了东方阶段）就把近代作为第三阶段，即古代和中世纪的综合；[③]费舍尔倾向承认一个现代的和进步的阶段。[④]

这些任意创造的学说以艺术进化史的形式或以艺术进步的形式也充斥在实证主义者的形而上学的著作中。斯宾塞就热衷这种论述；人们在1860年发表的他的体系的纲领中可以读到：《社会学原理》第三卷中有一章用来论述审美的进步，这种论述“借助的是美的各种艺术之间及它们和最初的原理之间逐渐加深的差异，借助它们在发展中逐渐增长的多样性及借助它们在表现的现实中和目的的高级性中的进步”。计划中的这一章始终没有写出，但当人们想起保留在《心理学原理》中的那些内容——我们已经在前面提

① 参看本书第9章。

② 《美学讲演录》，第2和第3卷。

③ 见哈特曼《康德以来的德国美学》，第99-101页。

④ 《美学》，第3部分。

及过——时，我们就没有必要感到惋惜了。[1]

对于伪造的艺术的自由和原初的运动之进化和抽象的进步之理论来讲，我们时代强烈的历史意义越来越失去其重要性。菲德勒不无道理地指出：在艺术的历史中，不能引入统一和进步，而应以断续的方式视艺术家的作品为宇宙生活中的众多片段。[2] 在意大利，最近有一位叫文杜里（Venturi）的著名的象征型艺术的研究者，企图使进化论再度流行起来。他写了一本《圣母的历史》用以简化这个理论。在这本书中，童贞圣母的形象几乎被理解为一个诞生、成长、臻于完善、衰老和死亡的机体。但其他人却要求恢复艺术史的特点，它不能忍受束缚和外在的局限，要反映幻想越益繁纷的产品。[3]

结语 这些简短的说明足以表明迄今为止我们称为“特殊的”审美错误的科学批判之范畴是多么狭窄。美学应被一个活的和清醒的批判文学包围和扩充，这种批判文学源于美学，反过来又成为美学的捍卫者和力量。

---

① 参看本书第 17 章。

② 菲德勒：《艺术活动的起源》，第 136 页。

③ 文杜里：《圣母》，米兰，1899；参看 B. 拉班卡（B. Labanca）在《政治文学杂志》（罗马）1899 年 10 月份和在《哲学和教育学杂志》（博洛尼亚）（1900）发表的文章；克罗齐：《崇高的那不勒斯，写作科学和艺术史杂志》，第 8 期第 161-163 页，第 9 期第 13-14 页（现收在克罗齐的《美学问题》里，第 265-272 页）；关于艺术史和文学史，参见克罗齐《美学原理》，第 18 章。

文 献 附 录

1. 一般参看书目

科勒尔(Koller):《美学史草搞》,1799,雷根斯堡。这是最早的美学史著作,共288页。科勒尔在前言中说:此书只涉及一般理论,目的是给在德国大学里学习鉴赏力批判和美的艺术的理论的青年人指出“美学的产生及其发展的一份明晰的纲要”。引言部分(§1-§7)论述了古代至18世纪初的理论。科勒尔认为,“古人对鉴赏力批判和美的艺术的理论是一无所知的,在这个领域,他们的创造往往囿于其不完善的伦理学”。§5是论述意大利人的,但“他们在理论方面建树不多”;他只提到了巴蒂内里的《论迷狂》和耶杰曼(Jegemann)的《论美的艺术的良好鉴赏力,对美学要素的解释》,佛罗伦萨,1711。美学文学部分论述了比尔芬格,然后很快就转到论述鲍姆嘉通。科勒尔认为,“任何人也不能否认,理论时代是由鲍姆嘉通开创的,他的不可磨灭的功绩是首次提出了建立在理性和发展观上的美学思想,以他的哲学思想把美学置于运动之中”。他还提到了迈尔和德国——从C.G.缪勒到拉姆勒(Ramler)——及英法一些美学著作。科勒尔推崇康德(第64-74页),他指出,在《判断力批判》之前,美学家们分为怀疑论者、教条

主义者和先验论者；德国优秀人物倾向先验论，康德亦是如此。“如果文学批评家认为康德的思想进展是成熟的话，那么这样的功绩也可归于英法德其他的一些敏锐的先验论者”；但是，“用康德以前的任何方法都不能确定人关于事物鉴赏力的一致性”。这部著作的最后章节指出了美学的飞速发展：“雅各比、席勒等人的理论丰富了美的文学”。（第104页）

齐默尔曼（Zimermann）：《作为哲学科学的美学史》，4卷，1858，维也纳。第一卷论述了“从希腊人到通过鲍姆嘉通的著作而形成的哲学美学”；第二卷论述了“从鲍姆嘉通到美学的变革——康德的《判断力批判》”；第三卷论述了“从康德到唯心主义的美学”；第四卷论述了“从唯心主义的美学到1798—1858年的美学”。这部著作的作者是赫尔巴特主义的门徒，但论述得较为明晰，可是忽略了非希腊-拉丁和德国以外的所有美学观念的发展。

沙斯勒（Schasler）：《美学批判史》，3卷，柏林，1872。它包括古代、18世纪和19世纪的美学。作者是黑格尔主义的门徒；他说，他的历史只是理论的准备，是“为构成一个新体系的最高原理”。他把美学综合为三种：感性判断的美学；知性判断的美学；理性判断的美学。这部著作与齐默尔曼的著作具有相同的缺点，而且论述得不紧凑。

鲍桑葵（Bosanquet）：《美学史》，伦敦，1892。这部著作的作者对内容的美学和形式的美学持折衷主义的态度。他忽略了一些重要的美学作家和一些重大的美学运动，一般地讲，对意大利、法国、西班牙的文学缺乏常识。

奈特（William Knight）：《美的哲学》，2卷，1895，伦敦。这部

著作的第一卷对古代论述较略，对近代的美学著作及人物罗列较详，特别是有部分章节还论述了荷兰、英国和美国的美学。第二卷(1898)的附编（第 251-281 页）还评述了俄国、丹麦的美学，可参看。

圣茨伯里(George Saintsbury)：《文学批评史》，爱丁堡和伦敦，1900—1904。第 1 卷(1900)包括古代和中世纪；第 2 卷(1902)包括文艺复兴到 18 世纪末期；第 3 卷(1904)包括近代。这部著作的作者作为文学家是有价值的，但作为哲学家，却不敢恭维。他说，他的历史不论述狭义的美学，即"超验的、一般的美和艺术快感的理论……"，而只局限于论述"高级的修辞学和诗学，文学鉴赏力批判的理论和实践"（第 1 卷第 1 章）。这部著作虽然在教学上有用，但在哲学上却缺乏论述的对象和方法。如果不是美学，高级的修辞学和诗学、文学鉴赏力批判的理论和实践是什么呢？圣茨伯里可能是要把美学同文学批评史分开，但他在这两方面皆无成就。

贝拉 · 亚诺什(Beta Janosi)：《美学史》，布达佩斯，3 卷，1899—1909。第 1 卷论述希腊人的美学；第 2 卷，中世纪到鲍姆嘉通；第 3 卷，从鲍姆嘉通到现代美学。此书是匈牙利科学院的赠书，没有开封。

勒韦克(Levêque)：《美的科学》，副标题为《论古代和近代主要的美学体系》，巴黎，1862。这部著作分为八章，论述了柏拉图、亚里士多德、普罗提诺、圣奥古斯丁、哈奇生、安德烈、鲍姆嘉通、里德、康德、谢林、黑格尔的理论。

梅嫩德斯-佩拉约(Menendez y Pelayo)：《西班牙美学思想史》，第 2 版，马德里，1890—1901。但这部著作不仅论述了西班牙的美学，而且还论述了美的形而上学、关于上帝和爱的神秘主义的思辨、散见于哲学家关于艺术的理论和所有有关美学的理论（如诗学、修辞学、绘画、建筑）等。这部著作的作者倾向唯心主义的形而上学，但又从其他体系，如先验论那里，吸收了不少东西，其理论的观点不十分明确。

罗拉（Alfredo Rolla）：《意大利美学史》，都灵，1904。关于这部著作请参见我的《美学问题》第 401-415 页。

此外还可参看：

布兰肯堡（Blankenburg）增补的祖尔策（Sulzer）的《美的艺术的一般理论》，4 卷，1792，莱比锡，这部著作收集的资料较全。

盖莱（C. M. Gayley）和斯各特（F. N. Scott）：《文学批判导论》，《美学和诗学的基础》，波士顿，1899。

格里贝（Gröber）：《美学词典》，魏玛，1810。

上面开列的书目是为了美学研究者查阅的方便，其中有些书我们并未见到。

2. 各章参看书目

第一章

关于古代美学，E. 缪勒：《艺术理论史》，巴希莱阿，1831—1837，2 卷。我们认为这是一本较全面、著述认真的著作。

关于美的特殊研究，瓦尔特（Julius Water）：《古代美学史》，莱比锡，1893；厄热尔（Egger）：《希腊批评史》，第 2 版，巴黎，1866；齐默尔曼：《美学史》；鲍桑葵：《美学史》，第 2—5 章；圣茨伯里：《文学批判史》，第 1 卷。

关于柏拉图的美学，鲁格(Arn Ruge)：《论柏拉图的美学》，哈勒，1832。关于亚里士多德的美学，多林(Doring)：《亚里士多德的艺术理论》，耶拿，1876；贝纳尔(Benard)：《亚里士多德及其后继者的美学》，巴黎，1890；巴特齐(S. H. Butcher)：《亚里士多德的诗学和美的艺术理论》，第2版，伦敦，1898。关于普罗提诺的美学，瓦舍罗(Vacherot)：《亚历山大时代的批评史》，巴黎，1846；布伦宁(Brenning)：《普罗提诺美的学说和其体系的联系》，哥廷根，1864。关于贺拉斯的论诗艺，维奥拉(A. Viola)：《意大利和国外关于贺拉斯论诗艺的批判》，2卷，那不勒斯，1901—1907。

关于古代心理学史，西贝克(Siebek)：《心理学史》，1880；夏伊涅(A. E. Chaignet)：《希腊人的心理学史》，巴黎，1887；安布罗西(L. Ambrosi)：《哲学史中想象的心理学》，罗马，1898。关于语言哲学史，施泰因塔尔：《语言学史》，第2版，柏林，2卷，1890—1891。

第二章

关于圣奥古斯丁和基督教初期的作家，梅嫩德斯-佩拉约：《西班牙美学思想史》，第193-266页。关于托马斯·阿奎那的美学思想，塔帕莱蒂(L. Taparetti)：《论托马斯·阿奎那学说中美的理性》，1859—1860；瓦勒特(P. Vallet)：《托马斯，阿奎那哲学中的美的观念》，1883；M. 德·沃尔弗(M. de Wulf)：《托马斯·阿奎那的美学的历史研究》，鲁汶，1896。

关于中世纪文学理论，孔帕雷蒂(Comparetti)：《中世纪的维吉尔》，第2版，佛罗伦萨，1896，1卷；圣茨伯里的著作，卷1第369-486页。关于文艺复兴初期，福斯勒(K. Vossler)：《意大利文艺复兴时期的诗学理论》，柏林，1900。关于文艺复兴中期的诗学，斯宾干(J. E. Spingarn):《文艺复兴时期文学批评史和意大利的影响》,纽约,1899;德·桑蒂斯(F. de Sanctis):《意大利文学史》,那不勒斯,1870。

关于中世纪和文艺复兴时期柏拉图主义和新柏拉图主义观念的最详和最佳的论述是已引用的梅嫩德斯-佩拉约的著作,第1、2卷。关于论美和论爱的专著,罗西(Miche-le Rossi):《论16世纪论美的专著》,莱卡那蒂,1899;弗拉米尼(F. Flamini):《16世纪》,米兰,第4章第373-381页。关于塔索,加尼尼(Alfredo Giannini):《塔索的〈明图尔诺〉》,阿里亚诺,1899。关于莱昂内·埃布雷,索尔米(Edm Solmi):《斯宾诺莎和莱昂内》,摩德纳,1903。

关于斯卡利杰罗,兰蒂阿(Eug. Lintichat):《文学共和国的一场政变:斯卡利杰罗,布瓦洛之前的古典主义创始人》,1890。关于弗拉卡斯特罗,罗西(Giuseppe Rossi):《弗拉卡斯特罗和亚里士多德主义及文艺复兴时期科学的关系》,比萨,1893。关于卡斯泰尔韦特罗,福斯科(Ant. Fusco):《卡斯泰尔韦特罗的诗学》,那不勒斯,1904。关于帕特里齐,扎诺蒂(O. Zanotti):《帕特里齐,阿里奥斯托和塔索》。

第三章

关于17世纪思想的酝酿,斯特恩(H. von Stein):《新美学的发现》,斯图加特,1886;鲍林斯基(K. Borinski):《文艺复兴时期的诗学》,柏林,1886,和《格拉西安及德国文学》,哈勒,1894;克罗齐:《概念论的意大利作家和格拉西安》,那不勒斯,1899;《伊丽莎白时代的批评文集》,史密斯(Gregory Smith)编(牛津),1904,2卷;《17世纪》,斯宾干编,牛津,1908,2卷;多纳蒂(Leone

Donati):《波特玛和意大利文学》,苏黎世,1900;克罗齐:《美学问题》,第371-380页。

关于培根,费希尔(K. Fischer):《论培根》,莱比锡,1856(第2版,1875),第7章;雅居纳(P. Jaquinet):《培根和文学》,巴黎,1863。关于格拉维纳,赖希(Em. Reich):《格拉维纳和美学》,维也纳,1890;克罗齐:《关于被视为美学家的格拉维纳的一些典评述》,佛罗伦萨,1901。关于杜博斯,莫勒尔(Morel):《杜博斯研究》,巴黎,1849;佩滕特(Petent):《杜博斯》,特拉梅兰,1902。关于布乌尔,东勒吕斯(Doncleux):《17世纪的文学家》,巴黎,1886。关于布乌尔和奥尔西的论战,弗发诺(F. Foffano):《18世纪的一场论战》,利沃尔诺,1897;博埃里(A. Boeri):《18世纪法意文学之战》,巴勒莫,1900。

第四章

关于文学中的笛卡尔主义,克朗特兹(É. Krantz):《笛卡尔的美学,他的学说和18世纪的古典文学》,巴黎,1882,同时参看其中论安德烈的章节,第311-341页;库申给《安德烈哲学全集》写的引言,巴黎,1843。关于布瓦洛,鲍林斯基:《文艺复兴时期的诗学》,第6章第314-329页;伯吕纳吉埃尔(Brunetiere):《布瓦洛的美学》,1899。

关于英国理性主义的美学家,已引用的齐默尔曼的著作,第185-216页。关于夏夫兹博里和哈奇生,斯派克(Gid. Spicker):《论夏夫兹博里的哲学》,弗赖堡,1872,第4部分"论艺术和文学"第196-233页;福勒(TH. Fowler):《夏夫兹博里和哈奇生》,伦敦,1882;斯各特(Will. Robert Scott):《哈奇生,他的一生及他的学说在哲学史中的地位》,剑桥,1900。

关于莱布尼茨、鲍姆嘉通和他们同时代的德国作家,但泽尔(W. Danzer):《高特雪特》,第 2 版,莱比锡,1855;迈耶(H. G. Meyer):《莱布尼茨和鲍姆嘉通》,哈勒,1874;施米特(Joh. Schmidt):《莱布尼茨和鲍姆嘉通》,哈勒,1875;吕凯尔(Em. Grucker):《德国美学和文学史》,巴黎,1883;布赖特迈尔(Braitmaier):《源于莱辛的关于诗画讨论的批判史》,弗劳恩费尔德,1888—1889,其中收录了有关鲍姆嘉通的专论。

第五章

关于维柯(作为美学家),宗比尼(B. Zumbini):《论维柯的文学批评的一些原理》,佛罗伦萨,1894;克罗齐:《维柯,美学科学的发现者》,那不勒斯,1901;马尔蒂纳佐里(A. Martinazzoli):《论维柯的诗学理论》,见《哲学杂志》,博洛尼亚,1902. 7;乔万尼·罗西(Giovanni Rossi):《维柯关于语言本性和文字职能的思想》,萨莱尔诺,1901。关于维柯对美学的重要贡献,马里诺(C. Marino)的《在 19 世纪面前的维柯》已有所暗示,那不勒斯,1852,第 7 章§10;关于维柯的影响,克罗齐:《文学史和文学批评史》,那不勒斯,1903,第 7-8、26-28、423-425 页;博尔杰塞(A. Borgesse):《意大利浪漫主义批评史》,那不勒斯,1905;克罗齐:《维柯哲学》,巴里,1911;克罗齐:《维科年表》,那不勒斯,1904。

第六章

关于孔蒂的文学理论,布罗尼约利戈(G. Brognoligo):《孔蒂的文学作品》,1894,卷 1 第 152-209 页。关于切萨罗蒂,阿莱玛尼(Vitt. Alemanni)《一个文学的哲学家》,1 卷,都灵,1894;关于帕加诺，克罗齐：《美学史的多样性》，§3“论18世纪下半叶的一些意大利美学家”，1902。

关于德国美学家，除了已列出的一般美学史著作外，参见索梅尔：《心理学和美学的历史》，维尔茨堡，1892；德索伊尔（M. Dessoir）：《心理学史》，第2版，柏林，1897（但此书价值不高）。

关于祖尔策、门德尔松、埃利亚斯·施莱格尔，参见已引用的布莱特迈尔的著作。关于门德尔松还可参见，但泽尔《论文集》，莱比锡，1855；卡纳吉塞尔（Kanegiesser）《门德尔松在德国美学史中的地位》，1868。关于里德尔，韦策（K. F. Wize）：《里德尔和美学》，柏林，1907。关于赫尔德，若勒特（Ch. Joret）：《赫尔德和德国18世纪的文学复兴》，巴黎，1875；哈姆（R. Haym）：《赫尔德的一生及著作》，2卷，柏林，1880；雅各比：《赫尔德和康德美学》，莱比锡，1907。关于哈曼和赫尔德关于诗歌起源的思想，克罗齐：《批判》，卷9，1911。关于语言史，本费（Th. Benfey）：《德国语言学史》，慕尼黑，1869，引言；施泰因塔尔：《语言起源》，第4版，柏林，1888。

第七章

关于巴托，但克尔曼（E. von. Danckelmann）：《巴托的一生和他的美学理论》，罗斯托克，1902。关于荷加斯、柏克、霍姆，已引用的齐默尔曼的著作，第223-273页，和鲍桑葵的著作第202-210页。关于霍姆，请特别参看沃尔格穆（J. Wohlgemuth）：《霍姆的美学》，罗斯托克，1894；诺伊曼（W. Neumann）：《霍姆的美学学说及其在德国美学中的影响》，哈勒，1894。关于黑姆斯特胡伊斯，格吕克（Em. Grucker）：《黑姆斯特胡伊斯的生平及其著作》，巴黎,1866。

关于文克尔曼,歌德:《文克尔曼和他的世纪》,1805(见《歌德全集》,第 31 卷);约斯特(C. Just):《文克尔曼和他的同代人》,第 2 版,莱比锡,1898。关于文克尔曼理论的批判,黑特内伊(H. Hettnei):《近代杂志》,1866。关于孟斯,已引用的齐默尔曼的著作,第 338-355 页。关于莱辛,但泽尔:《莱辛生平及其著作》,莱比锡,1849—1853;费舍尔(C. Fischer):《莱辛,德国文学的改革者》,斯图加特,1881;格吕克:《莱辛》,巴黎,1891;施密特:《莱辛》,第 2 版,1899;鲍林斯基:《莱辛》,柏林,1900。关于斯帕莱蒂,克罗齐:《美学史的多样性》,§ 3(已引用过的版本)。关于迈尔、希尔特和歌德,但泽尔:《歌德的艺术同人与文克尔曼的关系》。关于歌德的美学,波德(Wilh Bode):《歌德的美学》,柏林,1901。

第八章

关于康德美学有很多批评论著,请参见意大利的,科莱基(O. Collechi):《哲学问题》,那不勒斯,1843, 3 卷;坎托尼(C. Cantoni):《康德》,米兰,1884, 3 卷。德国人的,请特别参看科恩(H. Cohen):《康德美学的创立》,柏林,1889;已引用的索梅尔的著作第 337-352 页。最详的论述;巴施(Victor Basch):《康德美学批判文集》,巴黎,1896。

关于康德的教材和《判断力批判》的历史前因,法尔肯海姆(H. Fallkenheim):《康德美学的产生》,海德堡,1890;格龙曼(Rich. Grundmann):《论康德美学的发展》,莱比锡,1893;详尽的论述见施拉普(O. Schlapp):《天才的康德学说》,哥廷根,1901。

第九章

关于这个阶段，除了已列的一般美学史外，请参见但泽尔：《关于艺术哲学现状及其以后的任务》（其中第51-84页论述了康德、席勒、费希特、谢林、黑格尔、佐尔格）；洛策：《德国美学史》，慕尼黑，1868（第1卷，以一般史学观点论述了从鲍姆嘉通到赫尔巴特主义者的美学家；第2卷，美学的基本概念史；第3卷，艺术理论史）；哈特曼：《康德以来的德国美学》，柏林，1886［此书分2卷。第1卷论述美学原理的各种学说，首先论述了康德的哲学美学的创立，接着论述了内容的美学——它分为抽象唯心主义的美学（谢林、叔本华、佐尔格、克劳泽、韦塞、洛策），具体唯心主义的美学（黑格尔、特兰多尔夫、施莱尔马赫、多伊廷格尔、奥埃尔斯特、费舍尔、蔡辛格、莫里茨、沙斯勒）；感性判断的美学（基希曼、维内尔、奥尔维兹）和形式主义的美学——它分为抽象形式主义的美学（赫尔巴特、齐默尔曼）和具体形式主义的美学（克施林、西贝克）。第2卷论述了较重要的特殊问题］。

关于席勒的美学，除很多专论外，请参看但泽尔：《席勒和克纳尔通信集》第227—244页；齐默尔曼：《席勒美学探讨》，莱比锡，1889；蒙塔尔吉斯（F. Montargis）：《席勒的美学》，巴黎，1890；已引用的索梅尔的著作第365-432页；巴施：《席勒的诗学》，巴黎，1901。

关于浪漫主义的美学，哈姆（R. Haym）：《论浪漫派》，柏林，1870（关于蒂克，参见第1卷；诺瓦利斯，第3卷，对施莱格尔兄弟的批评，第2卷和第3卷第5章）；皮克托斯（N. M. Pichtos）：《A. 施莱格尔的美学及其历史的发展》，柏林，1893；关于费希特，滕佩尔（G. Tempel）：《费希特在艺术科学中的地位》，梅兹，1901。

关于黑格尔，但泽尔：《黑格尔的哲学的美学》汉堡，1844；哈姆：《黑格尔和他的时代》，柏林，1857，第 433-443 页；基德尼（J. S. Kedney）：《黑格尔的美学，批判性的说明》，芝加哥，1885；费舍尔（Kuno Fischer）：《黑格尔生平及其著作》，海德堡，1898—1901，第 38-42 章，第 811-947 页；克罗齐：《黑格尔哲学中的活东西和死东西》，巴里，1907，第 6 章。

第十章

关于叔本华的美学，索梅尔拉德（Fr. Somerlad）：《叔本华美学的基本观点之形成和批判》，盖森，1895；迈耶：《叔本华美学与康德和谢林美学理论的关系》，哈勒，1897；卡尔沃（G. Chialvo）：《叔本华的美学》，罗马，1905。

关于赫尔巴特的美学，已引用的齐默尔曼的著作第 754-804 页；奥斯廷斯基（O. Hostinsky）：《赫尔巴特美学基本部分的源流及阐述》，安堡-莱比锡，1891。

第十一章

关于施莱尔马赫的美学，请参看已引用的齐默尔曼的著作第 609-634 页；已引用的哈特曼的著作第 156-169 页。

第十二章

关于语言学的历史，本费的已引用过的著作的序言；洛厄韦（Leop. Loewe）：《普遍语言学的批评史》，德累斯顿，1839；波特：《洪堡德和语言科学》，对《论人类语言结构的差异》所写的前言（第 2 版，柏林，1880）。

关于洪堡德，施泰因塔尔：《语言起源》。

第十三章

关于这个阶段,已引用的哈特曼的著作第 1 卷,论述很详;已引用的梅嫩德斯-佩拉约的著作第 1 卷第 6-8 章。

关于美的转化说,已引用过的齐默尔曼的著作,第 715-744 页;已引用的沙斯勒的著作 § 517- § 546;已引用的鲍桑葵的著作第 393-440 页;论述最为详尽的是已引用过的哈特曼的著作,卷 2 第 1 部分第 363-461 页。

关于崇高,翁鲁(F. Unruh):《自康德以来关于崇高的理解》,哥尼斯堡,1898。关于幽默,克罗齐:《幽默一词的各种意义及其在文学批评中的运用》(见《比较文学学报》,纽约,1903):巴尔当斯佩热(Baldensperger):《幽默的定义》,巴黎,1907。关于秀美,托拉卡(F. Toracca):《据卡斯蒂寥内和斯宾塞来看秀美》,卡斯泰罗城,1885;已引用的布赖特迈尔的著作,卷 2,第 166-167 页。

第十四章

关于 19 世纪法国的美学,已引用的梅嫩德斯-佩拉约的著作,卷 2,第 3-9 章和第 1-2 章,其中对英国美学家论述也较详。

关于 19 世纪上半叶意大利的美学家,维尔纳(Karl Werner):《19 世纪意大利哲学中唯心主义的美的理论》,维也纳,1884。关于罗斯米尼,请特别参看贝莱扎(P. Bellezza):《罗斯米尼和 19 世纪文学的重大问题》,米兰,1897。关于德尔菲科,詹蒂莱(G. Gentile):《从卢梭到伽卢皮》,那不勒斯,1903,第 2 章。关于焦贝蒂,法季(An. Faggi):《焦贝蒂,美学家和文学家》,巴勒莫,1901。关于莱奥帕迪,贝尔塔纳(E. Bertana):《意大利文学史学报》,41 期第 193-283 页;贾尼(R. Giani):《莱奥帕迪思想中的美学》,都灵,1904;已引用过的罗拉的著作;克罗齐:《美学问题》,第 401-

415 页。

关于意大利的浪漫主义者的理论，德·桑蒂斯:《曼佐尼的诗学》(见《杂著录》，克罗齐编，卷 1 第 23-45 页)；德·桑蒂斯:《19 世纪的意大利文学》，克罗齐编，那不勒斯，1897:其中关于托马索，第 233-243 页，关于坎图，第 244-273 页，关于贝尔凯特，第 479-493 页，关于曼佐尼，第 424-441 页。关于曼佐尼，请特别参看里奇法里(F. Ricifari):《曼佐尼思想中关于艺术和文学批评的概念》，卡塔里阿，1896；已引用的博尔杰塞的《意大利浪漫主义批评史》。

第十五章

关于德·桑蒂斯的生平和其书目，请参看他本人的《杂著录》克罗齐编，卷 2 第 267-308 页；《德·桑蒂斯纪念文集》，曼达拉里(Mandalari)编，那不勒斯，1884。

关于德·桑蒂斯(文学批评家)，《德·桑蒂斯纪念文集》；费列里(Pio Ferrieri):《德·桑蒂斯和文学批评》，罗马，1896，第 5 章；科基亚:《德·桑蒂斯关于艺术、政治的批评思想》，那不勒斯，1899；已引用过的博尔杰塞的著作，最后一章。

第十六章

关于形而上学的美学的最后阶段，诺伊德克(G. Neudecker)《康德以来的德国美学史的研究》，维尔茨堡，1878(这部著作论述和着重批评了费舍尔、齐默尔曼、洛策、克施林、西贝克、费希纳、多伊廷格尔)。关于齐默尔曼，已引用的哈特曼的著作。第 267-304 页。关于洛策，科格尔(Fritz Kogel):《洛策的美学》，哥廷根，1886；马特拉吉恩(A. Matragrin):《论洛策的美学》，巴黎，1901。关于克施林，已引用的哈特曼的著作，第 304-317 页。关于哈特曼,法季:《哈特曼和德国美学》,佛罗伦萨,1895。关于费舍尔,迪茨(M. Diez):《F. 费舍尔和美学的形式主义》,斯图加特,1889。

关于法国和英国的美学家,除了已引用的梅嫩德斯-佩拉约的著作外,请参看米尔桑德(J. Milsand):《英国美学,罗斯金研究》,巴黎,1864;德·拉·西泽拉纳(De le Sizerane):《罗斯金和美的信仰》,第 3 版,巴黎,1898,第 3 部分。关于福尔纳里长老,因布里亚尼(V. Imbriani):《美学家福尔纳里》(再版于《文学研究》,克罗齐编,巴里,1907)。关于塔里,加洛(Nic. Gallo):《安东尼奥·塔里》,巴勒莫,1884;克罗齐给塔里《美学和形而上学论文集》所写的前言,巴里,1910。

第十七章

关于实证主义美学,已引用的梅嫩德斯-佩拉约的著作,第 4 卷(第 2 版),第 2 卷第 120-136、326-369 页;加洛:《艺术科学》,都灵,1887,第 6-8 章,第 162-216 页。

第十八章

关于基希曼,已引用的哈特曼的著作第 253-265 页。关于最近的一些德国美学家,施皮策(Hugo Spitzer):《当代美学的批判研究》,莱比锡,1897。关于尼采,佐科利(E. G. Zoccoli):《尼采》,摩德纳,1898;策特莱尔(Jul. Zeitler):《尼采的美学》,莱比锡,1900。关于福楼拜,富斯科(A. Fusco):《福楼拜的艺术理论》,那不勒斯,1907。关于 19 世纪最后十年的美学,阿雷阿特(Luc. Arréat):《哲学的十年,1891—1900》,巴黎,1901,第 74-116 页;谷鲁斯(Carlo Groos):《20 世纪的哲学》,海德堡,1904—1905。关于最近几年的美学著作,请参看克罗齐主编的《批评》杂志(从

1903 年以后)，那不勒斯；德朔伊尔(Max Dessoir)主编的《一般美学科学杂志》，1906 年发行于斯图加特。

第十九章

一般地说，在美学史中，特殊的一些问题的历史往往被忽略，或论述有误。如缪勒就把修辞学的历史和诗学的历史搅到一起(见他的《古代艺术史》前言第 6-7 页)；其他人把修辞学和单项艺术或艺术技巧混为一谈；另一些人则把美的转化说和自然美说视为特殊问题；还有一些人，只是由于偶然，才谈到艺术种类和艺术分类问题；他们都没有指出这些问题同美学基本问题的联系。

I

关于古代意义上的修辞学史，福尔克曼(Rich wolkmann)：《希腊人和罗马人的修辞学》，第 2 版，莱比锡，1885，这是一本重要的著作；夏伊涅(Ed Chaignet)：《修辞学和它的历史》，巴黎，1888，这部著作收集的资料丰富，但有些杂乱；贝诺伊斯(Ch. Benoist)：《修辞学史，从修辞学的最初手稿直到亚里士多德》，巴黎，1846；蒂莱(Grorg Thiele)：《赫尔马戈拉斯对修辞学史的贡献》，斯特拉斯堡，1893。关于近代修辞学史，对维韦斯和西班牙修辞学家的批判，已引用过的梅嫩德斯-佩拉约的著作，卷 3(第 2 版)第 211-300 页；关于帕特里奇，克罗齐：《帕特里齐和古代修辞学的批判》，贝尔加莫，1903(见《美学问题》第 297-308 页)。

关于古代作为文学形式理论的修辞学，已引用的福尔克曼的著作，第 393-566 页；已引用的夏伊涅的著作，第 413-539 页；已引用过的圣茨伯里的著作，卷 1 和卷 2；对照参看雷伊诺德(Paul Reynaud)：《梵文的修辞学在历史中的发展及其与古典修辞学的关系》,巴黎,1884。关于中世纪的修辞学,孔帕雷蒂:《中世纪的维吉尔》,卷1;已引用的圣茨伯里的著作,卷3。关于近代修辞学:关于格罗贝的理论,克罗齐:《论格罗贝心理学的综合和文体分析的一些原理》,见《朋修学院文献录》,卷29,1899;福斯勒(Vossler):《代替语言科学的希腊和罗马文学》,1900;克罗齐:《格罗贝教授的修辞学品类》,见《语言学杂志》,1900年4月;福斯勒:《语言科学中的实证论和唯心主义》(意文译本,巴里,1908,第48-61页)。关于隐喻概念最完整的论述,比塞:《隐喻哲学》,汉堡-莱比锡,1893,第1-16页;这部著作的功绩还在于作者窥见到了维柯关于这个内容的思想之重要。

Ⅱ

关于古代文学种类史,除参看缪勒、厄热尔、圣茨伯里和论亚里士多德两著作外,请对比参看利维(S. Levi):《印度的戏剧》,巴黎,1890,特别看第11-152页。关于中世纪的诗学,玛里(Gio. Mari):《拉丁韵律艺术的中世纪专论》,米兰,1899。

关于中世纪的种类史,已引用的斯宾干的著作,卷1第2-3章,卷2第2章,卷3第3章;已引用过的梅嫩德斯-佩拉约、鲍林斯基和圣茨伯里的著作。

关于阿雷蒂诺,德·桑蒂斯:《意大利文学史》,卷2第122-144;格拉夫(A. Graf):《16世纪》,都灵,1888,第87-167页;福斯勒:《阿雷蒂诺的艺术观》,海德堡,1901。关于瓜里尼,V. 罗西:《瓜里尼和〈忠实的牧羊人〉》,都灵,1886,第238-250页。关于斯卡利杰罗,已引用的兰蒂阿的著作:《政变……》。关于三一律,莫朗迪(L. Morandi):《巴雷蒂对伏尔泰的论战》,第2版,卡斯泰罗城,1884;布莱丁格(Breitinger):《在高乃依〈熙德〉之前的亚里士多德的统一律》,第2版,日内瓦,1895;埃布纳尔(J. Ebner):《意大利对戏剧统一律史的贡献》,慕尼黑,1898。关于西班牙对戏剧的论战,参看法蒂奥(Morel Fattio)论戏剧的捍卫者和论新艺术的著作,见《西班牙美学杂志》,卷3,卷4。关于戏剧理论,阿尔诺(Arnaud):《17世纪戏剧理论,奥比亚克的生平及其著作》,巴黎,1888;迪蓬特(Paul Dupont):《18世纪初的一位哲理诗人,拉莫特》,巴黎,1898;加莱蒂(Alfredo Galletti):《意大利18世纪的戏剧理论和悲剧》,第1部分(1700—1750),科雷莫纳,1901。关于法国诗学的历史,伯吕纳吉埃尔:《文学史中的种类进化论》,巴黎,1890,引言。关于英国的诗学的历史,哈梅利乌斯(Paul Hamelius):《17和18世纪英国文学批判》,莱比锡,1897;已引用的司各特(Gayley Scott)的著作,第383-422页。关于浪漫主义阶段,米希埃尔(Alef, Michiels):《19世纪和19世纪以前的法国文学史》,巴黎,1863。关于意大利浪漫主义阶段,已引用的博尔杰塞的著作。

Ⅲ

关于艺术区分和分类的最初历史,莱辛:《拉奥孔》;已引用过的洛策的著作,卷3;沙斯勒:《在以艺术本质为基础的新的组成原则之上的艺术体系》,莱比锡-柏林,1881;哈特曼:《康德以来的德国美学》,卷2第2部分,第524-580页;巴希:《论康德美学》,第483-496页。

Ⅳ

关于古代的文体理论,已引用过的福尔克曼的著作,第532-

566 页。关于语法或话语成分的历史中古希腊、罗马部分的论述，莱尔奇(Laur. Lersch)：《论过去的语言哲学》，波恩，1838—1841；施泰因塔尔：《语言学史》，卷 2。关于狄斯克鲁斯，厄热尔(Egger)：《论狄斯克鲁斯》，巴黎，1854。关于中世纪语法的历史，蒂罗(eh. Thurot)：《中世纪语法理论史的各种拉丁手稿选编》，巴黎，1869。关于近代，特拉巴扎(C. Trabaza)：《意大利语法史》，米兰，1908。关于语法批评史，除参看 §2 引用的著作外，克罗齐：《文学史和批评史》(见《美学问题》第 419-448 页)。关于最近的法国批判理论，埃纳居因(ÉM. Henneguine)：《法国批判》，巴黎，1888；蒂索特(Brn. Tissot)：《法国批判的演化》，巴黎，1890。关于浪漫主义的概念，穆奥尼(G. Muoni)：《对浪漫主义诗学历史的解释》，米兰，1906；克罗齐：《浪漫主义的定义》(见《美学问题》，第 285-294 页)。

译 后 记

本书是据意大利1958年拉泰尔查出版社(巴里)的第十版《作为表现的科学和一般语言学的美学》中的第二部分《美学的历史》(第一部分《美学原理》,朱光潜译,作家出版社,北京,1958)译出的。至于《美学的历史》中克罗齐所用术语的特殊意义,可参看朱光潜教授译的《美学原理》中的一些注解,译者不再赘述。书中人名和与正文词句相同的边批,译者没有译出,只是在它们的译文下加了圆点;考虑到我国哲学、美学界藏书的情况,参看书目是择要选择的。

在翻译过程中,曾得到朱光潜、李泽厚、齐一的支持,也曾得到北大学哲学系李醒尘的帮助,特此一并致谢。

由于克罗齐的著作较为艰深,又由于译者美学史知识不足,译文大都取直译法,不当之处恐怕在所难免,敬请美学、哲学界专家和读者赐教。

译者　1982年7月

图书在版编目(CIP)数据

美学的历史/(意)克罗齐著;王天清译.—北京:商务印书馆,2017
(汉译世界学术名著丛书:120年纪念版:珍藏本)
ISBN 978-7-100-14876-4

Ⅰ.①美… Ⅱ.①克… ②王… Ⅲ.①美学史 Ⅳ.①B83-09

中国版本图书馆CIP数据核字(2017)第161205号

汉译世界学术名著丛书
(120年纪念版·珍藏本)
美学的历史
〔意〕克罗齐 著
王天清 译
袁华清 校

商务印书馆出版
(北京王府井大街36号 邮政编码100710)
商务印书馆发行
北京冠中印刷厂印刷
ISBN 978-7-100-14876-4

2017年12月第1版 开本 710×1000 1/16
2017年12月北京第1次印刷 印张 22¾
定价:115.00元